USAGES
LOCAUX

AYANT FORCE DE LOI

DANS LE DÉPARTEMENT DE LA HAUTE-GARONNE

RECUEILLIS

Par M. Victor FONS,

JUGE HONORAIRE AU TRIBUNAL DE PREMIÈRE INSTANCE DE TOULOUSE,
MEMBRE DE PLUSIEURS SOCIÉTÉS SAVANTES,
CHEVALIER DE LA LÉGION D'HONNEUR.

...... *Quod in regione frequentatur.*
Ex leg. 34, ff. de reg. jur.

SECONDE ÉDITION

Revue, augmentée et corrigée, conformément à la délibération de la Commission centrale de la
Haute-Garonne, instituée pour la constatation des usages locaux dans le département.

TOULOUSE
BRUN-REY, LIBRAIRE-ÉDITEUR
20, RUE LAFAYETTE, 20

1878

USAGES LOCAUX

USAGES

LOCAUX

AYANT FORCE DE LOI

DANS LE DÉPARTEMENT DE LA HAUTE-GARONNE

RECUEILLIS

Par M. Victor FONS,

JUGE HONORAIRE AU TRIBUNAL DE PREMIÈRE INSTANCE DE TOULOUSE,
MEMBRE DE PLUSIEURS SOCIÉTÉS SAVANTES,
CHEVALIER DE LA LÉGION D'HONNEUR.

...... *Quod in regione frequentatur.*
Ex leg. 34, *ff. de reg. jur.*

SECONDE ÉDITION

Revue, augmentée et corrigée, conformément à la délibération de la Commission centrale de la Haute-Garonne, instituée pour la constatation des usages locaux dans le département.

TOULOUSE

BRUN-REY, LIBRAIRE-ÉDITEUR
20, RUE LAFAYETTE, 20
—
1878

Tout exemplaire non revêtu de la signature de l'auteur sera réputé contrefait.

INTRODUCTION

La faveur accordée à ma publication du Recueil des Usages locaux, en vigueur dans le département de la Haute-Garonne, m'a encouragé à offrir au public cette nouvelle édition, que l'entier épuisement de la première rendait depuis longtemps nécessaire. Cette réimpression aura d'ailleurs le mérite de compléter quelques lacunes, et de rectifier certaines inexactitudes inséparables d'une première édition. En effet, l'ouvrage que je publie de nouveau, a reçu, depuis sa publication, l'approbation élogieuse de la Commission centrale instituée à Toulouse, en 1856, par M. le Préfet de la Haute-Garonne, en vertu d'instructions ministérielles, pour constater, après informations faites auprès des juges de paix du département, l'exactitude des usages locaux que j'avais recueillis, et leur degré d'utilité. Le procès-verbal de la Commission, que je reproduis plus loin à titre de document, et qui s'exprime d'une manière trop flatteuse sur le mérite de mon

travail, a été en quelque sorte la consécration définitive de cet ouvrage. Les rapports détaillés, fournis par Messieurs les juges de paix chargés d'é-
tudier mon livre et d'en apprécier l'exactitude, ont
permis à la Commission, après cette enquête,
dans laquelle ont été réunis les renseignements
les plus précis, de donner un caractère officiel au
recueil de ces usages, en arrêtant définitivement
les additions ou rectifications à opérer. L'édition
que je publie aujourd'hui est rigoureusement conforme aux modifications reconnues utiles, et consi-
gnées sur un exemplaire transmis à M. le Ministre
de l'agriculture.

En présentant dans la préface de la première
édition mes observations sur l'ensemble de l'ouvrage, j'indiquais l'ordre et la division que j'avais
adoptés dans la confection de mon travail. Le départ-
tement de la Haute-Garonne, se divisant en 39 cantons ou justices de paix, c'est ce morcellement que
j'ai cru devoir suivre afin de présenter méthodique-
ment les usages qu'il m'a été possible de recueillir.
Et comme, les coutumes n'ayant été nulle part établies isolément, tous les cantons vers leurs frontières peuvent tenir de ceux qui les avoisinent, j'ai
suivi un ordre tel que je les parcours tous de proche
en proche, sans en franchir aucun, c'est-à-dire que,
dans mon exposition, je passe de celui qui précède
à celui qui suit, lorsque les territoires sont en contact ; je fais ainsi un mouvement en spirale qui de

Toulouse se dirige d'abord au nord, se retourne ensuite à l'est, et vient se terminer à Grenade après avoir successivement parcouru le sud et l'ouest.

Cette méthode n'est pas une pure fantaisie ; je ne l'ai pas non plus adoptée uniquement pour établir de la régularité dans ma marche. Elle est motivée par l'identité ou l'analogie qui existe presque toujours entre les usages de deux cantons limitrophes, soit parce qu'ils peuvent avoir fait, autrefois, partie de la même province, ou subdivision de province ; soit parce que la puissance de l'imitation et la nécessité de s'entendre déterminent souvent entre des populations qui ont des relations fréquentes, une certaine fusion dans les usages et les mœurs comme dans les langues.

En ce qui concerne les principes généraux qui régissent l'application des usages, j'en emprunte également le commentaire à l'introduction de l'édition antérieure. L'efficacité des usages locaux, j'avais soin de le dire, est de tenir lieu de loi *dans les cas seulement où les lois leur ont attribué expressément cette efficacité et cette autorité.* Ils peuvent servir aussi à l'interprétation des contrats ou conventions.

Le législateur moderne, tout en résumant dans notre magnifique Code civil le progrès accompli par la science du droit, a compris à merveille la puissance de l'usage local, et tout ce qu'il pourrait y avoir de difficile et de dangereux pour l'exécution de la loi elle-même à vouloir tout réglementer et

tout soumettre à un même niveau. Plusieurs articles de nos Codes confirment, en effet, sur une
foule de points, l'empire de la coutume. Ainsi, par
exemple, tout ce qui concerne l'usufruit des bois
(C. civ., art. 590, 591, 593), l'usage des eaux couran-
tes (645), la hauteur des clôtures dans les villes et les
faubourgs (663), les distances à garder entre les
héritages pour les plantations d'arbres (671), les
constructions susceptibles de nuire aux voisins
(674), les délais à observer pour les congés et les
paiements des locations et sous-locations (1736,
1745, 1748, 1753, 1757, 1758, 1759, 1774), les réparations locatives (1754), les obligations des fermiers
entrants et sortants (1777); tous ces points et bien
d'autres, d'une importance sérieuse, qui donnent
lieu à des contestations fréquentes, ne sont point
résolus par la loi écrite et dépendent des règlements
et usages locaux.

J'ai dit que les usages locaux, lorsqu'une disposition de loi ne vient point les contrarier, peuvent
aussi servir à l'interprétation des contrats ou conventions.

Aux termes de l'art. 1156, C. civ., lorsqu'une
clause est obscure ou ambiguë, l'on doit d'abord
suivre l'intention vraisemblable des parties qui s'estime d'après les circonstances de l'affaire. Mais,
lorsque cette intention ne se montre pas clairement
d'après ces circonstances, il faut alors s'attacher à
l'*usage du lieu* où le contrat a été passé, puisqu'il

est à croire que les contractants ont voulu le prendre pour régulateur de l'étendue de leurs obligations (*Leg.* 34, ff. *de reg. Jur.*; C. civ., art. 1159) Par exemple, si j'ai fait marché avec un vigneron, à une certaine somme par an pour cultiver ma vigne, sans m'expliquer sur le nombre de labours qu'il donnerait, il doit donner le nombre de labours qu'il est d'usage de donner dans le pays.

L'usage, en pareille matière, est d'une si grande autorité, qu'il ne sert pas seulement à interpréter ce qui est ambigu, mais qu'on doit même suppléer dans le contrat les clauses qui y sont d'*usage*, quoiqu'elles n'y soient pas exprimées (C. civ.. art. 1160); parce qu'en effet, les conventions obligent, non-seulement à ce qui y est exprimé, mais encore à toutes les suites que l'équité, l'*usage* ou la loi donnent à l'obligation d'après sa nature (C. civ., art. 1135). Si, par exemple, dans le contrat de louage d'une maison, on avait oublié de parler des termes du paiement, le loyer serait payable, suivant l'*usage du lieu*, soit en un seul terme, soit en deux.

Sans doute, il est à souhaiter que, dans l'avenir, les anciens usages et les bigarrures qu'ils laissent subsister dans la législation puissent disparaître complétement et faire place à un système qui soit un et le même pour tous. Mais, comme on l'a fort bien dit, ce ne saurait être là l'œuvre d'un jour ; et en attendant que cette loi d'unité et de fusion soit rédigée et promulguée, les usages locaux continueront à subsister, consacrés par la loi et applicables par les autorités administratives et judiciaires. N'est-il pas, dès lors, utile de les préciser; et bien loin de chercher à les faire oublier, ne faut-il pas, au contraire, les rappeler au souvenir de tous, puisque personne n'est censé les ignorer, et qu'ils sont tous les jours la base et la règle d'un grand nombre de transactions? Pour moi, j'ai pensé que ce serait faire une chose utile que de publier ceux de ces usages qui peuvent être en vigueur dans les divers cantons de notre département. Leur connaissance peut aider à résoudre une foule de difficultés qui s'élèvent tous les jours dans nos villes, surtout dans nos campagnes.

Je crois donc répondre à un besoin public en publiant cette nouvelle édition de mon ouvrage. L'intérêt de ce livre est surtout d'arrêter ou de terminer une foule de contestations qui s'élèvent journellement à la campagne entre les propriétaires de biens immeubles et les agents de l'exploitation, et, à la ville, entre propriétaires de maisons et locataires, constructeurs et voisins, et je ne mentionne là que les principaux intéressés. Mais il ne me convient pas de recommander moi-même l'utilité et le caractère de ce recueil. Le succès de sa publication, à l'origine, promet à cette nouvelle édition le meilleur accueil.

DÉLIBÉRATION

De la Commission centrale instituée par M. le
Préfet de la Haute-Garonne, pour la constatation des usages locaux dans le département.

L'an mil huit cent cinquante-six et le lundi
21 juillet, à 3 heures 1/2 précises,

Dans la salle de l'Hôtel de la Préfecture affectée
aux réunions des Commissions administratives,

Ont été présents :

MM. ESMENJAUD, sécrétaire général de la Préfecture, délégué par M. le Préfet empêché, Président;

NIEL, Conseiller à la Cour impériale;

Victor FONS, Juge au Tribunal de 1ʳᵉ instance;

GAUTIER Joseph et TIMBAL, avocats, membres de
la Commission centrale des usages locaux.

Absent : M. LAFITEAU, Conseiller à la Cour impériale.

1° Le procès-verbal de la séance du 8 décembre 1855 est lu et adopté;

2° M. Victor Fons fait connaître que par lettre du 25 juin dernier, M. le Préfet lui a confié le mandat d'examiner les résultats des informations prises auprès de chacun des Juges de paix du département au sujet de l'exactitude des renseignements contenus dans la brochure publiée en 1845; que ces magistrats ont tous répondu à l'appel; que 21 sur 39 donnent une complète adhésion à ce livre, que les autres ont aussi fait parvenir leur approbation, mais sous la réserve de certaines additions ou rectifications d'une importance secondaire qui sont résumées dans un rapport que la Commission est appelée à apprécier.

M. Fons donne ensuite lecture de son rapport dont chacun des paragraphes est l'objet d'un examen approfondi de la part de la Commission qui décide s'il y a ou non lieu de prendre en considération.

Après avoir consacré 2 heures 1/2 à ce travail, la Commission s'ajourne au jeudi 24 du même mois, à 4 heures du soir, pour continuer ses opérations.

Et ledit jour, jeudi 24 juillet 1856, à 4 heures du soir, les membres qui ont assisté à la précédente séance étant présents, sauf M. Esmenjaud, secrétaire général, empêché, la Commission, sous la présidence de M. Niel, a continué de se livrer à la vérification des propositions de MM. les Juges de paix.

Après avoir terminé cet examen et arrêté définitivement les additions ou rectifications à opérer,
la Commission a décidé que M. Fons voudrait bien
consigner sur un exemplaire de son ouvrage à la
place qu'elles devraient y occuper, si une seconde
édition en était préparée, les modifications reconnues utiles, et qu'un second exemplaire ainsi annoté
pourrait être transmis à S. E. M. le Ministre de
l'Agriculture, du Commerce et des Travaux publics,
comme présentant le tableau exact et complet des
usages locaux en vigueur dans la Haute-Garonne.

Avant de se séparer, la Commission croit devoir
ajouter le témoignage de son approbation la plus
entière aux suffrages que la publication si utile de
M. Fons a déjà recueillis. Ce livre modeste, fruit
de longues et consciencieuses recherches, a subi
après 10 ans d'existence, une épreuve qui a fait,
ressortir le mérite de son exactitude, puisque les
modifications signalées par l'enquête qui vient
d'avoir lieu, sont très-accessoires et n'atténuent
point l'autorité des renseignements coordonnés par
l'auteur. La magistrature et le barreau trouvent
dans cet ouvrage un guide sûr qui sert à résoudre
des difficultés d'autant plus délicates qu'elles consistent dans la constatation de faits dont la loi
laisse aux habitudes locales le soin de fixer le
caractère.

La séance est levée à 6 heures.

USAGES LOCAUX

§ 1ᵉʳ. — Exploitation agricole.

1. — Lorsque le possesseur d'un domaine, ne pouvant le cultiver de ses mains, est obligé d'employer les bras d'autrui pour l'exploitation agricole de son bien, plusieurs espèces de conventions plus ou moins usitées, avec les travailleurs qui s'offrent pour opérer la culture de son terrain, se présentent à lui dans nos contrées.

Ces divers modes se réduisent à trois principaux [qui sont, à quelques modifications près :

1° Le *colonage partiaire*, appelé aussi *métayage*, culture ou bail à moitié fruits ;

2° La culture par maîtres-valets ;

3° Le fermage à rente fixe, payé en nature ou en argent (1).

ARTICLE PREMIER. — Métayers.

2. — Le *colonage* ou *métayage*, appelé aussi *bail partiaire*, est un bail à partage de fruits, par lequel le proprié-

---

(1) M. Larivière, *Journal d'Agriculture pratique et d'économie rurale pour le Midi de la France*, vol. de 1843, p. 97.

taire d'un domaine le donne à un métayer ou colon pour
l'exploiter pendant un certain temps, moyennant la moitié,
le tiers, ou une autre portion aliquote des fruits qu'il récoltera, et sous quelques autres conventions accessoires de
très-peu d'importance qui varient suivant les localités. Ce
contrat, usité chez les Romains (1), est autant une société (2) qu'un fermage; le propriétaire fournit les terres,
le colon son travail et son industrie, et les fruits sont partagés dans les proportions convenues.

Le métayage, à peu près inconnu dans le Nord, est, au
contraire, très-répandu dans le Midi de la France, et même
dominant dans nos départements du Centre et de l'Ouest;
mais il tend, dit-on, à disparaître devant les progrès de
l'art agricole.

Ce mode d'exploitation est, en effet, aujourd'hui, très-
peu usité dans la plupart de nos cantons; entièrement
abandonné dans d'autres, tels que ceux de Castanet,
Villefranche, Montgiscard, Auterive, Léguevin. Mais il y a
encore des bordiers en assez grand nombre dans les cantons
de Villemur, Montastruc, Verfeil, Lanta, Caraman, Rieux,
Montesquieu-Volvestre, Cazères, Saint-Martory, Salies,
Boulogne, L'Isle-en-Dodon, Aurignac; et ce mode d'exploitation est même exclusivement suivi dans les cantons
de montagne, c'est-à-dire dans ceux d'Aspet, Bagnères-
de-Luchon, Saint-Bertrand, Montréjeau, Saint-Gaudens.

3. — Les locations du colonage partiaire se font le plus
ordinairement sans écrit, quelquefois par acte authentique.
Souvent le bailleur se contente d'écrire sur un livret les
conditions du bail; plus souvent, les conventions se font de
cette manière : le propriétaire rédige sur papier libre une
police, et il en donne un double au bordier. Bien que cette
police ne soit pas signée par ce dernier, et qu'elle soit
consentie sans témoins, l'engagement qu'elle constate est

(1) V. Pasquier, *Recherches*, tit. 1, livre 8, chap. 46.
(2) Limoges, 21 février 1839 et 6 juillet 1840 (*J. du Pal.*, t. 2 de 1839, p. 277, et *Mémorial de Jurisprudence*, t. 42, p. 226); Troplong, *du Louage*, t. 2, n. 373, — *Contra*: Duvergier, t. 1, p. 99 et 100, et t. 2, p. 98.

considéré comme valable et obligatoire, lorsque le bordier est nanti d'un double de la police ; car, en l'acceptant de son maître, il est censé en avoir agréé les conditions.

Lorsque le bail est consenti par acte devant notaire, sa durée est le plus souvent de 2 ou 3 ans. Dans plusieurs communes des cantons de Cintegabelle, Muret, Cazères, Aurignac, Rieumes et Grenade, elle est, d'ordinaire, de 3, 6 ou 9 ans, et de 1 à 5 ans dans le canton de L'Isle-en-Dodon.

Lorsque la convention se fait verbalement, la durée du bail est rarement déterminée ; et lorsqu'on ne l'a pas fixée, le bail est censé fait presque partout pour un an ; mais il se renouvelle par la tacite reconduction, jusqu'à ce qu'il y ait un congé donné de part et d'autre.

4. — Les métairies à bordier sont généralement exploitées à moitié fruits. Quelquefois dans les bonnes terres, on donne les métairies au tiers ou au quart seulement. Cela dépend des conventions des parties ; voilà pourquoi il n'existe pas d'usage constant sur ce mode d'exploitation agricole, chaque propriétaire faisant des conventions particulières et différentes pour la culture de son fonds. Voici, pourtant, ce qui se pratique habituellement :

Lorsque le métayer retire la moitié des fruits, les semences de toute nature de grains sont fournies, en général, par moitié entre le propriétaire et le métayer. Seulement, ce dernier, dans quelques cantons, fournit toute la semence du maïs. Si le colon fournit toute la semence du chanvre ou du lin, il prend toute la graine qui en provient. Dans le canton de Boulogne, le maître fournit les semences des grains et des pommes de terre, mais il les prélève avant le partage des récoltes.

Dans les métairies baillées au tiers, les deux tiers de la semence pour les céréales sont fournis par le propriétaire, le tiers par le bordier.

Dans les métairies au quart, le maître fournit, d'ordinaire, toute la semence ; quelquefois, mais rarement, les trois quarts seulement. Le bordier a la moitié de tous les tardivaux; mais alors il est assujetti à fournir la·moitié de la semence, et de plus, dans le canton de Montesquieu, toute· celle du maïs.

Dans tous ces cas, les sarclages des blés se font, en général, par moitié, au tiers ou au quart, c'est-à-dire que le bordier ne contribue au sarclage que pour la moitié, le tiers ou le quart. Il y a pourtant des propriétaires qui ne contribuent en rien à ces frais. Dans le canton de Lanta, le sarclage des blés est tout à la charge du colon partiaire ; dans celui de Montesquieu, lorsque les terres sont à moitié fruits ; à Boulogne, le sarclage des céréales, du maïs et des pommes de terre se fait par le métayer et à ses frais.

Mais, je le répète, il n'existe point d'usage bien établi sur ces divers points ; c'est toujours réglé par les conventions à l'époque de l'entrée du colon partiaire dans la métairie.

5. — Généralement, et sauf quelques exceptions qui se rattachent à la fertilité, à la bonne nature et à la commode exploitation des terres, les récoltes se partagent, ainsi que je l'ai déjà dit, dans les proportions de la moitié, du tiers ou du quart, selon que la métairie est exploitée à moitié fruits, au tiers ou au quart.

Toutefois, dans plusieurs communes et dans les métairies assises sur un bon fonds, le bailleur prélève sur pile, c'est-à-dire avant partage, une certaine quantité de grains, à titre d'*avantages*, ou bien il retire sa moitié ou son tiers quitte de tout ou partie de l'*escoussure*. Dans d'autres, la quantité prélevée, fixée au 10ᵐᵉ ou au 9ᵐᵉ, quantité, du reste, qui n'a pas d'usage constant et qui fait l'objet d'une convention entre le propriétaire et le bordier, est perçue par le maître en représentation de l'imposition foncière qu'il paye.

Si le bail est au quart, il n'y a point de prélèvement.

Dans le canton de Boulogne, l'usage établi de prélever le 10ᵐᵉ de la récolte à titre d'*avantages*, commence à tomber en désuétude.

6. — Les récoltes se partagent de cette manière :

Le partage des blés, seigle, méteil et sarrasin, se fait sur le sol à mesure que ces grains sont dépiqués et vanés, ou à la fin de la dépiquaison si les métairies ont un serre-pile; dans tous les cas, en présence du maître. Le maïs se partage dès que les épis ont été détachés de leurs tiges et réunis en tas, sans que les épis soient dépouillés de leur enveloppe; mais cet usage est loin d'être général; beaucoup de propriétaires obligent les bordiers à livrer le maïs dépouillé de son enveloppe. Il en est ainsi dans le canton de Montesquieu. Dans celui de Saint-Martory, le lin se partage arraché sur le champ où il a été récolté, et le métayer est tenu de porter la part du maître à l'endroit que ce dernier indique.

Les pommes de terre qui, surtout, dans les cantons de montagnes, sont une des récoltes les plus essentielles du pays, se partagent à proportion qu'on les arrache de la terre. C'est ordinairement par charretée, comportes ou berceaux que le partage s'en fait, en mettant presque toujours de côté la quantité et la qualité choisies pour les semences.

7. — Lorsqu'il y a des vignes sur la métairie, les usages varient beaucoup.

Dans certains cantons, principalement dans les domaines de grande culture de vigne, le bordier n'a aucun droit sur le produit des vignes; elles sont réservées par les propriétaires qui assujettissent le bordier à les travailler. Dans le canton de Villemur, le bordier n'est tenu que du labourage des vignes à la charrue. Tous les autres travaux demeurent à la charge des propriétaires. Pour indemniser le bordier du travail des vignes, il y en a qui lui donnent trois, quatre comportes de vendange par paire de labourage, ou une certaine quantité de demi-vin, ou bien lui fixent quelques sillons dont les fruits lui appartiennent en totalité. Le maître fait tailler les vignes réservées et les sarments lui appartiennent.

Dans les cantons où les vignes sont de peu d'étendue, en général, le bordier prend la moitié, ou le tiers ou le quart de la vendange et des sarments, suivant la bonté du terrain, sous la condition de cultiver la vigne en bon père de famille. Dans quelques cantons, le maître prélève le dixième.

Lorsque la vendange doit être partagée, le bordier ne peut en faire le partage sans la présence du maître ou d'une personne qui le représente. A cet effet, il doit le prévenir. Ce partage fait, le propriétaire a le choix, et le bordier est obligé de transporter la part du maître dans l'endroit où celui-ci veut l'enclore.

Dans le canton de Saint-Martory, il y a des vignes hautes appelées *hautins*, et des vignes basses.

Lorsqu'il y a des vignes basses sur la métairie, le bordier n'a pas droit à la récolte du vin de ces vignes qui appartient en totalité au maître, lequel supporte seul les frais de culture, hormis ceux de labour que fait le métayer à titre d'*avantages*, et alors il est ordinairement nourri par le maître.

Tel est aussi l'usage observé dans le canton de Salies.

Dans les cantons de Saint-Martory, Aspet, Saint-Bertrand, les vignes *hautes* sont cultivées à moitié fruits; le bordier fournit aux frais de la taille et du remplacement des échalas et des érables; il profite de la totalité des sarments et des émondes. La vendange est partagée en présence du maître ou de ses préposés à mesure de la cueillette des raisins. Le maître prend la première comporte ou corbeille, le métayer la seconde, et ainsi successivement. Souvent aussi la vendange commune est placée dans la même cuve, et alors le partage du vin se fait à la canelle. Dans les deux premiers cantons, le maître prélève le dixième.

Dans le canton de Saint-Béat où, comme dans ceux d'Aspet et de Saint-Bertrand, il n'existe que des *hautins*, le partage de la vendange n'a pas d'usage constant. Certains propriétaires fournissent moitié ou tout autre partie des journées pour faire tailler les souches et leurs tuteurs, d'autres font tailler la vigne à leurs frais; d'autres, enfin, laissent ce genre de dépense à la charge du bordier. Pour ces divers motifs, le partage de la vendange n'a pas d'usage fixe. Tantôt le maître perçoit les deux tiers de la vendange, lorsqu'elle est cueillie, ou du vin lorsqu'il est décuvé ; tantôt c'est une part supérieure aux deux tiers, tantôt une part inférieure. Ce partage et la taille des souches, seul travail qu'exige la vigne dans les pays de montagne, ainsi que le partage des sarments, font l'objet d'une convention entre le propriétaire et le bordier.

8. — En bonne règle, tant que les légumes et les fruits sont pendants par racines et par branches, le métayer n'a pas le droit d'en prendre pour son usage. Il le fait cependant presque toujours, mais à la dérobée. Les maîtres, d'ailleurs, sont plus ou moins sévères là-dessus, et plusieurs souffrent que le métayer prenne, pendant qu'ils sont verts, les légumes nécessaires à sa consommation et à celle de sa famille, sans que cela lui compte au partage. De son côté, le propriétaire en use, lorsqu'il se trouve sur les lieux ; et lorsqu'il n'y est point, il en envoie chercher quelquefois, ou le bordier lui en porte, sans attendre qu'il en réclame.

Dans les cantons où les métayers sont plus particulièrement dans l'habitude de prendre des légumes verts autant qu'il en faut pour eux et leur famille, c'est plutôt, il faut le répéter, une tolérance qu'un usage proprement dit. Cette habitude est très près de l'abus, car les métayers dont les familles sont nombreuses ont ainsi beaucoup plus de la moitié à laquelle ils ont droit, et le propriétaire ne partage que ce qui reste. Il est trop lésé, surtout lorsqu'il est éloigné de la métairie, et qu'il n'en consomme pas lui-même en vert. Aussi, aujourd'hui, la plupart des propriétaires exigent-ils que les bordiers puisent toujours sur quelques sillons, et lors de la récolte des légumes, ils prélèvent, avant partage, un nombre égal de sillons. Dans plusieurs communes, le maître fixe pour le métayer une certaine contenance de terrain destiné aux légumes, et ce dernier profite exclusivement de tout ce qu'il y récolte.

9. — Lorsqu'il y a sur la métairie des arbres susceptibles d'être émondés, l'émondage doit se faire conformément à la coutume du pays. En général, il est d'usage que les arbres de toute espèce qui entourent les champs, les

fruitiers exceptés, ou qui bordent les fossés et les ruisseaux, tels que les peupliers, aulnes, ormes qui ne sont pas à toutes branches, soient émondés tous les trois ans par le métayer, lequel fait des fagots avec le produit de cet émondage. On choisit, d'ordinaire, pour faire cette opération, l'année où la terre sur laquelle les arbres sont radiqués, est destinée à produire la récolte en blé.

Lorsqu'il y a des troupeaux à laine dans la métairie, l'émondage a lieu avant que la feuille tombe. Alors, ces fagots sont donnés pendant l'hiver aux bêtes à laine, qui en mangent la feuille, et les fagots servent ensuite au chauffage du bordier. Lorsqu'il y en a en abondance, celui-ci n'a jamais le droit d'en vendre l'excédant ni de l'emporter, s'il quitte la métairie. Cet émondage ne peut être employé que pour son chauffage et pendant son séjour sur le domaine.

Le métayer qui doit entrer dans une métairie au mois de novembre, va faire l'émondage, lequel reste en réserve jusqu'à son entrée, sans que le métayer sortant ait le droit de s'en servir.

Dans quelques cantons, si le bois de l'émondage est considérable, il appartient au maître ; s'il est minime, il est abandonné aux métayers.

Partout, il est d'usage de leur laisser couper les brandes et les bruyères pour la cuisson du pain.

Dans le canton de Saint-Martory, l'émondage est réglé par le propriétaire. Le métayer n'a pas le droit d'émonder les arbres pour son chauffage. L'émondage qui est fait pour les bêtes à laine, s'il est peu considérable, est laissé au bordier. Dans le cas contraire, le bois en est partagé quand les moutons en ont mangé la feuille ; mais le métayer profite pour son chauffage de la tonte des haies, du bois mort et du mort-bois ou de peu de valeur.

10. — En général, dans les cantons de Toulouse, Cintegabelle, Muret, Carbonne, Cazères, Salies, Montréjeau, Boulogne, l'Isle-en-Dodon, Aurignac, Rieumes, Saint-Lys et Grenade, le propriétaire profite seul des barres des

saules. Dans ceux de Fronton, Villemur, Montastruc, Verfeil, Lanta, Rieux, Montesquieu et Cadours, ces barres se partagent entre le propriétaire et le métayer. Celui-ci les coupe; et dans les cantons où elles sont converties en cerceaux, il nourrit le cerclier, et le propriétaire le paye.

Dans les cantons de montagne, il n'y a point de saules, comme dans la plaine. Dès lors, pas d'usage.

11. — Les troupeaux, les bestiaux affectés au labourage des terres appartiennent, dans quelques communes, moitié au métayer, moitié au maître; dans d'autres, au métayer, le plus souvent au propriétaire qui les donne à son bordier à moitié pertes et moitié profits. Dans tous les cas ils sont nourris avec les fourrages, pailles et feuillée récoltés sur le domaine. S'il manque des pailles et des fourrages pour finir l'année, le preneur et le bailleur en achètent à frais communs.

Il arrive, mais rarement, que les bordiers, en entrant dans une métairie, apportent des fourrages; dans ce cas, à leur sortie, ils ont droit d'en prendre pareille quantité.

Lorsque les bestiaux et les troupeaux appartiennent au maître, à l'entrée du bordier dans la métairie il est fait une estimation tant des bestiaux de labour que des bestiaux de croît, et le métayer s'en charge à la condition de les rendre de la même valeur à la fin du bail sur nouvelle estimation. Alors, il prend la différence, ou bien il rend le prix de l'estimation. Dans plusieurs cantons, cela se fait au choix du propriétaire.

Le montant de la première estimation constitue ce qu'on appelle généralement le *pied*. L'estimation faite à la fin du bail a lieu, d'ordinaire, savoir : celle des troupeaux, le 15 août, et celle de tous les autres bestiaux, le jour de la mutation.

Dans tous les cas, les bénéfices, quand il y en a, se partagent presque toujours par égales parts. Ces bénéfices consistent, pour l'espèce bovine, dans le croît seulement; pour l'espèce ovine, dans le croît et la laine; pour les chèvres, dans le croît et le fromage qui se fabrique sur la montagne, lorsque cette espèce d'animaux y est conduite en masse et par commune ou réunion de plusieurs communes, depuis la Saint-Jean jusques à la Nativité de Notre-Dame de septembre.

Dans le canton de Saint-Martory, les pertes et profits des animaux se prennent sur le bétail de labour comme sur le bétail de croît. Les ventes et les achats se font du consentement du bailleur et n'ont lieu que si les prix lui conviennent. Il se réserve toujours cela sur le marché ou les champs de foire.

Dans le même canton, lorsqu'il est tenu des vaches laitières, le propriétaire a droit à la moitié du lait. Souvent il se contente de le prendre certains jours de la semaine.

12. — Quant aux cochons, il n'y a point d'usage constant : certains propriétaires fournissent au bordier les nourrissons, et vers la Noël, le propriétaire choisit celui des deux cochons gras qui est le plus à sa convenance. D'autres fournissent aussi les nourrissons, et à la même époque, le partage s'en fait entre le propriétaire et le bordier, mais il est fait retour par l'un d'eux de l'excédant de valeur du cochon qu'il prend, eu égard à la valeur de l'autre. Il est d'autres propriétaires qui ne fournissent point les nourrissons et qui ne prennent aucune part dans les cochons que le bordier nourrit pour lui seul.

Enfin, dans les métairies où il est tenu une truie pour la reproduction, on choisit deux petits cochons que l'on garde pour les engraisser, et à l'époque précitée, le maître en prend un et le bordier garde l'autre.

En général, la nourriture des cochons est fournie par le métayer. Seulement, lorsqu'il y a des truies pour la reproduction, le maître fournit souvent, pour chaque portée de la truie, une certaine quantité de son et de maïs par chaque petit cochon.

Mais, encore une fois, pas d'usage constant sur cet article ; c'est toujours l'objet des conventions entre le propriétaire et le colon partiaire.

Toutefois dans la commune d'Aspet, il existe un usage que je dois constater :

Dans toutes les métairies, il y a trois cochons que le métayer nourrit et engraisse avec les pommes de terre et les fruits de la métairie. En hiver, et vers le mois de décembre, le maître s'en approprie un à son choix (le plus beau) ; le deuxième appartient au métayer, et le troisième, appelé de *miégés* ou de moitié, est vendu, et le prix destiné à acheter trois autres petits cochons pour l'année suivante, et toujours de la même manière pour les années subséquentes.

A Saint-Martory, lorsqu'il y a des truies pour la reproduction, le produit est partagé, mais le bailleur ne fournit ni son, ni grains, ni pommes de terre.

Même usage dans le canton de Montesquieu.

Dans celui de Boulogne, les cochons élevés par le métayer sont partagés par moitié. Le métayer achète à ses frais les nourrissons qu'il nourrit aussi à ses frais, ainsi que les cochons et les truies pour la reproduction. Seulement il est d'usage que le maître fournisse au métayer un hectolitre de son par chaque tête de truie.

13. — En ce qui concerne la volaille :

Les oies, les canards et les dindons que le bordier fait naître et qu'il élève, sont partagés par moitié. Quelquefois, le bordier est chargé de livrer au maître un certain nombre d'oies. Quelquefois, aussi, les oies et les canards sont achetés de moitié à l'époque des pontes. Le maître fait l'avance de l'argent nécessaire, et lors du partage de ces animaux, le métayer rembourse sa part de l'achat. Le partage ou la livraison se fait presque toujours à la Toussaint.

Quant aux chapons, poules, poulets et œufs, il y a presque toujours un forfait, qui varie suivant l'importance de la métairie. En général, le bordier donne au maître, par paire de labourage, 50, 100 ou 150 œufs ; 4, 5 ou 6 paires de poulets ; 4, 5 ou 6 paires de chapons, et autant de poules. Moyennant cette redevance, il peut élever telle quantité de volaille qui lui convient.

Les époques pour la livraison des œufs ne sont point

fixées. Le bordier les livre, ici, depuis la Pâque jusqu'en octobre; là, pendant le carême; généralement, dans le courant de l'année, à mesure que le maître les demande.

Dans la plupart des cantons, les poulets sont exigibles à la Saint-Jean; les chapons, à la Toussaint; les poules, à la Noël. Dans le canton de Lanta, les poulets se livrent à la Saint-Jean; les jeunes poules, à la Saint-Barthélemy ou à la Saint-Michel; les chapons, à la Toussaint; les vieilles poules, à la Noël, et même à la Pâque; dans celui de Revel, les poulets, à la Saint-Jean ; les jeunes poules, à la Saint-Michel; les chapons, à la Noël; et les vieilles poules, à la Pâque.

Dans les cantons de Salies, Aspet, Bagnères-de-Luchon, la rente en volaille est payée à la Toussaint; dans celui de Montréjeau, à la Saint-Michel, 29 septembre, ou à la Toussaint, suivant que la sortie du bordier a lieu à l'une ou à l'autre de ces deux époques; dans ceux d'Aurignac et de Cazères, les poulets, si le bordier en fournit, sont livrés à la Saint-Jean, et le reste, à la Toussaint; à Boulogne, les poulets, à la Saint-Jean, les poulardes, les chapons et les oies, la veille de la Toussaint. Les dindons se partagent par moitié et sont livrés le même jour. Dans le canton de Saint-Lys, la livraison des chapons a toujours lieu en septembre.

Dans le cas où la rente ne peut être livrée en nature par le bordier, elle est payable en argent d'après le prix de chaque espèce de volaille à l'époque fixée pour la livraison. Dans le canton de Lanta, il est d'usage immémorial que le bordier doit, dans ce cas, au maître, 1 fr. 50 c. pour chaque paire de poulets ; 2 fr. pour chaque paire de poules; 2 fr. 50 c. pour chaque paire de chapons, et 2 fr. 50 pour cent œufs.

14. — Dans le canton d'Aspet, le bordier est tenu, de par l'usage, de fournir au maître cinq litres de lait par semaine, lorsque les vaches en font. D'ordinaire, le beurre qui est fabriqué sur la métairie se partage. Il est des propriétaires qui traitent à forfait sur cet article, et alors le

bordier fournit ordinairement 3 kilog. de beurre qu'il livre pendant le carême ou à la Pâque.

15. — Les instruments et outils aratoires sont presque partout la propriété du bordier. Il doit les entretenir à ses frais, sans que le propriétaire puisse être tenu d'y contribuer en aucune sorte. Il ne peut même, sans le consentement de ce dernier, prendre sur le domaine du bois pour confectionner ou réparer ses charrettes et ses charrues. L'usage ne l'y autorise nulle part. Cependant, quelques propriétaires tolèrent qu'il profite, lors des coupes du bois de la métairie, de quelques menues pièces propres aux ustensiles aratoires et au petit matériel d'exploitation.

Dans les cantons de Rieux, Aspet, Bagnères-de-Luchon, les outils aratoires sont, en général, au propriétaire du domaine qui les remet au bordier après les avoir fait estimer, et celui-ci est tenu de leur entretien. Là, le métayer peut user, pour la réparation des outils, du bois excroissant sur la métairie, mais il doit le faire avec l'économie d'un bon père de famille.

16. — Dans tous nos cantons, l'on s'abonne avec le forgeron, lequel, moyennant une modique rétribution en grains récoltés sur le domaine, se charge d'affiler tous les jours, si c'est nécessaire, le fer des charrues ; de faire et de réparer les socs et les coutres ; d'aiguiser et d'enter seulement les autres outils, sans néanmoins fournir le fer. Les gros ouvrages, tels que ferrures des roues, essieux, etc., lui sont payés en argent, en sus de la prime d'abonnement, et suivant l'importance de la réparation. Lorsqu'on refait à neuf les socs et les coutres ou qu'on les ente, on donne, dans quelques cantons, un repas au forgeron, et ce repas se fait ou chez le forgeron lui-même, ou à l'auberge, au compte de l'abonné.

Le prix de l'abonnement, qui se paye à la Toussaint, est loin d'être partout le même. Il varie dans chaque canton, et souvent dans une même commune, suivant la quantité et la nature des terres de la métairie. Mais celui qui est généralement adopté, consiste, par paire de labourage : là,

en un hectolitre seigle; ici, en 50, ou 75, ou 100 litres
de blé, pour les terres graveleuses et pierreuses. Pour les
terres grasses et fortes et les boulbennes qui usent beaucoup
moins de fer, on ne donne que 25 à 50 litres de blé; quelquefois moins, mais c'est rare.

Dans les cantons d'Aspet, Cazères, Fousseret, Aurignac
et l'Isle-en-Dodon, cette rétribution est payée moitié par
le bordier, moitié par le maître; partout ailleurs, par le
bordier seul

Dans le canton de Boulogne, le forgeron, le vétérinaire
et la monte, sont payés moitié par le maître, moitié par le
métayer,

Dans le canton de Villemur, les bestiaux de labour ou de
croît livrés par le maître au bordier étant entr'eux à
moitié fruits et pertes, il est d'usage que le vétérinaire, soit
qu'il y ait abonnement, soit qu'il n'y en ait pas, est payé
moitié par le maître, moitié par le métayer.

17. — De par l'usage, dans tous les cantons, les impositions foncières restent à la charge du propriétaire, s'il n'y
a convention contraire. Pour cela, dans plusieurs communes et pour les métairies baillées à moitié et au tiers,
il prélève sur pile, avant partage, ainsi que je l'ai déjà dit,
le 10me sur la récolte ou tout autre quantité d'hectolitres
de grains pour tenir lieu de la part d'impositions que le
bordier ne fournit pas. Celui-ci n'acquitte que les prestations en nature avec les bestiaux de la métairie, ses outils
et ses charrettes. Dans les cantons de Caraman et de Revel,
le métayer contribue au paiement des impositions pour
une part proportionnelle à celle qu'il prend dans la récolte du blé et qui est payée en argent, ou bien le maître
prélève, pour en tenir lieu, une certaine quantité de grains.

18. — Lorsque l'une des parties entend faire cesser le
bail, elle doit le déclarer à l'autre dans les délais réglés
par l'usage des lieux, car la loi n'en détermine aucun.

Autrefois, dans notre département, ou mieux dans les
différentes contrées qui le composent, les époques pour les
mutations rurales étaient fixées, dans certaines communes,

au 1er novembre, jour de la Toussaint ; dans d'autres au
11, jour de la fête de saint Martin ; dans d'autres, enfin,
au 25, jour de sainte Catherine ; et pour les congés, au
25 décembre, jour de Noël, et au 24 juin, jour de la fête
de saint Jean-Baptiste.

Il y aura bientôt 50 ans, l'autorité administrative du
département, procédant en exécntion de l'art. 8 (1) de la
loi du 23 fructidor an VI, et en vertu de la circulaire du
ministre de la police générale, du 26 frimaire an VII, essaya
par divers arrêtés de fixer ces époques d'une manière
uniforme pour tous nos cantons.

Le 7 pluviôse an VII, l'administration centrale prit, en
effet, un arrêté d'après lequel les époques des mutations
des bordiers, métayers, cultivateurs à gages, et autres préposés aux exploitations rurales, furent désormais fixées
dans toute l'étendue du département au 1er frimaire (2) de
chaque année (3). Les congés qui doivent précéder ces
mutations devaient être donnés ou demandés dix mois
d'avance pour les bordiers, métayers et autres de ce
genre, et cinq mois également d'avance pour les cultivateurs à gages, vulgairement connus sous le nom de *maîtres-
valets* ou autres de cette nature.

Les propriétaires ne tardèrent pas à s'apercevoir qu'ils
éprouvaient un grand dommage du long laps de temps qui
s'écoulait entre l'époque des congés et celle des remplace-
cements, parce que c'était dans cet iutervalle que tous les
travàux nécessaires tant des vignes que des terres labourables devaient être faits. L'on demanda que l'administration rapprochât de l'époque des mutations celle où les
congés devaient être donnés.

L'administration centrale, prenant cette demande en con-

(1) Cet article porte : « Dans les communes où il y a des jours ou époques en
usage pour les congés, ouverture ou expiration des locations rurales et autres,
les administrations municipales les remplaceront à des jours fixes de l'annuaire de
la république, et la nouvelle fixation servira de règle aux tribunaux. »

(2) 22 novembre.

(3) A cette époque, l'exploitation de toute espèce de récolte, ainsi que tous travaux champêtres, sont absolument terminés.

sidération, publia, le 11 prairial an IX, un second arrêté
par lequel elle maintint au 1er frimaire de chaque année la
fixation qui avait été précédemment faite pour les mutations ; mais elle arrêta que les congés devaient être donnés
ou demandés pour les bordiers, métayers, colons, maîtres-
valets et tous autres cultivateurs à gages ou à portions,
avant le 1er messidor (1) de l'année précédente.

Cet arrêté ne fut point approuvé.

Un troisième, du 11 brumaire an X, maintint les dispositions de celui du 7 pluviôse an VII, dont il ordonna de
plus fort de l'exécution.

Un quatrième arrêté fut pris, le 1er fructidor an XIII ;
mais il paraît que, comme celui du 11 prairial an IX, il ne
reçut pas l'approbation de l'autorité supérieure.

A quelques mois de là, et le 20 frimaire an XIV, M le
préfet Richard publia l'arrêté dont l'article 1er, le seul
qu'il soit utile de connaître, est ainsi conçu :

« Les époques des mutations de bordiers, métayers, cul-
« tivateurs à gages et autres préposés aux exploitations
« rurales, sont et demeurent fixées, dans toute l'étendue du
« département, au 1er décembre de chaque année, époque
« à laquelle l'exploitation de toute espèce de récolte, ainsi
« que les semences et tous les travaux champêtres, sont
« absolument terminés. Les congés qui doivent précéder
« lesdites mutations seront donnés ou demandés dix mois
« d'avance pour les bordiers, métayers et autres de ce
« genre, et cinq mois également d'avance pour les culti-
« vateurs à gages, vulgairement connus sous le nom de
« *maîtres-valets* et autres de cette nature. »

Ces dispositions furent exécutées dans plusieurs de nos
cantons où elles sont encore aujourd'hui suivies, en ce qui
concerne l'époque des congés à donner ou à demander ;
mais généralement, on refusa de s'y conformer: on se
plaignit même, à tel point que, le 25 juin 1846, M. le
préfet, comte de Rémusat, ayant égard aux réclamations

(1) 20 juin.

résultant des innovations introduites par l'arrêté du 20 frimaire an XIV ; considérant qu'il importe de rétablir à cet égard les anciens usages dont une longue expérience a démontré les avantages, prit l'arrêté inséré au nᵒ 346 du *Recueil des actes administratifs*, et dont les art. 1 et 2 disposent en ces termes :

« Art. 1ᵉʳ. — Les époques des mutations des bordiers, « métayers, cultivateurs à gages et autres préposés aux « exploitations rurales, sont et demeurent fixées, dans « toute l'étendue du département, au 11 novembre de « chaque année.

« Art. 2 — Les congés qui doivent précéder lesdites « mutations, seront donnés et demandés conformément « aux anciens usages des lieux. »

C'est le dernier arrêté sur la matière Voyons comment il a été et il est encore exécuté dans nos divers cantons

TOULOUSE. — Le congé doit être donné aux métayers avant la Saint-Jean (24 juin), au plus tard la veille de ce jour. Il est pourtant d'usage de les avertir un ou deux mois avant cette époque, pour qu'ils puissent plus commodément trouver à se placer ; mais cette habitude n'est pas de rigueur : jusqu'à la veille de la Saint-Jean, le congé peut être donné.

Les métayers sont placés vis-à-vis de leurs maîtres dans une position réciproque, c'est-à-dire que quant à eux, l'époque pour donner congé est absolument la même.

Quant à l'époque de la sortie, elle est fixée à la Saint-Martin (11 novembre) ; alors toutes les récoltes sont faites.

CASTANET. — Point de bordiers.

FRONTON. — On essaya, autrefois, dans ce canton, de se conformer aux prescriptions des arrêtés préfectoraux des 1ᵉʳ fructidor an XIII et 20 frimaire an XIV, qui fixaient, comme on le sait, à dix mois d'avance l'époque à laquelle il fallait demander ou donner congé. Mais ces arrêtés ne purent prévaloir sur la coutume. Les mutations ont continué à se faire, le 11 novembre, et les congés à se donner six mois seulement avant la sortie.

Toutefois, cet usage n'est pas général dans tout le canton; car à Bouloc et dans ses environs, plusieurs propriétaires pensent que le congé doit être donné le 10 janvier au plus tard, c'est-à-dire dix mois avant la Saint-Martin (11 novembre), jour précis de la sortie.

VILLEMUR. — Le maître et le métayer doivent réciproquement se donner congé dix mois d'avance. Le jour de la sortie est le 11 novembre. L'usage veut que le congé du maître au bordier et de celui-ci au maître soit donné par écrit.

A l'égard des baux à colon partiaire de quelques pièces de terre seulement, sans logement pour le colon, il n'est pas d'usage de donner congé d'avance. Lorsque les récoltes de l'année sont faites, le maître déclare verbalement au colon ou celui-ci au maître que le bail est fini, et qu'il ne doit pas recommencer.

MONTASTRUC. — Le congé doit être donné six mois avant le 11 novembre, jour de la sortie du bordier.

VERFEIL. — Le congé doit être donné au plus tard la veille de la Saint-Jean; il peut être donné jusqu'au moment précis où le soleil se couche. Le jour de la sortie est le 11 novembre suivant.

LANTA. — Le congé donné soit par le maître, soit par le bordier, doit être signifié avant le jour de la Saint-Jean. Le métayer est obligé de quitter la métairie le 11 novembre.

CARAMAN. — Dix mois avant l'époque ordinaire des mutations, qui ont toujours lieu dans le mois de novembre, après l'ensemencement du blé; et comme il arrive parfois que cette opération se prolonge jusqu'à la fin dudit mois, qu'on ne peut, par conséquent, préciser le jour de la sortie du métayer, le délai de rigueur, pour donner ou demander congé, dure, à cause de cette éventualité, jusqu'au 31 janvier inclusivement.

REVEL. — Les mutations des métayers ont lieu le 1er novembre. Les congés doivent être donnés six mois d'avance.

VILLEFRANCHE. — Point de bordiers.

MONTGISCARD. — *Idem.*

NAILLOUX. — Les congés se donnent au plus tard la veille de la Saint-Jean. Le bordier peut se retirer la veille ou le jour de la Toussaint, à midi.

CINTEGABELLE. — On se prévient réciproquement dix mois avant la Toussaint.

AUTERIVE. — Point de bordiers.

MURET. — Dix mois pleins avant le 11 novembre, jour de la sortie.

CARBONNE. — Pas d'usage constant. Suivant les uns il faut donner congé avant le 1er janvier; suivant d'autres, au mois de février; il y en a même qui soutiennent qu'il suffit de donner le congé à la Saint-Jean comme pour les maîtres-valets. En l'absence d'un usage certain sur ce point il faut se conformer aux prescriptions de l'arrêté du 20 frimaire an XIV.

Les métayers, sur les deux rives de la Garonne, sortent le 11 novembre.

RIEUX. — Comme dans le canton de Muret.

MONTESQUIEU-VOLVESTRE. — La veille de la Saint-Jean au plus tard, pour sortir le 11 novembre.

CAZÈRES. — *Idem.*

SAINT-MARTORY. — *Idem.*

SALIES. — *Idem.*

ASPET. — L'usage pour donner congé aux métayers dans les communes de ce canton, varie beaucoup. Voici celui qui existe par contrée :

Commune d'Aspet. — Avant l'année 1845, les congés devaient être signifiés, au plus tard, le 24 juin; mais les propriétaires ont fait perdre cet usage qui leur était préjudiciable, attendu que les bordiers négligeaient les terres et gaspillaient les fourrages en les prodiguant aux bestiaux dans le but de les mettre dans un parfait état d'embonpoint à l'époque de leur sortie. Aujourd'hui, l'usage suivi, basé sur une délibération du Conseil municipal de la commune, du 16 juin 1820, et sur des jugements rendus par le tribunal civil de Saint-Gaudens, accorde tout le mois de septembre pour donner congé aux métayers et réciproquement, lesquels sont tenus d'abandonner la métairie le 11 novembre.

Communes de Milhas, Portet et Couledoux. — *Idem.*

Communes d'Estadens, Couret et Ganties. — Les congés doivent être signifiés, au plus tard, le 24 juin.

Communes de Soueich, Encausse, Cabanac et Izaut-de-l'hotel. — Trois mois avant les semences, ou bien dans le courant du mois de juillet.

Communes de Chein-Dessus, Arbas et Fougaron. — Trois mois avant la sortie, c'est-à-dire avant le 1er aout.

Communes de Sengouagnet, Juzet-d'Izaut, Arguenos, Moncaup, Cazaunous et Arbon, *formant la vallée du Tou.* — Au plus tard, le 24 juin.

SAINT-BÉAT. — Pas d'usage constant. Le plus généralement, le maître prévient son bordier à la Saint-Jean, pour qu'il sorte de la métairie à la Toussaint, jour précis où la métairie doit être rendue libre. Il en est de même généralement du bordier à l'égard du maître pour que celui-ci se procure un autre bordier.

BAGNÈRES-DE-LUCHON. — D'après l'usage de ce canton, le bailleur à colonage est tenu de donner congé à son métayer un an d'avance, à la Toussaint, et réciproquement.

SAINT-BERTRAND. — Le congé doit être notifié aux bordiers à la Saint-Jean, au plus tard, pour sortir le 1er novembre suivant.

MONTRÉJEAU. — Le bailleur à colonage est tenu de

donner congé à son métayer, et réciproquement, trois mois avant l'expiration de l'année. L'entrée et la sortie sont fixées au jour de saint Michel, 29 septembre, pour les biens situés dans la commune de Montréjeau seulement, et à la Toussaint, 1er novembre, dans toutes les autres communes du canton.

SAINT-GAUDENS. — Le colon partiaire entre au 1er novembre et sort à la même époque. Le bail se continue indéfiniment tant qu'il n'y a pas congé donné avant le 24 juin.

BOULOGNE. — Le congé doit être donné avant le 24 juin. L'entrée et la sortie des bordiers ont toujours lieu le 10 novembre.

L'ISLE-EN-DODON. — Le congé est donné ou demandé avant le 1er mai, c'est-à-dire six mois d'avance, le jour de la sortie du bordier étant fixé au 1er novembre.

AURIGNAC. — Les congés doivent être donnés avant la Saint-Jean, au plus tard le 23 juin. Le bordier doit sortir le 1er novembre.

FOUSSERET. — *Idem.*

RIEUMES. — Au plus tard, le 11 mai, c'est-à-dire six mois pleins avant l'expiration du bail qui, d'ordinaire, est fixée à la Saint-Martin (11 novembre).

SAINT-LIS. — *Idem.*

LÉGUEVIN. — Point de bordiers.

CADOURS. — La sortie du métayer est fixée à la Saint-Martin (11 novembre); le congé doit lui être donné par le maître six mois à l'avance, et réciproquement.

GRENADE. — Les congés sont donnés ou reçus avant le 11 janvier, c'est-à-dire dix mois d'avance, la sortie étant fixée au 11 novembre.

Tels sont les délais accordés, de par l'usage, dans nos divers cantons, pour les congés à donner ou à recevoir par les bordiers (1)

Comme on vient de le voir, les délais sont loin d'être les mêmes : ils varient dans une foule de localités. Il serait à désirer que l'autorité administrative pût fixer, d'une manière uniforme, dans tout le département, l'epoque des congés pour toutes sortes de mutations rurales. C'est là, du reste, un vœu qu'a émis depuis longtemps (1826), la *Société d'agriculture* de la Haute-Garonne, en demandant que cette époque fût fixée au 24 juin. Mais il est probable que la réalisation de ce vœu n'est pas encore prochaine, car les obstacles de toute sorte que l'administration a généralement rencontrés dans l'exécution de ses arrêtés de l'an VII, de l'an IX, de l'an X et de l'an XIV, ne sont pas de nature à l'encourager à faire la fixation demandée.

19. — Quoi qu'il en soit, les délais tels qu'ils sont aujourd'hui fixés par l'usage, expirés, sans qu'il y ait congédonné ou reçu, il y a tacite reconduction. Dans la plupart des cantons, cette tacite reconduction se présume même avec les héritiers du bordier décédé, s'ils ont assez de bras pour continuer à exploiter la métairie. Dans d'autres, elle n'a pas lieu de plein droit. Les héritiers du bordier continuent seulement l'exploitation jusqu'à l'époque fixée par l'usage pour la sortie des bordiers. Néanmoins, lorsque le bordier mort laisse des fils ou des gendres aussi capables de travailler que lui, il est assez ordinaire que le maître les laisse dans la métairie, mais alors il se fait un nouveau bail aux mêmes conditions ou à des conditions différentes du premier.

Du reste, la question de savoir si, en droit, le bail à colonage est rompu par la mort du preneur, partage les juris-

(1) Les congés doivent nécessairement être signifiés par huissier ; car, en cas de dénégation, la preuve que le congé a été verbalement donné par le propriétaire au locataire, au bordier ou au maître-valet, ne pourrait être admise. Cela ne fait, en droit, aucune difficulté : Cass., 12 mars 1816 ; Bastia, 15 novembre 1826 *(J. du Pal.*, t. 13, p. 325, et t. 20, p. 932*)* ; Merlin, *q. de droit*, v. *preuve*, paragraphe 5, n. 2 ; Duranton, t. 17, n. 121 ; Toulier, t. 9, n. 34; Duvergier, t. 1, n. 489.

consultes anciens et modernes. Barthole, Godefroy, Duper-
rier, Delvincourt, et Troplong (t. 3 n° 645), sont d'avis que
le bail expire. Au contraire Coquille, le président Faber
Duvergier (t. 2, n° 91), Zachariœ (t. 3, p. 33) soutiennent
que le bail continue, Duranton (t. 17, n° 178), propose une
solution qui est absolument celle de Coquille ; il dit : « Il
est assez d'usage dans ces baux, de stipuler que ce bail sera
résolu par la mort du colon ou métayer, ou bien avec cette
condition, s'il ne laisse pas une veuve ou des enfants en
état de continuer la culture. Si cette convention existe, les
représentants du colon ou métayer achèvent l'année dans
laquelle est arrivé son décès ; et s'il y a des travaux de faits
pour l'année suivante, le propriétaire lui en paie la valeur.
— Si la première de ces clauses n'existe pas, le bailleur
ne peut empêcher les représentants du colon de continuer
la culture pendant le temps convenu, s'ils remplissent,
d'ailleurs, les conditions du bail. »

20. — Dans aucun de nos cantons, le bordier qui quitte
ne peut emporter aucune portion des fourrages récoltés.
Il n'a que le droit de faire consommer celui qui lui est nécessaire pour l'entretien de ses bestiaux jusqu'au jour de
sa sortie. Et comme le bordier ne reste sur le domaine,
après avoir ramassé les fourrages, qu'environ cinq mois, il
a paru juste qu'il n'en emploie tout au plus que la moitié.
C'est pourquoi il est d'usage qu'en les retirant, on les partage en deux portions à peu près égales, afin que le bordier
qui entrera trouve de quoi nourrir ses bestiaux ; ce qu'il
ne trouverait pas toujours, si on laissait le bordier sortant
libre d'en donner à discrétion.

Il n'y a, en effet, que trop souvent abus sur ce point de
la part du bordier. Comme toujours il a un intérêt sur le
croît des bestiaux, il prodigue ordinairement les fourrages.
Aussi, quoiqu'il soit admis, en général, de par l'usage, qu'il
a le droit d'en consommer la moitié, il ne doit pas abuser;
et s'il y avait dans la métairie, une telle abondance de fourrages que la moitié ne lui fût point nécessaire, il doit laisser ce qui reste au maître qui en est toujours propriétaire.

Jamais il n'a été permis au bordier sortant, excepté pourtant dans quelques communes du canton de Nailloux, d'emporter l'excédant de sa portion. On conçoit qu'il n'en a pas besoin, puisqu'il va trouver dans la métairie nouvelle le fourrage qui lui sera nécessaire.

Du reste, ce n'est pas toujours à la moitié des fourrages que le bordier qui quitte a droit. Dans les cantons de Montastruc, Montesquieu-Volvestre, Salies, Aurignac, Cadours, il ne peut en faire consommer que le tiers ; dans celui de l'Isle-en-Dodon, une portion qui est, d'ordinaire, de 234 kilog. ou 6 quintaux, par paire de labourage, si, toutefois, les fourrages verts sont insuffisants.

Dans le canton de Montréjeau, à partir du jour de congé, le bordier et le maître fixent ou font fixer par experts ou amis communs la quantité de fourrage nécessaire jusques au jour de la sortie, afin que le bordier ne le prodigue point, dans le but de donner une plus value aux bestiaux qui composent le cheptel. Les fourrages artificiels pendants par racines restent pour le propriétaire ou le nouveau bordier.

Dans le canton de Saint-Martory, le bordier sortant doit laisser à celui qui entre les trois quarts du foin ; ou bien on sépare le foin lors de la fenaison ; il en est baillé au métayer sortant dix quintaux, ancien poids, par paire de labourage, soit 430 kilog. Il profite des têtes de maïs et des tiges de fèves. Dans le canton de Boulogne, la portion de fourrages naturels ou artificiels que le bordier a le droit de faire consommer est de 440 kilogrammes par paire de labour. On en laisse la même quantité pour le bétail de croît.

Dans ceux de Lanta, Caraman et Revel, le bordier ne peut faire consommer que le tiers du foin, la moitié des crêtes et tiges de maïs, pareille quantité, quelquefois réduite au tiers des fourrages artificiels.

Dans le canton de Lanta, toute la paille du blé de la dernière récolte est réservée pour le nouveau métayer. A Saint-Martory, le métayer qui sort, ne peut non plus faire consommer de la paille de l'année, s'il y en a de l'année précédente. Dans le cas contraire, il ne peut en faire consommer que jusques à concurrence d'un cinquième Il doit laisser la moitié des regains ou pâtures intacts.

Si ces quantités n'étaient pas suffisantes pour la nourriture des bestiaux jusqu'à sa sortie, le bordier serait tenu d'en acheter conjointement avec le maître ; il n'a nullement le droit de toucher à la part revenant au nouveau bordier.

Dans le canton de Boulogne, si, par suite d'une mauvaise fenaison, il y a nécessité d'acheter du fourrage, le métayer est tenu d'y contribuer pour moitié, mais seulement s'il ne reste plus sur la métairie d'autres fourrages disponibles. Le métayer entrant n'est jamais tenu de contribuer, la première année, à l'achat des fourrages, si le cas y échet ; c'est le maître qui doit les fournir à ses frais.

24 : — Avant de quitter la métairie, le bordier sortant est tenu d'ensemencer le blé, d'en émotter la terre, de faire les égouts et les fossés. Il doit sarcler les blés. L'été suivant, il revient pour le travail de cette récolte. Le transport des gerbes sur l'aire dépicatoire est fait par lui généralement avec le bétail de la métairie d'où la récolte dépend. Le nouveau bordier n'est pas tenu rigoureusement de l'aider dans ce travail ; mais, d'ordinaire, cela se fait, et sans salaire.

Dans le canton de Boulogne, le métayer sortant peut semer en céréales les pièces sur lesquelles il a été fait du maïs pendant l'année, mais seulement s'il a trouvé établi sur le domaine l'assolement biennal. Dans le cas contraire, il ne le peut pas.

A Saint-Martory, le métayer sortant n'a jamais le droit de semer sur les champs où il vient de cueillir le maïs et les pommes de terre, ce qui est appelé *Réchides*.

22. — Lorsqu'en cas de séparation il y a lieu, dans une métairie à colonage, au partage des récoltes entre les personnes de la famille du bordier, la division doit se faire d'après les principes du droit commun. Voici comment ces principes sont appliqués dans les six cantons que je vais désigner, les seuls dont j'ai pu constater les usages sur ce point :

Dans les cantons de Montastruc et de Verfeil, le partage se fait par bouche, vulgairement appelé *le bras*. Les enfants de l'un et de l'autre sexe ne comptent que lorsqu'ils ont atteint l'âge de 14 ans révolus. Il en est de même dans le canton sud de Toulouse ; mais les enfants n'y prennent point une part égale : les garçons jusques à 16 ans et les filles jusques à 18, n'ont que la moitié de la portion leur revenant après cet âge.

Dans les cantons de Lanta et de Caraman, les garçons âgés de moins de 14 ans et les filles âgées de moins de 12 ans, n'ont pas droit de participer au partage.

Dans ceux de Revel et de Montesquieu, les récoltes sont partagées entre tous les membres de la famille qui ont atteint l'âge de 15 ans révolus, hommes ou femmes ; mais les femmes n'ont que la moitié de la portion des hommes.

Dans le canton d'Aspet, le partage a lieu dans cette proportion ; on attribue les deux tiers de la récolte aux hommes chargés de l'exploitation de la métairie, et le tiers restant aux femmes. Les enfants au-dessous de 16 ans, suivant les uns, de 15 ans, suivant d'autres, n'y prennent aucune part.

Dans tous ces cantons, toutes les espèces de semences sont la propriété du père de famille ; elles ne se partagent pas.

23. — Souvent, l'on donne à un ouvrier cultivateur, pour l'exploiter pendant un certain temps, un immeuble, moyennant la moitié, le tiers ou le quart des fruits qu'il récoltera, suivant la bonté du terrain. Ce bail partiaire est assez en usage dans plusieurs communes de notre département.

Dans certaines de ces communes, le colon fournit, d'ordinaire, toute la semence, si les fruits sont partagés par égales portions ; dans d'autres, les semences sont fournies moitié par le colon, moitié par le maître. Presque toujours elles le sont par ce dernier, lorsque le colon ne perçoit que le quart des fruits.

Souvent, lorsque les champs baillés à colonage sont d'une nature très-productive, le colon se contente de percevoir le tiers. Les semences sont alors fournies par le maître et le colon en suivant la même proportion que pour le partage des fruits.

Lorsque le colon perçoit la moitié de la récolte, le maître, dans quelques communes, prélève sur pile la valeur de la dîme ou une quantité convenue en représentation des impositions dont il reste chargé. Il y a des cantons (Lanta, Revel) où le colon paie la moitié des impositions des terres qu'il cultive, ou une somme fixe pour une contenance déterminée de terrain.

Dans le canton de Boulogne, lorsqu'on donne un ou quelques champs à cultiver à moitié fruits, le propriétaire fournit la semence, le fumier ou la paille provenant desdits champs, et paie les impositions. Si le colon a fourni de la paille en nature ou en fumier, le maître lui en paie la valeur ou la lui rend en nature, à son choix. Les récoltes se battent chez le maître.

Le colon est obligé de livrer la récolte entièrement achevée (pour les céréales au moins) et propre à la vente, c'est-à-dire passée au grand crible. Une fois reçue par le maître, il n'est pas tenu de la nettoyer ou purger pour la vente. Il est obligé, généralement, de la porter dans les greniers où le propriétaire est dans l'usage de l'enfermer.

Dans ces petites exploitations, il est d'usage que la paille réduite en fumier soit rapportée au champ qui l'a produite. Si le colon l'a faite pourrir par ses bestiaux, il doit transporter l'engrais qui en provient, lorsque ces bestiaux sont des bêtes de labour ; dans le cas contraire, le propriétaire est chargé de ce transport.

Lorsqu'on fait pourrir la paille par les bestiaux d'autrui, l'usage général est que celui qui prend de la paille à consommer pour fumier va la chercher, et que celui qui la fournit va en chercher le produit.

En général, l'ouvrier qui, dans la plupart de nos cantons, pelleverse la terre pour le maïs, a la moitié de la récole en épis ou en coques. Dans certains cantons, si cette récolte est abondante, on trouve quelquefois à la faire faire au tiers.

Dans d'autres, l'ouvrier perçoit la moitié, distraction faite du 10ᵉ ou du 12ᵉ pris sur pile avant partage. Dans le canton de Rieux, si cette portion n'est pas prélevée par le bailleur, le colon est obligé de donner une dernière façon à la terre pour la rendre prête à recevoir la semence en blé. Dans celui de Montesquieu, le colon qui fournit la semence du maïs, en partage le produit, et il est toujours obligé de donner une dernière façon à la terre.

Généralement l'ouvrier fournit la semence, excepté dans les cantons de Montastruc, Verfeil, Lanta, Revel, Cazères, Fousseret, Aurignac, L'Isle-en-Dodon, où elle est fournie moitié par le maître, moitié par l'ouvrier.

Dans plusieurs communes, et quelques fois dans le canton de Montesquieu, le maître fait ensemencer le maïs à ses frais, c'est-à-dire qu'il paie le laboureur, lequel est alors nourri par l'ouvrier.

Moyennant la quotité de fruits dont je viens de parler, le colon est obligé à tous les soins à donner à la plante jusques à la cueillette du grain : il est tenu de sarcler le maïs, de le chausser, de le ramasser, de couper les tiges et d'aider à les charger; enfin, de transporter, ou tout au moins d'aider à transporter la part du maître de la charrette au grenier.

L'ouvrier est tenu de plus, de par l'usage, dans le canton de Lanta, lorsque le propriétaire veut ensemencer du blé sur le champ qui a produit le maïs, de sarcler de nouveau ce champ au moment de l'enlèvement du maïs. Dans celui de Cazères, il doit aussi, après la récolte faite, arracher à la houe les tiges de maïs, et donner un binage à la terre, afin de la disposer à recevoir immédiatement un ensencement en blé.

Généralement les crêtes et les jambes du maïs appartiennent au maître ou au bordier de la métairie, s'il y en a. S'il n'y en a pas, elles servent à payer les labours. Dans le canton de Montesquieu, les tiges du maïs demeurent toujours au fonds, c'est-à-dire au maître.

ART. 2. — Maîtres-Valets.

24. — L'exploitation par maîtres-valets consiste à prendre une famille payée à gages fixes qui soit, pour le nombre des bras, en rapport avec l'importance du domaine. Cette famille est gagée pour un, deux, trois, quatre hommes, etc., capables de conduire les attelages, de labourer les terres, en un mot, de faire tous les travaux que nécessite une bonne culture.

Dans ce mode d'exploitation agricole, peu connu dans le Nord, peu usité encore dans la plupart des contrées qui nous avoisinent, mais très-suivi dans la plus grande partie de notre département, le propriétaire garde pour lui la suprême direction de la culture, et commande en maître. De la sorte, il peut se livrer aux expériences agricoles les plus hardies, établir chez lui tel assolement que bon lui semble, et en définitive amener son bien à un haut point de prospérité.

25. — Lorsque l'exploitation d'une métairie se fait par maîtres-valets, le maître est seul propriétaire des animaux de travail ainsi que des animaux de croît, tels que bêtes à laine, juments, vaches, taureaux. Les bénéfices que procurent ces derniers animaux sont ordinairement partagés par moitié entre le propriétaire et le maître-valet. Quelquefois, et dans les métairies qui produisent des bénéfices considérables, la part du maître-valet est moindre. S'il y a des pertes, elles sont supportées par lui dans la proportion des bénéfices éventuels. Le bétail de travail profite ou perd toujours, à moins de convention contraire, pour le compte exclusif du maître. Dans le canton de Nailloux, relativement aux bénéfices des animaux, on distingue, en ce qui regarde la propriété des animaux de croît : si le maître-valet a les juments, vaches, taureaux, à moitié pertes ou profits, il devient alors comme le maître propriétaire de la moitié de ces animaux, si bien que dans le cas où l'un de ces animaux vient à périr, le maître-valet supporte la moitié de la perte. Si le maître ne donne sur les animaux dont il s'agit

qu'un tiers ou un quart des bénéfices, le maître reste seul
propriétaire des animaux ; et s'ils viennent à périr, le maître-valet n'a à supporter aucune perte ; il perd seulement
l'éventualité du gain auquel il aurait eu droit. Dans tous
les cas, il est d'usage constant, dans le même canton, que
les bêtes à laine sont à moitié pertes et à moitié profits,
et que le maître et le maître-valet sont également propriétaires par moitié.

Lorsque les maîtres-valets entrent, on fait estimer contradictoirement le troupeau et les autres bestiaux donnés à
profit. Le maître-valet sortant prend un expert et celui qui
entre en prend un autre. Ce dernier se charge du troupeau, etc., au prix de l'estimation. C'est ce qu'on appelle
le *pied*, le *cap*. Ils paient chacun leur expert. Le profit, s'il
y en a, est partagé entre le maître-valet et le propriétaire.
Si celui-ci ne veut pas payer au maître-valet la moitié du
profit le concernant, il prend des animaux au prix de l'estimation. S'il y a de la perte, le maître retient sur les gages
la part concernant le maître-valet.

Bien souvent et sans attendre la mutation du maître-
valet, le propriétaire et ce dernier se règlent à la fin de chaque année. On estime de nouveau le troupeau, etc. ; on prélève le *pied ;* et après avoir précompté les dépenses, qui sont
supportées par moitié ou de tout autre manière, suivant les
conventions, le propriétaire et le maître-valet partagent les
bénéfices. S'il y a eu perte dans l'année, elle est supportée
également par chacun d'eux dans les proportions convenues. A Villefranche, dans la crainte que le maître-valet
sortant à la Toussaint ne fasse consommer les fourrages
pour donner plus de valeur aux bestiaux de profit, celui-ci
n'en peut retarder l'estimation à la veille de la mutation ;
elle se fait d'ordinaire le 16 août, à la foire de Villefranche
ou pour le plus tard à celle du 30 septembre contradictoirement avec le maître-valet entrant, toutefois au choix du
maître pour l'une de ces deux époques.

La laine du troupeau, considérée comme profit, se partage
selon les conventions faites pour les autres bénéfices des

bestiaux. Lorsqu'on fait la tonte, le maître paie généralement les tondeurs, et le maître-valet les nourrit. Quand on
vend la laine, et elle est toujours vendue en *suint*, le profit
est partagé.

26. — Les outils aratoires sont toujours la propriété du
maître, et tous les frais de réparation sont exclusivement à
sa charge. D'ordinaire, les propriétaires s'abonnent avec le
forgeron, moyennant une certaine quantité de grains par
paire de labourage, dont j'ai fait connaître le taux à
l'article 1er. Dans plusieurs cantons, les attelages supplé-
mentaires, c'est-à-dire les vaches qui ne travaillent qu'une
partie de l'année, sont compris dans cet abonnement.

27. — La plupart des propriétaires s'abonnent aussi avec
le vétérinaire. La rétribution est fixée en argent ou en
grains. En argent, on donne 5 ou 6 fr. par paire de bœufs
ou de chevaux; et en grains, l'abonnement est, en général,
fixé de 20 à 25 litres de blé.

On paie aussi le vétérinaire par visite. C'est 1 fr. 50 c.
ou 2 fr., suivant le plus ou moins d'éloignement des bêtes
malades. Les courses et les opérations de nuit se paient plus
cher, suivant ce qui a été convenu.

Lorsque les bestiaux ne sont pas à profits et pertes avec
le maître-valet, c'est toujours le propriétaire qui paie le
vétérinaire. Il ne saurait en être autrement, puisque les bestiaux sont sa propriété exclusive. Mais si les bestiaux sont
à profits et pertes, le vétérinaire, dans plusieurs communes, est payé par le maître et le maître-valet, proportionnellement à la part du profit convenu.

28. — Pour les travaux dont ils se chargent, les maîtres-
valets reçoivent des gages. Leur fixation est chose très-
variable, car il serait très-difficile de trouver, dans un
même canton, deux propriétaires qui donnent exactement
les mêmes gages.

En général, la rétribution du maître-valet est, d'ordinaire, dans notre département, par paire de labourage,
selon la nature et l'importance de la métairie, et aussi selon
le plus ou moins de bénéfices en bestiaux qu'elle est sus-

ceptible de produire, de 7 à 12 hectolitres de grains, blé,
seigle, maïs, dans des proportions subordonnées aux productions du pays. Tout est de convention à cet égard.

Il y a des maîtres-valets qui reçoivent moitié blé, moitié
seigle; d'autres, un tiers blé, un tiers seigle, un tiers maïs;
ou bien moitié blé, moitié maïs; ou bien, enfin, tout blé.
Les uns ont de plus 30, 36 fr. argent; d'autres, 10, 12, 15,
20, 24 fr. Il y en a qui reçoivent de l'huile et du sel; d'autres qui n'en reçoivent pas. Les propriétaires donnent
toujours de l'huile à brûler, lorsque les bestiaux ne sont
pas à moitié profits et pertes. La quantité varie de 2 à
5 kilog.

On donne généralement aux maîtres-valets de la piquette
et quelque peu de demi-vin, lorsqu'il y a des vignes sur la
métairie.

29. — Indépendamment de ce salaire, on leur donne,
dans presque tous nos cantons (ceux de montagne exceptés), principalement dans les *terreforts,* une contenance de
terre qui varie depuis 57 ares jusques à un hectare 14 cen-
tiares, pour y faire du maïs à moitié fruits. Dans ce cas,
le maître-valet fournit presque toujours la semence. Dans
le canton de Caraman, où la rétribution du maître-valet
n'est en général que de 4 à 5 hectolitres de grains, dont la
moitié à peu près en blé, et l'autre moitié en maïs, on lui
donne, pour y faire du millet et des légumes, le tiers des
terres labourables.

La culture et le partage du maïs s'opèrent de la manière
qui suit :

Le maître-valet, après avoir préparé par deux labours au
moins la terre qui lui est destinée en colonage de millet,
l'ensemence, le sarcle, le chausse. Quand le grain est par-
venu à sa mâturité, il le porte sur le sol de la métairie, ou
bien il le développe dans le champ si le maître l'exige. Il en
fait deux parts aussi égales que possible avec un sac ou
en les pesant, et le maître a le choix sur les deux.

30. — Généralement on fixe aussi au maître-valet une
quantité de terre telle qu'il puisse y semer, suivant l'im-

portance et la qualité du terrain de la métairie, de 12 à 25 litres de lin, autant de fèves, de 3 à 6 litres de pois, ou autant de haricots, et environ une comporte ou demi-comporte de pommes de terre, dont la récolte lui appartient en totalité.

Lorsque le lin et les légumes sont semés à moitié fruits, ils le sont, ordinairement, dans une proportion double de celle que je viens d'indiquer. Dans ce cas et dans certaines communes, la semence est fournie en commun ; dans d'autres, c'est le maître-valet qui la fournit.

31. — Dans certaines communes de nos cantons, on fixe au maître-valet le nombre de poules qu'il peut tenir, et les poulets qu'il peut faire naître sont, dans ce cas, partagés, ainsi que les dindons, les oies et les canards qu'il parvient à élever, si toutefois on le lui permet.

L'usage le plus généralement établi sur ce point est que le maître-valet fournit, par abonnement, comme le bordier, une certaine quantité de volailles toujours proportionnellement à l'importance de la métairie. Quelquefois, le maître-valet ne paie que demi-rente, s'il ne veut pas recevoir des gages en argent.

32. — Il est d'usage, dans plusieurs de nos cantons, de donner au maître-valet, suivant l'importance de l'exploitation agricole, un ou deux, même un plus grand nombre de jeunes cochons que l'on achète aux foires d'hiver. Ces cochons se partagent ensuite entre le propriétaire et le maître-valet, ordinairement après que le maïs est récolté, ou bien à la Toussaint ou à la Noël.

Le mode de ce partage varie : lorsque le maître *a avancé le pied* pour l'achat des cochons, ce capital lui est remboursé lors du partage ; et, alors, il a, d'ordinaire, le choix du cochon ou des cochons qu'il veut prendre pour lui. S'il a acheté les jeunes cochons à ses frais exclusifs, il a toujours le choix. Si ces petits animaux ont été achetés de compte à demi par le propriétaire et le maître-valet, dans quelques cantons, le propriétaire n'a pas ce choix ; il partage avec le maître-valet par égales portions le produit des cochons ;

dans d'autres, le maître a le droit de choisir en faisant, toutefois, compte de l'excédant de valeur.

Dans tous ces cas, les cochons ont dû être gardés, soignés et nourris par le maître-valet durant toute l'année.

Ordinairement c'est deux cochons que tient le maître-valet. Quelquefois, notamment dans les cantons de Villefranche et de Montgiscard, il y en a un troisième dont le prix sert à payer le *pied* déjà avancé par le maître ainsi que le pied de ceux qu'il faut acheter pour l'année suivante; le résidu, s'il y en a, se partage entre lui et le maître-valet. J'ai constaté, sous l'article *des métayers*, un usage à peu près semblable existant dans la commune d'Aspet.

33. — Les maîtres-valets pourvoient diversement à leur chauffage : ici, c'est au moyen de ce qui reste des fagots verts qui servent à nourrir les brebis ou moutons pendant l'hiver; là, ils ont les ronces, les buissons, les genêts venus dans les fossés ou sur les tertres, les haies d'épine vive et d'ajonc marin qui bordent les champs et qui s'exploitent en coupes réglées à leur avantage. Quelquefois on leur accorde encore la moitié ou la totalité des émondages des arbres épars sur la métairie.

S'il n'y a ni haies vives, ni buissons, ni arbres, ou si ceux existant ne suffisent pas, les propriétaires, dans certaines communes, donnent aux maîtres-valets les tiges de millet *passées à la crèche* et le chaume nécessaire pour le four, les besoins du ménage et le chauffage. Mais les maîtres qui veulent épargner la paille font le sacrifice de quelques cents de fagots qu'ils achètent pour leurs paysans, ou bien ils font avec eux, à leur entrée sur la métairie, un abonnement en argent.

34. — Le plus souvent, dans certains cantons (Revel, Villefranche, Montgiscard), le maître permet à la famille de son maître-valet de lever l'été *(léba l'estiou)*, c'est-à-dire de distraire un homme gagé du labourage pendant la moisson. A ces fins, il s'adjoint un ou deux autres cultivateurs pour couper le blé, ainsi que les bras nécessaires pour le battre.

Comme, dans la plupart des métairies, le maître-valet, hors les hommes gagés, n'auraient pas une famille assez nombreuse pour la moisson, le maître prend pour cette opération d'autres cultivateurs appelés *estivandiers* qui, de concert avec le maître-valet, fournissent le nombre de bras nécessaires pour lever l'été. Ces deux ou trois familles réunies forment une petite compagnie de 6, 9 ou 12 personnes. Elles perçoivent, ainsi qu'on le verra plus bas, le 10me, le 8me, et quelquefois seulement le 7me, suivant les conventions ou les usages du domaine, du grain récolté pour le partager entr'eux.

35. — Enfin, dans tous les cantons, on abandonne au maître-valet un lopin de terre qu'il cultive à son gré, et qui est désigné sous le nom de *jardin du maître-valet*.

36. — Lorsqu'il y a du lin à partager, le partage ne se fait point partout d'une manière uniforme et à la même époque. Dans les cantons de Cazères, Aurignac, Fousseret, Boulogne, Lévignac, Rieumes et Grenade, le lin est livré ordinairement au maître, arraché, mais non égrené, attaché en petites gerbes. Dans ceux de Castanet, Cintegabelle, Auterive et Rieux, c'est à la volonté du propriétaire. Certains veulent le partager au champ; d'autres exigent qu'il leur soit rendu peigné; ce que l'on exprime en disant qu'il sera partagé à *la romaine*. C'est de cette manière que le partage s'en fait à Montesquieu. A Montréjeau, il est présenté au partage *macqué;* à Carbonne, tantôt à égrener, tantôt broyé. Enfin, à Toulouse, Fronton, Villemur, Montastruc, Verfeil, Lanta, Caraman, Revel, Villefranche, Montgiscard, Nailloux, Muret, Saint-Lis et Lévignac, il doit être bien teillé ou broyé, tout prêt à être sérancé. On le partage alors en filasse et à la romaine.

Pas d'usage dans les autres cantons.

D'ordinaire, lorsque le lin est présenté au partage tout broyé, la graine appartient au maître-valet. Mais cette règle n'est pas générale. Dans une foule de métairies, le maître-valet et le propriétaire la partagent. Cela dépend, d'ailleurs, des conventions. A Verfeil, la graine de lin se partage; il n'en est pas de même de la graine de chanvre qui reste toute au maître-valet ou au bordier, lequel, d'ailleurs, fournit toute la semence.

37. — Les maîtres-valets ainsi gagés ont des obligations à remplir dans l'exploitation du domaine qui leur est donné à travailler. Ils sont tenus de bien labourer les terres et de les disposer par quatre façons au moins à recevoir la semence du blé ; de faire sur les terres toutes les réparations dont elles sont susceptibles ; d'ouvrir des fossés, de soigner les haies, d'enlever le bord extrême des champs après le labour (*tira l'aouriero*) et de le répandre intérieurement ; de soigner les bestiaux, de recueillir et ménager les fourrages, et, généralement, d'exécuter tous les travaux qui leur sont commandés par le maître pour l'amélioration de ses terres.

38. — Non-seulement le maître-valet est tenu de remplir avec exactitude les obligations que je viens d'énumérer ; il doit s'abstenir aussi de rien faire qui puisse porter préjudice aux récoltes de toute nature qui lui sont confiées. Ainsi, il lui est interdit de conduire, après une certaine époque de l'année que l'usage a diversement fixée dans nos cantons, les bestiaux de croît ou les bêtes à laine dans les prairies naturelles ou artificielles ; mais c'est toujours le moment où elles commencent à pousser. Or, à partir du 2 février (1), toutes ces prairies sont en pleine végétation ; dès ce jour, époque que l'on prolonge quelquefois jusqu'au 1er mars, et dans quelques cantons bien au-delà encore, selon que l'herbe a plus ou moins poussé, les maîtres-valets sont donc obligés de se conformer aux époques fixées par l'usage de chaque localité. Du reste, en général, peu de propriétaires permettent l'entrée de leurs bêtes à laines dans les prairies artificielles, même l'hiver.

39. — Les époques auxquelles les maîtres-valets doivent recevoir ou donner le congé varient dans nos cantons comme

(1) D'après le proverbe patois : *Jean de la Camblillino, tiro l'armaillio de la veillonu.*

celles relatives aux congés des métayers. Voici les usages suivis à cet égard :

TOULOUSE. — Il est généralement reconnu que le congé doit être donné aux maîtres-valets avant la Saint-Jean, au plus tard la veille de ce jour. Il est pourtant d'usage, comme pour les bordiers, de les avertir un ou deux mois avant cette époque, pour qu'ils puissent plus commodément trouver à se placer ; mais cette habitude n'est pas de rigueur ; jusqu'à la veille de la Saint-Jean, le congé peut être donné. Les maîtres-valets sont obligés de donner congé à leur maître dans le même délai.

D'après l'usage suivi communément dans les diverses localités des cantons de Toulouse, les maîtres-valets doivent sortir, dans le Lauraguais, à la Toussaint, et dans la Gascogne, à la Saint-Martin.

CASTANET. — Le terme de rigueur pour donner ou recevoir le congé est la veille de la Saint-Jean. Pour la sortie, c'est le jour de la Toussaint. D'après l'usage, le maître-valet sortant est au service du propriétaire qu'il quitte jusques à midi de ce jour. Il est chargé des bœufs jusques à cette heure.

FRONTON. — Six mois avant le 11 novembre, jour de la sortie.

VILLEMUR. — *Idem.*

MONTASTRUC. — *Idem.*

VERFEIL. — Le congé doit être donné ou reçu, au plus tard, la veille de la Saint-Jean, avant le moment précis du coucher du soleil, pour sortir le 1er novembre, jour de la Toussaint.

LANTA. — Les maîtres-valets doivent donner ou recevoir le congé avant le jour de la Saint-Jean. Ils doivent quitter le 1er novembre.

CARAMAN. — *Idem.*

REVEL. — Les congés doivent être donnés avant le 1er août. Les mutations ont lieu le 1er novembre. Ce jour-là n'appartient au maître-valet sortant qu'après l'heure de midi.

VILLEFRANCHE. — Les maîtres-valets reçoivent et demandent le congé généralement avant la Saint-Jean. Cette époque est celle de rigueur pour contraindre les maîtres-valets à évacuer la métairie le 1er novembre. Tous les maîtres-valets n'attendent pas cette époque, non plus que les maîtres, pour se prévenir de la mutation. Les bonnes places sont données dans le mois de janvier.

Je viens de dire que l'usage est que le congé soit donné ou reçu avant la Saint-Jean, terme de rigueur.

Cependant, le tribunal de Villefranche a maintes fois décidé que le congé devait être donné six mois avant le 1er novembre, jour précis de la sortie.

D'après l'usage, le déménagement s'opère la veille de la Toussaint. Le maître-valet sortant va quérir les attelages du nouveau maître et fait évacuer son mobilier pour rendre le logement libre pour les arrivants ; et malgré que tout son mobilier ait été transporté et que sa famille soit partie, il est tenu de demeurer jusqu'au jour de la Toussaint, à midi, pour soigner les bestiaux ; ce n'est qu'à cette heure exactement rigoureuse que cessent ses devoirs et ses obligations.

MONTGISCARD. — Selon l'ancien usage, le congé est donné ou reçu six mois avant la sortie, fixée au 1er novembre. Néanmoins, plusieurs propriétaires des communes limitrophes du canton de Villefranche croient pouvoir donner ou recevoir le congé jusqu'à la veille de la Saint-Jean.

NAILLOUX. — Les congés sont donnés, au plus tard, la veille de la Saint-Jean. La sortie a lieu la veille ou le jour de la Toussaint.

CINTEGABELLE. — Le congé doit être donné ou reçu, au plus tard, le 24 juin, pour sortir le 31 octobre.

AUTERIVE. — *Idem.*

MURET. — Six mois pleins avant le 1er novembre, jour

de la sortie dans les communes situées sur la rive droite de la Garonne, et dans celles du Fauga et de Lacasse, sur la rive gauche ; et six mois avant le 11 novembre, jour de la sortie dans toutes les autres communes sur cette dernière rive. Ainsi est l'usage dans les diverses localités de ce canton.

CARBONNE. — Avant la Saint-Jean. Il y en a qui se croient obligés de donner ou de demander le congé six mois d'avance. En général, les maîtres-valets sortent le 1er novembre ; dans quelques métairies, sur la rive gauche de la Garonne, ils ne sortent que le 11 novembre.

RIEUX. — Avant la Saint-Jean.

MONTESQUIEU. — *Idem*, pour vider la métairie le 11 novembre suivant.

CAZÈRES. — *Idem*. Cependant, dans quelques communes de ce canton, l'usage n'est pas aussi fixe. Il est des propriétaires qui croient pouvoir renvoyer leurs maîtres-valets à volonté en leur payant le temps écoulé.

SAINT-MARTORY. — Avant la Saint-Jean, pour sortir le 2 novembre.

SALIES. — *Idem*, mais pour sortir le 11 novembre.

ASPET. — Point de maîtres-valets.

SAINT-BÉAT. — *Idem*.

BAGNÈRES-DE-LUCHON. — *Idem*.

SAINT-BERTRAND. — *Idem*.

SAINT-GAUDENS. — *Idem*.

MONTRÉJEAU. — Les congés doivent être donnés ou reçus trois mois d'avance. Il n'y a point d'époque fixe pour la sortie ; c'est à la volonté les parties. Il peut seulement y avoir lieu à des dommages de la part du congédiant suivant la saison dans laquelle le congé est donné.

BOULOGNE. — L'usage du canton est que le congé doit être reçu ou donné avant le jour de la Saint-Jean. Les maîtres-valets comme les bordiers entrent et sortent le 10 novembre.

L'ISLE-EN-DODON. — Il faut donner ou recevoir le congé six mois avant le 1ᵉʳ novembre, jour fixé pour la sortie.

AURIGNAC. — Les congés sont donnés réciproquement avant la Saint-Jean, au plus tard, le 23 juin. La sortie a lieu le 1ᵉʳ novembre.

FOUSSERET. — *Idem.*

RIEUMES. — Au plus tard, le 11 mai, c'est-à-dire six mois pleins avant la Saint-Martin (11 novembre).

SAINT-LIS. — *Idem.*

LÉGUEVIN. — *Idem.*

CADOURS. — Trois mois d'avance pour sortir le 11 novembre.

GRENADE. — Les congés doivent être donnés ou reçus avant le 11 juin, c'est-à-dire cinq mois avant le 11 novembre, jour fixé pour la sortie.

On vient de voir que les époques des mutations des maîtres-valets varient dans la plupart de nos cantons, et même dans plusieurs communes d'un même canton. Dans celui de Muret, par exemple, sur la rive droite de la Garonne, le 1ᵉʳ novembre est l'époque à laquelle les maîtres-valets qui passent d'une métairie à l'autre, opèrent leur déménagement ; sur la rive gauche (deux communes exceptées), cette opération a lieu le 11 novembre. Lorsqu'un maître-valet de la rive gauche va occuper une métairie sur la rive droite, il en résulte que pendant onze jours le propriétaire qui se trouve sur cette rive est aussi embarrassé pour faire panser ses bestiaux que pour les faire travailler.

D'un autre côté, le 31 octobre sur une rive, et le 10 novembre sur l'autre, sont consacrés aux déménagements des maîtres-valets qui changent de métairie ; car, le dernier jour, d'après l'usage le plus général du département, appartient au maître-valet sortant pour qu'il puisse opérer son déménagement. Cette journée de travail des hommes et des animaux perdue à l'époque des semailles, est d'autant plus regrettable dans l'intérêt de l'agriculture qu'un seul jour de retard peut compromettre de graves intérêts.

On doit regretter que les arrêtés préfectoraux, dont j'ai analysé les dispositions sous l'article des *métayers*, et qui fixaient une époque postérieure pour ces déménagements, n'aient pas reçu, quant à ce, leur exécution.

40. — Quoi qu'il en soit, c'est le propriétaire chez qui le maître-valet entre qui lui fournit, d'après l'usage général, ses charrettes attelées en nombre suffisant pour opérer le transport de tout son mobilier, et, dans quelques communes, les toiles nécessaires pour contenir ses grains. Le maître-valet sortant n'a pas le droit de se servir des bestiaux et des charrettes du maître qu'il quitte pour transporter ses meubles ; autrement, la condition de ce dernier pourrait être rendue très-onéreuse par le maître-valet sortant qui irait se placer à une grande distance du lieu de son départ.

L'usage dont je viens de parler n'est pourtant pas absolument général. Car, dans la partie nord du canton de Montastruc, dans la plupart des communes du canton de Revel, et dans celui de Boulogne, le maître-valet fait le transport de ses meubles avec les charrettes et le bétail du maître qu'il quitte, pourvu, toutefois, que la distance à parcourir ne soit pas trop longue. Dans les cantons d'Aurignac et de l'Isle-en-Dodon, souvent les charrettes attelées sont fournies simultanément par les maîtres du maître-valet sortant et du maître-valet entrant ; tantôt par l'un, tantôt par l'autre, toujours par pure obligeance ; car il n'y a pas d'obligation, puisqu'il n'existe pas d'usage bien établi sur ce point. Dans le canton de Montréjeau, c'est au maître-valet sortant à s'arranger comme il l'entend.

Lorsque le maître-valet sortant ne s'est point loué pour le service d'une métairie, il déménage presque partout à ses frais.

Dans tous les cas, le maître doit être appelé lors du déménagement afin de pouvoir s'assurer que le maître-valet sortant fait la remise exacte des outils et autres objets qui lui ont été confiés pour la culture du bien.

41. — Avant de terminer ce qui concerne les maîtres-valets, je dois dire que les usages que j'ai constatés relativement aux bordiers, en ce qui concerne le droit que ces cultivateurs prétendraient avoir de consommer les légumes pendant par racines, nécessaires à leur ménage, et qu'ils ont en commun avec le propriétaire, leur sont également applicables.

Il en est de même à l'égard du partage qu'il peut y avoir lieu de faire entre les divers membres de la famille du maître-valet, des récoltes ou bénéfices faits en commun ; j'ajouterai seulement que dans le canton de Castanet, ce partage se fait par tête entre les différentes personnes pouvant travailler. Néanmoins, la part des femmes est moitié moindre que celle des hommes, à raison de la différence de valeur de leur travail.

Quand une métairie est exploitée par un père ayant des enfants mariés et d'autres qui ne le sont pas, vivant ensemble, en communauté, le père partage avec ses enfants mariés. Dans plusieurs cantons, il prend non-seulement son *bras* personnel, mais encore celui de ses fils et filles non mariés. L'autorité paternelle s'exerce ordinairement jusqu'au mariage des enfants. Le père reçoit ce que gagnent ses enfants non mariés ; mais c'est lui qui paie les frais de leur mariage.

ART. 3. — Fermiers.

42. — Dans l'exploitation par fermage, le propriétaire livre son bien pour un certain temps, moyennant une redevance annuelle fixe consistant, d'après les conventions des parties, soit en argent, soit en denrées, soit partie en argent, soit partie en nature. Les obligations du fermier sont

réglées par les séct. 1 et 3 du chap. 2, tit. 8, liv. 3 du Code civil.

Dans notre département, le terme le plus ordinaire des baux des biens ruraux faits par écrit, est de trois, six ou neuf ans ; dans les pays de montagne où il se fait peu de baux par écrit, d'un an ou par période de deux ans. Les baux à long terme ne sont pas usités. Du reste, il y a très-peu de fermiers.

Les termes de trois, six ou neuf ans ont été choisis à cause des systèmes d'assolement qui, depuis longtemps, sont répandus dans nos cantons. En trois ans, dans l'assolement triennal, toutes les terres du domaine ont à leur tour porté, avec une seule fumure, du blé, puis une autre espèce de céréales, et sont restées en jachère, de façon que le fermier a profité du plus ou moins de fertilité de chacune de ces terres. C'est pourquoi les baux ont été fixés généralement à neuf ans dans les pays où l'assolement triennal est suivi, et à six ans dans les contrées soumises à l'assolement biennal ou alterne.

43. — Lorsque la durée du bail n'est pas déterminée par la convention, l'art. 1774 C. civil, puise dans le but même que le fermier s'est proposé en louant un héritage, l'indication du terme qui le fait expirer. Le bail est censé fait pour le temps qui est nécessaire afin que le preneur recueille tous les fruits.

A la suite de la règle se trouvent les exemples qui l'expliquent. Ainsi, porte l'article, le bail à ferme d'un pré, d'une vigne ou de tout autre fonds dont les fruits se recueillent en entier dans le cours de l'année, est censé fait pour un an. Le bail des terres labourables, lorsqu'elles se divisent par *soles* ou *saisons*, est censé fait pour autant d'années qu'il y a de soles.

On appelle *soles* ou *saisons* chacune des divisions annuelles et alternatives que l'on établit sur des terres cultivables. Ainsi, chaque saison ou sole est une certaine quantité de terre (le tiers ou la moitié) de la masse de celle du domaine que l'on destine à une culture particulière.

L'assolement triennal et surtout l'assolement alterne sont mis en usage par les agriculteurs de nos cantons, suivant la fécondité du sol. Le premier est généralement suivi pour les terres de bonne nature, et le second pour les terres légères.

Dans les pays de montagne, toutes les terres labourables sont cultivées annuellement sans repos, surtout par les petits propriétaires. Aux seigles et blés succède immédiatement le sarrasin ; à celui-ci, et dès que la saison le permet, succèdent le maïs, les haricots et les pommes de terre.

Il peut, quelquefois, s'élever des difficultés sur la question de savoir quel est le temps nécessaire pour recueillir les fruits d'un fonds et en combien de *soles* ou *saisons* il est divisé ; mais une fois cette question résolue, la durée du bail est par cela même tout aussi certainement fixée qu'elle le serait par une convention explicite.

44. — Si, à l'expiration du bail, soit que le terme ait été fixé par la convention (baux écrits), soit qu'il ait été déterminé par la nature du fonds (baux sans écrit), le premier reste en possession, une tacite reconduction s'opère. (C. civil, art. 1738, 1776.) Le nouveau bail qui commence par l'effet de la tacite reconduction, est réglé, quant à sa durée, par l'art. 1774.

Mais combien de temps la possession sera nécessaire pour faire présumer la tacite reconduction ?

Les anciens jurisconsultes pensaient que la volonté de faire un nouveau bail se trouvait ordinairement manifestée lorsque la jouissance du fermier s'était prolongée pendant un temps assez long, *non modicum ;* lorsque, d'ailleurs, il y avait eu pendant ce temps quelque chose à faire pour la culture de l'héritage.

« Un point important à cet égard, dit M. Troplong, t. 2, nᵒ 776, c'est qu'on ne saurait la (tacite reconduction) présumer par le seul séjour du fermier au-delà du délai usité dans le lieu pour la sortie ; autrement ce serait forcer le propriétaire à avoir un huissier la veille du jour de l'expiration, pour chasser le fermier qui ne paie pas. La règle est que les magistrats devront exiger que le fermier continue sa jouissance pendant un temps assez long pour faire présumer le consentement du bailleur. Ils concilieront cette règle avec les usages locaux qui sont le meilleur moyen d'interpréter les conventions (1). »

. Je n'ai pu recueillir aucun usage à ce sujet. Toutes les personnes que j'ai consultées dans nos divers cantons m'ont répondu qu'il n'y en avait pas. On juge d'après le droit commun, et les magistrats décident d'après les circonstances, s'il y a ou non tacite reconduction. Toutefois, il paraît assez généralement reconnu que pour qu'il y ait tacite reconduction, il faut que le fermier continue sa jouissance jusqu'au moment où il a recommencé ses premiers travaux de culture ; par exemple, pour les champs, qu'il ait fait les premiers labours, ou qu'il ait fumé la terre ; et pour les prés, qu'il ait fumé aussi ou fait les premiers arrosages.

Cette coutume est conforme à la doctrine professée sur ce point, d'après Pothier, n° 353, par les auteurs du *Répertoire de jurisprudence*. « La tacite reconduction, disent-ils, se présume relativement aux biens de campagne, quand depuis l'expiration du bail pour les bâtiments, le fermier y a continué sa résidence, ou qu'après l'expiration de la dernière année, il a commencé les façons et labours de l'année suivante. » — « Cependant, ajoutent-ils, comme il peut arriver que le fermier fasse les travaux à l'insu du bailleur, celui-ci peut empêcher la tacite reconduction, en faisant défense, dans un temps convenable, au fermier de les continuer. Ce temps doit être arbitré par le juge, lorsque l'usage ou les coutumes ne l'ont pas fixé. »

45. — Aux termes de l'art. 1766, C. civil, le fermier doit garnir le domaine des bestiaux et ustensiles nécessaires à son exploitation. Cette obligation est le corollaire de l'obligation qui lui est imposée de jouir en bon père de famille,

(1) V. aussi M. Duvergier, t. 2, n. 214 ; Lyon 22 juillet 1833 *(J. du Pal.*, t. 25, p. 716*)*.

puisque, sans bestiaux et ustensiles en quantité convenable, la culture serait impossible. Ces bestiaux, ces ustensiles s'appellent ordinairement la *monture* d'un fermier, et pour en connaître l'étendue, il faut consulter l'usage des lieux. C'est l'avis de M. Troplong, nos 660 et 661.

Partout, la quantité de bestiaux et d'ustensiles aratoires est subordonnée à l'importance du domaine. Il est assez difficile de pouvoir établir une base fixe. On s'en rapporte au titre qui, d'ordinaire, règle la *monture* du fermier; à défaut de clause expresse dans le bail, on a droit d'exiger qu'il ait en son pouvoir des charrues et leurs accessoires proportionnellement à l'importance du domaine et au nombre des paires de labourage. Les troupeaux, les bêtes de croît, quoi-que très-avantageux pour une bonne agriculture, sont facultatifs.

Ordinairement le maître laisse au fermier tout ce qui lui servait à l'exploitation du bien. Il en est fait un état estimatif, et le fermier lui fait compte, à sa sortie, du capital en nature ou en valeur.

46. — Suivant l'art. 2102 C. civil, le bailleur a un privilége sur les fruits de l'année C'est pour assurer l'effet de ce privilége que l'art. 1767 impose au fermier l'obligation d'engranger dans les lieux à ce destinés d'après le bail. Car, s'ils étaient engrangés dans un local appartenant à un autre propriétaire, celui-ci aurait lui-même son privilége sur ces fruits pour le prix de sa location, et primerait le bailleur.

S'il n'existe pas de bail écrit, ou si le bail est muet sur les lieux d'engrangement, il faut se conformer à l'usage suivi dans la ferme (1).

Partout, dans nos cantons, on transporte tout simplement la récolte sur l'aire dépicatoire, en plein air, où on la dispose en tas appelés *gerbiers* ou *gerbières*, selon la forme qu'on leur donne. Les fourrages sont placés en meules. Depuis peu d'années seulement, quelques propriétaires ont fait

_____

(1) MM. Troplong, n. 685 ; Duvergier, t. 2, n. 101.

construire auprès des bâtiments d'exploitation du domaine des hangars où ils enferment leurs récoltes ; mais ils sont en très-petit nombre. Nulle part les récoltes ne sortent du domaine.

47. — Le paiement du prix des fermages doit se faire aux époques déterminées par le contrat. Ces époques sont toujours fixées en prenant en considération la nature des fruits dont l'immeuble affermé est productif. D'ordinaire, le plus long terme accordé au fermier est celui d'une année, puisque le fermage représente le revenu annuel de la chose affermée.

Lorsqu'il n'y a point de convention sur les époques du paiement des fermages, ce paiement doit se faire aux époques fixées par l'usage du lieu. Ces usages varient beaucoup dans chaque localité.

Voici ceux de nos divers cantons :

TOULOUSE. — On distingue le cas où le paiement doit se faire en argent de celui où il doit être fait en nature.

A défaut de convention, l'usage pour le paiement en argent est généralement de n'exiger les fermages que de six en six mois et *terme échu*, la première échéance ayant lieu six mois après le commencement du bail, quelle que soit l'époque où il a commencé. Ce paiement *terme échu* a sa raison dans la facilité donnée au fermier de réaliser ses denrées en argent par la vente qu'il en peut faire pour se mettre en règle vis-à-vis de son bailleur.

Lorsque le paiement doit se faire en nature, il se fait suivant les diverses qualités de denrées à l'époque de la récolte. Ainsi, pour le blé, il se prend sur la pile ; pour le maïs, il se prend sur le champ ; pour les légumes, fourrages, etc., on suit la même règle, c'est-à-dire que c'est sur le sol qu'ils sont pris par le propriétaire, ou bien sur le champ même où ils ont été récoltés. Le vin se prend lors de la décuvaison, ce que l'on exprime vulgairement par ces mots : *à la canelle*.

Dans tous les cas, les prestations en nature sont portées

au domicile du bailleur avec les charrettes et les bestiaux appartenant aux biens affermés.

MONTASTRUC. — Dans la partie nord du canton, le paiement du prix du fermage en argent a lieu par quart, de trois mois en trois mois, terme échu.

VERFEIL. — Lorsque le prix est en nature, il doit être payé immédiatement après la récolte ; lorsqu'il consiste en argent, il doit être payé à la fin de l'année, c'est-à-dire à la Toussaint ; au plus tard, dans le courant de novembre.

LANTA. — En général, si le prix de la ferme est en argent, il est payé à la Toussaint ; si le prix consiste en denrées ou fruits, c'est à l'époque de ces récoltes.

CARAMAN. — En deux termes égaux exigibles, le premier dans le courant du mois de septembre, et l'autre, par tout mars de l'année suivante.

REVEL. — En général, le fermage est payé de six mois en six mois, terme échu.

VILLEFRANCHE. — Lorsque le prix consiste en argent, il est d'usage que les fermages ne se paient qu'après les récoltes faites et perçues en totalité, c'est-à-dire à la fin d'octobre. Si c'est en denrées, on remet le blé après la dépiquaison, à la fin d'août ou en septembre ; le maïs en mars, et le vin, à la canelle.

MONTGISCARD. — *Idem.*

NAILLOUX — Les paiements du prix de ferme en nature se font au mois de septembre ou après chaque récolte ; ceux en argent se font en deux portions, moitié à la Toussaint et moitié au mois de mars, au plus tard, au 1er mai.

CINTEGABELLE. — Point de règle fixe. En général, pourtant, lorsque le prix consiste en denrées, le paiement est exigible immédiatement après la récolte.

AUTERIVE. — *Idem.*

MURET. — Après la récolte, si le prix consiste en denrées ; dans le mois d'août et au commencement de mars, par portions égales, si le prix consiste en argent.

CARBONNE. — A la Noël et à la Saint-Jean.

RIEUX. — *Idem.*

MONTESQUIEU. — *Idem.*

SALIES. — Ordinairement au premier de l'an et à la Pâque.

ASPET. — Les fermages en argent se paient dans le courant de novembre ; ceux en denrées ou en fruits, à l'époque de la cueillette.

SAINT-BÉAT. — Les blés et les seigles sont livrables, au plus tard, à la Toussaint, et même un grand nombre de propriétaires les reçoivent plus tôt, sans qu'il y ait usage constant à cet égard. Les autres récoltes et l'argent sont livrés à la Saint-Martin et jusqu'au 1er janvier.

BAGNÈRES-DE-LUCHON. — A la Toussaint.

SAINT-BERTRAND. — En novembre.

MONTREJEAU. — Au 16 août, jour de saint Roch ou au premier novembre.

SAINT-GAUDENS. — On ne connaît pas d'usage à cet égard. D'ailleurs, on afferme très-peu dans le canton.

BOULOGNE. — *Idem.*

AURIGNAC. — En deux termes : le premier à la Saint-Jean, après le bail, et le second à la Noël qui suit.

LÉGUEVIN. — Ordinairement en deux portions exigibles : l'une dans le mois de septembre ; l'autre, à l'expiration de l'année de la ferme. Les fermages en nature se paient au moment de la récolte des grains et des décuvaisons.

CADOURS. — Soit que le paiement du fermage se fasse en argent, soit qu'il ait lieu en nature, il s'opère par moitié à la Saint-Jean et à la Noël.

GRENADE. — Lorsque le paiement se fait en nature, il a lieu à l'époque de la cueillette de chaque nature de denrées.

Partout ailleurs, pas d'usage fixe. D'ordinaire, chacun détermine l'époque des paiements suivant sa convenance ou ses besoins.

48. — Le fermier doit jouir en bon père de famille. « On exprime ainsi d'un seul mot, dit M. Duvergier, t. 2, n° 95, la nature et l'étendue des obligations qui lui sont imposées; mais la culture des terres a tant d'objets différents, et les procédés qui sont mis en usage sont si variés, qu'il n'est pas possible de songer à indiquer, d'une manière complète, toutes les opérations que les cultivateurs des diverses espèces de fonds doivent faire, tous les moyens qu'ils doivent employer, non plus que les actes dont ils doivent s'abstenir. C'est à l'usage suivi dans chaque localité (et quelquefois même dans une seule commune, il y a plusieurs pratiques différentes), c'est à l'usage qu'il faut s'en tenir pour décider si les terres labourables, les vignes, les prairies, les bois qui sont l'objet du bail, ont été cultivés et soignés convenablement par le fermier. »

Dans notre département, il n'existe sur ce point aucun usage certain, général, uniforme, qui soit commun à toutes les localités d'un canton, même d'une commune en particuculier; chacun fait ses conditions d'après les travaux qui conviennent à la propriété affermée, et qui varient suivant la nature des immeubles qui la composent. S'il survient des contestations, elles se décident par les dispositions de la loi là où la loi dispose, et à défaut, par les règles de l'équité et d'après les circonstances.

En général, pourtant, on reconnaît quelques règles particulières que je vais essayer de préciser :

Les fermiers sont tenus de se conformer aux assolements usités ; de ne pas ensemencer ou cultiver des plantes capables d'appauvrir le sol, et qui ne seraient pas en usage sur les lieux affermés ; d'arroser les prairies si la situation du bien le permet ; d'engraisser les prairies artificielles en les plâtrant ou de tout autre manière ; d'empêcher que les bestiaux n'aillent brouter les taillis, et de faire passer, au moins deux fois l'année, le cylindre sur les terres labourables. Ils sont tenus aussi de labourer, de déchausser, de terrer, de biner, de provigner, d'épamprer les vignes, et au besoin, de faire greffer ses mauvaises qualités.

Il est rare que les propriétaires se déterminent à affermer les bois qui font partie de leurs domaines ; ils les réservent, au contraire, à cause des dégradations auxquelles ils seraient exposés s'ils étaient affermés. Mais si, contre l'habitude, les bois sont compris dans le bail, ils réclament, comme les terres arables et les vignes des soins particuliers, afin qu'ils soient d'une belle venue. Il faut travailler le sol et en arracher toutes les plantes parasites, et empêcher que toute espèce de bétail n'y entre, les moutons surtout, dont la présence et le contact seuls nuisent considérablement aux arbres, soit à cause de l'odeur qu'ils exhalent, soit à cause de l'humeur qui suinte continuellement de leurs corps.

49. — Les fermiers sont également tenus des réparations locatives, soit par rapport aux édifices qu'ils occupent, soit par rapport aux terres dont ils ont la jouissance, soit par rapport au mobilier attaché au domaine. Dans nos cantons, on considère, en général, comme réparations locatives celles que je vais indiquer :

Le fermier doit entretenir les vaisseaux vinaires. Aux vignes, l'entretien des échalas ou des piquets est aussi à sa charge. Par conséquent, il doit en rendre une quantité suffisante pour garnir la vigne qui lui a été affermée. Il faut qu'il les rende de qualité, de grandeur et de grosseur convenables.

Lorsqu'il a trouvé sur le domaine des haies vives qui entourent des vignes ou des champs, et qui sont taillées à une certaine hauteur pour servir de clôture et de défense, il est tenu de les entretenir dans le même état, en ne les faisant tailler tous les ans, ou seulement tous les deux ans, suivant la force de la végétation, qu'à la même hauteur, pour qu'elles puissent toujours servir de clôture ou de défense. Il n'en est pas de même des autres haies ou buissons qui forment une espèce de revenu ; il a le droit de les couper au pied tous les trois ou quatre ans, à moins de convention contraire.

Lorsqu'il meurt quelque arbre sur le domaine, il est d'usage que le fermier le prenne pour le brûler, mais à la charge par lui de le remplacer par un jeune arbre de la même espèce. Le plus souvent, les arbres morts sont réservés par le propriétaire qui doit, dans ce cas, les remplacer à ses frais.

Le fermier doit recurer les petits ruisseaux qui longent ou qui traversent les pièces du domaine, ainsi que les fossés dans les dimensions qui sont d'usage pour chaque pays ; enlever, autant que possible, les pierres qui nuisent à la charrue ; soigner les chemins d'exploitation ; faire détruire les taupes qui s'établissent dans les prés. Ce sont là, en effet, les conséquences toutes naturelles de l'obligation qui lui est imposée de jouir en bon père de famille.

Par rapport au mobilier laissé au fermier pour les travaux, il est d'usage, ainsi que je l'ai déjà dit, qu'il soit estimé contradictoirement au commencement du bail. A la fin, il est estimé de nouveau, et la différence du prix est payée au propriétaire, ou par celui-ci au fermier, suivant que l'un ou l'autre se charge de ce mobilier.

Par rapport aux édifices, le fermier est tenu des mêmes réparations qui sont à la charge des locataires. Tous les trous faits pendant sa jouissance dans les écuries, à la maçonnerie et aux mangeoires, doivent être bouchés par lui. Il doit aussi réparer le devant des mangeoires lorsqu'elles sont rongées par les animaux. Les râteliers, les piliers et les barres servant à la séparation des animaux doivent être par lui entretenus, à moins qu'ils ne soient détruits par vétusté ou force majeure.

A la fin du bail, nulle part, le fermier ne peut, de par l'usage, arracher et emporter les arbres qu'il a plantés. A moins de réserve expresse à cet égard, tout arbre planté appartient au propriétaire du terrain sur lequel il est radiqué, et le fermier ne peut ni l'arracher ni exiger d'indemnité.

50. — L'art. 1777 C civ., qui a pour objet de ménager la transmission d'un bail qui finit à un bail qui commence ; qui a voulu concilier les intérêts du fermier qui quitte sa ferme avec les besoins du fermier qui va la prendre, a posé la règle suivante : « Le fermier sortant doit laisser à celui qui lui succède dans la culture les logements convenables et les autres facilités pour les travaux de l'année suivante ; et réciproquement, le fermier entrant doit procurer à celui qui sort les logements convenables et les autres facilités pour la consommation des fourrages et pour les récoltes restant à faire. — Dans l'un et l'autre cas, on doit se conformer à l'usage des lieux. »

Pothier, n° 190, et Merlin, *Quest. de Droit*, v. *fumier*, § 1er, disent que les pailles et les fumiers étant destinés à l'engrais des terres font partie de l'héritage. Ils ne peuvent donc être divertis de la ferme, sans que le preneur ne s'expose à de graves reproches pour avoir enlevé à ces choses leur destination, Toutefois, ajoute M. Troplong, n° 666, l'usage des lieux peut modifier cette règle. Dans quelques localités où le pacage des moutons et d'autres engrais entretiennent suffisamment l'énergie féconde du sol, les pailles et les fumiers appartiennent au fermier, qui peut en disposer. Il y a aussi des localités où les foins sont considérés comme objets de commerce appartenant aussi au fermier.

Dans tous nos cantons on reconnaît, en principe, que les pailles de toute espèce : le foin, le produit des prairies artificielles, tels que trèfles, sainfoin, vesces, appartiennent à la métairie, parce qu'ils sont considérés comme immeubles par destination. Le fumier en provenant doit être répandu sur les terres du domaine affermé. Le fermier ne peut en disposer de quelque manière que ce ce soit. Cependant, si, d'après les nouvelles méthodes de culture, le fermier, au lieu de faire du blé et du maïs, juge à propos de faire des fourrages, il peut alors en disposer comme récolte, sans toutefois pouvoir diminuer dans aucun cas la provision nécessaire au domaine, et pourvu qu'à la fin du bail il y laisse la même quantité de fourrages qu'il y a trouvée en entrant.

51. — J'ai demandé si les fermiers étaient obligés de laisser visiter, dans le cours des baux, par les propriétaires, les biens affermés pour vérifier si la culture et l'exploitation se faisaient régulièrement. D'après les réponses qui m'ont été fournies, les fermiers ne s'opposent jamais à cette visite. Aussi les baux n'expriment pas ordinairement cette réserve.

52. — J'ai demandé également si les fermiers étaient astreints, particulièrement sur la fin des baux, à souffrir sur leurs métairies la visite des tiers qui désirent les examiner en détail pour les affermer. De partout j'ai reçu des réponses affirmatives, mais à condition que dans le cours de la visite on ne porte aucun dommage aux récoltes.

ART. 4. — Régisseurs de biens ruraux.

53. — Dans nos contrées, lorsque le propriétaire d'un domaine ne peut ou ne veut en surveiller l'exploitation par lui-même, il y place un homme de confiance qu'on appelle *régisseur* ou *homme d'affaire*. Ce régisseur est chargé de diriger tout ce qui est relatif à l'administration du domaine, d'exécuter à cet égard tous les ordres que le maître peut lui donner, et de rendre ensuite un compte exact de sa régie.

54. — Les régisseurs n'étant que de simples mandataires, nos usages sont qu'on peut les congédier à volonté, et qu'ils peuvent s'en aller aussi à volonté. Il n'y a pas de jour fixe pour leur entrée ni pour leur sortie. Toutefois, il est d'usage d'accorder un délai de grâce, sauf l'exception de cause grave.

Mais quelle est la durée de ce délai? Ici l'usage n'est point partout uniforme. Plusieurs donnent ou exigent le même délai qui a lieu pour les maitres-valets. D'autres donnent trois mois. Il y a des propriétaires qui ne considèrent leurs régisseurs que comme des domestiques, et qui n'accordent, en conséquence, qu'un très-court délai, un mois, quinzaine, huitaine, par exemple. Cet usage est assez général.

Dans le canton de Montgiscard, lorsque le salaire d'un régisseur consiste, d'après les conventions, en une part dans la récolte, ou bien lorsqu'il lui est concédé, indépendamment d'une somme d'argent, une portion de terre à colonage, il est admis que la règle tracée par les maîtres-valets doit être suivie, et que le congé doit être donné ou reçu tout au moins la veille de la Saint-Jean.

ART. 5 — Bergers.

55. — Dans les métairies exploitées par des bordiers et des maîtres-valets, là où il y a des troupeaux de bêtes à laine, c'est ordinairement un membre de la famille du bordier ou maître-valet qui est le gardien du troupeau, et la rétribution de ce gardien consiste dans les profits qui sont partagés entre le maître et le bordier ou maître-valet.

Dans les domaines où il existe un troupeau separé sous la garde d'un berger, ce dernier fait des conventions avec le propriétaire du domaine qui le loge, lui donne des gages et fournit à sa famille une certaine quantité de terre pour faire du maïs. Il n'y a pas d'usage arrêté à cet égard; les conventions règlent tout. Il y a des bergers qui reçoivent simplement les gages d'un maître-valet; d'autres qui, outre ces gages, ont une part sur les benéfices du troupeau, un huitième, par exemple; d'autres qui ont le troupeau à moitié pertes et profits; d'autres qui n'ont que le tiers du profit. Enfin, il y a des bergers qui sont simplement des valets dont les gages varient comme ceux des autres domestiques, sans profit sur les bénéfices.

Dans le canton sud de Toulouse il faut, d'après l'usage, donner congé aux bergers six mois avant la Saint-Roch, parce qu'ils doivent sortir à cette époque.

55 *bis*. — Dans les cantons de haute montagne, chaque commune a un gardien commun spécial au betail à corne, un autre pour les cochons, et quelques-unes encore, un autre pour les chèvres. Ces gardiens communs sont payés, d'ordinaire, en grains, sans que les qualité et quantité en soient déterminées d'une manière égale dans chaque commune.

La perception des frais de garde se fait généralement par tête de bétail. Dans quelques communes, le bétail à corne au-dessous de tel âge ne paie rien, ou paie moins que le bétail vieux; dans d'autres, on ne fait aucune distinction. Ici, le propriétaire de bétail, qu'il le livre ou non au gardien commun, est tenu de payer le gardien eu égard au nombre des têtes qu'il possède; là, le bétail non livré au gardien ne paie rien. Dans certaines communes, on ne paie qu'une part moindre, et dans d'autres, le propriétaire ne paie que eu égard au temps pendant lequel ces bestiaux ont été livrés au gardien. L'on compte presque toujours par semestre, par trimestre, et par mois. On ne saurait généraliser ces usages qui varient de localités à localités les plus rapprochées.

Dans les communes du canton de Saint-Martory, il y a un gardien commun pour les cochons. Il est rétribué au moyen d'un petit pain du poids de 2 hect. et demi, chaque dimanche. Ce salaire a été ainsi réglé dans le procès-verbal d'adjudication par voie d'enchères au rabais, de la garde des cochons de la commune de Saint-Martory, et il s'est renouvelé tacitement.

ART. 6. — Estivandiers.

56. — Il y a dans tous nos cantons une classe de cultivateurs employés à l'exploitation d'un domaine, connus sous le nom de : *Estivandiers* ou *Solatiers*.

Un estivandier est celui qui, en termes du pays, se tient à l'exploitation d'un sol dépicatoire.

Le nombre des estivandiers est proportionné à l'importauce du domaine. Chaque paire de labourage comporte ordinairement deux hommes et deux femmes. Ils doublent, lorsqu'il est nécessaire, c'est-à-dire que chaque estivandier s'adjoint à ses frais un second pour l'aider dans les travaux de la moisson.

Les estivandiers sont loués par le propriétaire d'un domaine pour faire la récolte, d'ordinaire, sous la direction d'un chef que, dans plusieurs cantons, on appelle *Capitaine*, et qui est presque toujours le plus ancien de ceux qui sont attachés au sol.

Dans le canton de Villemur, il est de règle constante que, sauf convention contraire avec le métayer, le propriétaire choisisse. nomme et change à son gré les estivandiers. Cette règle existe, à plus forte raison, lorsque le domaine est cultivé par des maîtres-valets. Le travail des estivandiers consiste à couper la moisson, à la ramasser, à la lier, à aider à la charger sur les charrettes pour la transporter à l'aire où elle est mise en gerbière, et immédiatement après battue (au fléau ou au rouleau), pour séparer le le grain de la paille. Les solatiers sont tenus de rendre les grains très-propres, de les porter au grenier ou au serre-pile, et de mettre la paille en tas à mesure qu'elle est séparée du grain.

57. — Pour tout ce travail on leur donne, à titre de gages, une partie des grains cueillis qu'ils partagent entr'eux. De plus, dans certains cantons et dans les métairies dites du *terrefort,* il leur est donné à pelleverser une certaine quantité de terre qui varie depuis 57 ares jusqu'à 1 hectare 70 ares pour y faire du maïs, dont la récolte est partagée avec le maître.

58. — Le solatier est toute l'année aux ordres exclusifs du propriétaire. En prenant le sol, il s'engage à travailler pour le maître dans l'année et dans les intervalles des travaux du sol, toutes les fois que ce dernier a besoin de lui ; en général, c'est au taux du prix moyen de la journée du pays, qui lui est payée en argent ou en grain. Dans quelques

localités, il gagne 10 centimes de moins que les autres journaliers.

59. — La portion de récolte que l'estivandier prélève sur la pile pour son salaire et que l'on appelle *escoussure,* n'est pas la même dans tout le département. Elle varie souvent dans les communes d'un même canton. Elle est d'un septième ou d'un huitième dans certaines localités ; d'un neuvième ; et même d'un dixième seulement, dans d'autres. Mais, de par l'usage le plus répandu et le plus ancien, elle est fixée à un huitième, si l'on dépique au fléau, et au onzième si l'on dépique au rouleau. Dans le canton de Nailloux· *l'escoussure* est toujours, quand on dépique au rouleau, d'un neuvième ou d'un dixième, jamais au-dessus ni au-dessous. Quand on dépique au fléau, l'estivandier, outre cette part, reçoit dans le même canton le salaire d'une moitié de journée.

Généralement, *l'escoussure* est payée au sol, mesure du sol, c'est-à-dire que le rouleau n'est passé sur la mesure qu'après avoir été secouée.

60. — J'ai dit qu'outre cet avantage, on donnait encore dans certains cantons aux solatiers, une contenance fixe de terre à millet à moitié récolte avec le propriétaire. Les estivandiers sont obligés de pelleverser à leurs frais cette terre qui, plus tard, est semée à l'aide des bœufs du propriétaire par le maître-valet, lequel ne reçoit, d'ordinaire, des solatiers que la nourriture.

Dans le canton sud de Toulouse, ils ne sont pas tenus de le nourrir.

Ils sont tenus de faire aussi, à leurs frais, les fossés qui entourent et traversent leur terre à millet. Ils doivent sarcler, chausser, étêter, cueillir ce millet ; couper et charger sur les charettes, avec l'aide du maître-valet, les tiges en provenant ; enfin, porter dans les greniers du propriétaire la moitié revenant à ce dernier, le tout sans salaire. De son côté, le propriétaire leur fournit les bœufs et la charette pour aller porter leur portion chez eux.

Le millet est partagé au champ ou à la métairie, au gré

du propriétaire. On en fait deux tas ou piles, et ce dernier a le choix.

En général, si le propriétaire veut semer du blé sur la terre où le solatier vient de cueillir son millet, celui-ci est obligé de sarcler ou de faire sarcler cette terre à ses frais.

61. — L'année de l'estivandier finit lorsqu'il a enfermé toutes les céréales. Toutefois, dans le canton de Villefranche, si la perception en est achevée avant l'époque de la semence du blé, l'estivandier sortant est tenu encore de continuer les travaux d'agriculture, tels que le recurement des fossés qui se font habituellement aux terres préparées pour blé jusqu'au moment des semences de la propriété sur laquelle il vient de prendre son nouveau travail, pour qu'il puisse ouvrir les égouts d'écoulement et faire les autres ouvrages d'ensemencement.

62. — Dans la plupart de nos communes, les estivandiers, à la fin des travaux de la moisson, sont dans l'usage de porter un bouquet au maître. Ce bouquet est fait en épis de blé bien arrangés et entourés de quelques fleurs. Le maître, lorsqu'il a à se louer de ses solatiers, leur donne l'étrenne qui varie suivant sa générosité, quelquefois en argent, quelquefois en nature, c'est-à-dire en blé, deux ou trois décalitres pris sur la pile, lorsqu'on l'enferme. Cette étrenne n'est pas obligatoire, mais elle est d'usage; elle sert à faire un repas qui prend différents noms.

Dans les cantons de Toulouse, Castanet, Fronton, Villemur, Montastruc, Verfeil, Villefranche, Montgiscard, Nailloux, Cintegabelle, Muret, Montesquieu, Saint-Lys, Léguevin, Cadours et Grenade, ce repas est connu sous le nom vulgaire de *Paillade;* à Carbonne, sous celui de *Paillerage;* à Rieux on l'appelle le *Garp;* au Fousseret et à Rieumes, *Accabailles;* à Cazères et à Salies, *Crabo* (la chèvre); à Saint-Martory, Montréjeau et Saint-Bertrand, *Tout battut.* Dans le premier de ces trois cantons, les solatiers pourvoient à cette dépense avec les avantages qu'on leur donne en grains au-dessus de la *métive* ou *escoussure.* Ces avantages consistent en 20 litres de blé payés aux deux premiers estivandiers, et en 20 litres de seigle à chacun des autres.

Dans le canton de l'Isle-en Dodon, le propriétaire donne assez souvent du pain et du vin pour la fête de la fin de la moisson, appelée, là, *Espaillados*.

A Saint-Béat, à la fin du dépicage des blés, le propriétaire qui, ordinairement, nourrit les ouvriers, leur donne le souper plus copieux qu'à l'ordinaire. Ce repas prend le nom de *Tout battut*. Lorsque toute la gerbe est battue, et cette opération se fait toujours au fléau, ou en frappant des gerbillons ou poignées de gerbes sur une table, sur une planche, ou sur l'écorce d'un arbre creux pour conserver la paille intacte et propre à la construction des toits de chaume, les ouvriers ont l'habitude de frapper tous sur une planche pour faire grand tapage et avertir le propriétaire que le dépicage est fini et l'inviter à être généreux pour le repas du soir, notamment pour le vin.

Autrefois, il était d'usage, dans le canton de Revel, que le maître, lorsque la récolte en blé avait été abondante, donnât à ses maîtres-valets-estivandiers, après le battage, un repas appelé *Dïous-abbol* (Dieu le veut). Il ne reste de cet usage que le nom du repas pour mémoire.

63. — L'estivandier donne ou reçoit le congé, d'ordinaire à la fin des travaux du sol, lorsqu'on finit de mesurer le grain provenant de la récolte, comme l'on dit, *à la dernière pugnère*. Si le congé n'est pas donné à cette époque, et si le solatier, après la récolte, recommence à travailler pour le propriétaire, en général, il y a tacite reconduction.

Dans le canton sud de Toulouse, d'après l'usage, les estivandiers doivent recevoir le congé avant la Toussaint et après que tout le blé est rentré.

Dans les cantons de Montesquieu et de St-Martory, si les estivandiers veulent quitter, ils préviennent le maître avant Pâques. Si les propriétaires veulent les changer, ils doivent également les prévenir avant la même époque.

Dans le canton de Villefranche, l'usage du pays a établi que lors de la moisson, si la personne louée pour cette opération, satisfait bien celui qui l'a gagée, ils s'accordent sur les lieux mêmes ou quelques jours après pour la moisson de l'année prochaine, et ils ne peuvent valablement se délier s'ils ne se préviennent pas avant le 1er janvier.

ART. 7 — **Estachants.**

64. — Il existe dans quelques cantons du département des travailleurs de terre connus sous le nom *d'estachants*. Ce sont des paysans, d'ordinaire, très-pauvres, vivant du travail de leurs mains, la plupart locataires de petites maisons à la campagne.

65. — Dans une partie de la banlieue de Toulouse, il existe des propriétés d'agrément extrêmement morcellées, chacune avec maison d'habitation où le propriétaire ne se rend ordinairement que dans la belle saison; mais il y place, pour la surveiller, moyennant le logement, un travailleur, c'est *l'estachant*. Indépendamment du logement, on lui donne quelquefois un peu de terrain pour son jardinage et des piquettes, s'il y a des vignes. Cet ouvrier est obligé de travailler pour le maître qui lui paie sa journée au taux de la saison ou à un taux fixe pour toute l'année. Il ne peut aller travailler pour un autre tant que le maître a besoin de lui. Il est chargé en même temps de commander d'autres ouvriers, si on en a besoin, de les diriger et d'en porter le compte au maître.

Il est d'usage que les estachants entrent en service à toutes les époques de l'année; ils sont tenus de déguerpir après avis préalable donné huit jours seulement avant leur sortie.

Dans les autres parties des cantons de Toulouse et à la distance de cinq kilomètres environ de la ville, les individus que l'on prend à titre *d'estachants* ou de jardiniers (1),

---

(1) Les jardiniers, en général, sont rangés dans la catégorie des domestiques. La Cour de cassation a jugé, en effet, le 18 avril 1831 (*Journal du Pal.*, t. 23, p. 1472), et M. Troplong, n. 862, approuve cette décision, qu'un jardinier loué à *tant par année* est un domestique à gages que le maître peut renvoyer dès qu'il n'est pas content de son service sans être tenu de lui payer aucune indemnité ou des dommages-intérêts. V. aussi MM. Duranton, t. 17, n. 221 ; Duvergier, t. 2, n. 289.

doivent recevoir le congé avant le 24 juin, et sortir le 1er novembre suivant, ou le lendemain, jour de tolérance, à cause de la grande fête de la *Toussaint*.

Dans le canton de Castanet, les estachants sont des locataires ruraux qui prennent à loyer pour un an, une chambre ou petite maison avec un petit jardin. A la différence des locataires ordinaires qui entrent chez le propriétaire et en sortent à toutes les époques de l'année, les estachants entrent et sortent toujours à la *Toussaint*. Ils peuvent recevoir et donner le congé jusqu'à la veille de la Saint-Jean seulement. Ils ne sont tenus de payer le loyer à leurs propriétaires que terme échu.

Quelquefois, le propriétaire qui a chez lui un estachant, pour lui faciliter le paiement de son loyer, lui achète des oisons ou des jeunes cochons, à moitié profits. L'estachant les garde, les soigne, les élève à ses frais pendant l'année et le partage se fait ensuite à la Toussaint.

Les estachants appelés aussi *brassiers*, employés dans les cantons de Grenade, Montastruc, Verfeil, Lanta, Caraman, Montgiscard et Aurignac, sont des paysans qui paient le loyer d'une ou de deux chambres en journées ou en argent, au propriétaire qui les occupe une partie de leur temps. Il y a des propriétaires qui leur donnent une certaine quantité de terre à pelleverser pendant l'hiver pour y cultiver du maïs à moitié fruits. Employés parfois à la moisson du blé, ils prennent part à la quotité de la récolte attribuée à ce travail; et aux conditions ci-dessus, ils deviennent les journaliers affidés et obligés du propriétaire moyennant le salaire ordinaire de la journée. A Verfeil et à Lanta, le congé doit leur être donné comme pour les maîtres-valets, au plus tard la veille de la Saint-Jean, avant le coucher du soleil, pour sortir le 11 novembre.

Dans le canton de Fronton, l'estachant est un cultivateur logé gratuitement chez le propriétaire pour lequel il est obligé de travailler journellement à un prix convenu pendant une année. Il entre à la Saint-Martin et sort l'année suivante à la même époque. Le maître est obligé de lui

donner congé ou de le recevoir six mois à l'avance. —
Il y a aussi des estachants dans le canton de Villemur. Le
maître qui les occupe leur fournit gratuitement, comme à
Fronton, le logement. De par l'usage, le congé doit leur
être donné comme pour les maîtres-valets, six mois avant
le 11 novembre, jour de la sortie.

§ 2. — Bois.

66. — Tout bois est en *taillis* ou en *futaie*. Il est
taillis, généralement parlant, lorsqu'il n'a pas le double de
l'âge auquel il a coutume d'être coupé. Il est futaie, lorsqu'il a le double de l'âge auquel on a coutume de couper
le taillis. Mais l'âge auquel il est réputé *haute futaie* n'est
pas positivement fixé. Dans certains lieux, c'est lorsqu'il
a passé l'âge de trois coupes ordinaires ; dans d'autres,
c'est lorsqu'il a cent ans ou cent vingt ans.

67. — Chaque propriétaire est libre d'administrer ses
bois et d'en disposer comme bon lui semble, sauf quelques
restrictions apportées par les lois à cette liberté, L. 29 septembre 1791, tit. 1, art. 4 ; C. for., art. 2. Il lui est donc
loisible de couper tous ses taillis dans la même année,
sans observer aucun *aménagement*, sans s'astreindre à des
coupes régulières ou annuelles. Il peut donc aussi *jardiner*,
et ne pas couper à *tire* et *à aire*. Mais c'est là un droit
dont aucun propriétaire n'use dans notre département.
Partout l'on coupe les bois par superficie, excepté dans
le peu de futaies qui restent où la coupe se fait en jar-
dinant.

68. — Suivant l'art. 590 C. civ., si l'usufruit comprend
des bois taillis, l'usufruitier est tenu d'observer l'ordre et
la quotité des coupes conformément à l'aménagement
établi. A défaut d'aménagement il doit se conformer à
l'usage constant des propriétaires : par exemple, si l'usage
était de couper un bois en totalité tous les dix ou quinze

ans, cet usage tiendrait lieu d'aménagement. A défaut d'aménagement et d'usage constant des propriétaires, l'usufruitier peut créer lui-même un aménagement en se conformant à l'usage des propriétaires de bois taillis qui se trouvent dans la localité.

69. — Lee coupes des taillis se font à des époques plus ou moins éloignées l'une de l'autre, d'après les usages des diverses localités. Ces usages ne peuvent être uniformes, attendu que les bois prennent un accroissement plus rapide dans certaines régions que dans d'autres. « Il n'est pas possible, dit Rozier, de fixer le nombre d'années qu'un arbre doit rester sur pied avant d'être abattu. Son existence est relative à sa végétation, et sa végétation à la qualité du sol dans lequel il végète, et au climat sous lequel il croît. Si on veut une règle générale, il faut la prendre dans la *nature même.* »

« Dans les fonds frais, profonds qui les (bois) poussent vigoureusement, on peut, dit M. Décamps-Cayras, dans son *Manuel des régisseurs de biens ruraux,* p. 206, on peut ne les couper qu'à 18 ou 20 ans, sans crainte d'éprouver de perte, parce que les chêneteaux grossissent sensiblement jusqu'à cet âge. Dans les fonds médiocres, on les coupe à 14 ou 15 ans ; dans les mauvais, à dix ; il en est même où on est obligé de les couper pour fagot chaque quatre ou cinq ans. »

Voici quel est le temps laissé, d'ordinaire, dans nos divers cantons, entre chaque coupe :

A Fronton, Villemur, Montastruc, Saint-Lys, Cadours, Grenade, on coupe d'ordinaire les taillis chaque 10 ou 12 ans ; à Verfeil, Muret, Rieux, Cazères, Salies, Léguevin, chaque 12 ou 14 ans ; à Cintegabelle, Carbonne, à l'âge de 12 à 16 ans ; à Castanet, l'Isle-en-Dodon, les propriétaires aménagent leurs bois de manière à ce qu'il y ait de 16 à 18 ans entre chaque coupe ; à Caraman, Auterive et Aurignac, de 15 à 20 ans ; à Revel et à Saint-Gaudens les bois taillis sont coupés, en général, à l'âge de 20 ans ; à Montgiscard à l'âge de 12 à 18 ans, suivant la force du bois.

Dans les cantons de Toulouse, l'usage le plus généralement adopté pour les coupes des bois taillis est de 15 ans d'âge. Il y en a qui coupent à 12 ans. Cela dépend du sol sur lequel reposent ces bois. Là où ils sont d'une grande étendue, les propriétaires les divisent en coupes réglées et en fixent alors l'aménagement à 12, 15 ou 20 ans.

Dans le canton de Lanta, la coupe des taillis se fait ordinairement lorsqu'ils ont atteint l'âge de 12 a 14 ans, Quelques propriétaires la retardent davantage. Il n'y a pas d'usage établi à cet égard, puisqu'il y a des propriétaires qui, ne voulant que des fagots, font faire la coupe depuis l'âge de 7 ans jusqu'à 10.

A Villefranche, quand on ne destine pas le bois à être levé il est désigné *bois taillis*, et la coupe se fait tous les 5 ou 6 ans. Si, au contraire, il devient bois levé, on ne procède à la coupe que lorsque le bois est âgé de 20 ou 25 ans. Si le terrain est fertile, on l'exploite à 15 ans de mise.

A Montesquieu-Volvestre, dans le terrefort et dans les bois des propriétaires aisés, les coupes sont réglées à 15 ans. Dans la partie la plus boisée du canton, qui comprend la partie méridionale de la commune de Montesquieu, les communes de Montbrun, Lahitère et Gouzens, les coupes sont réglées à dix ans, mais dans le besoin et depuis que les usines métallurgiques où il se consomme beaucoup de charbon, se sont multipliées, on coupe souvent à sept ou huit ans.

A Saint-Martory, l'usage n'a rien réglé ; chaque propriétaire exploite comme il l'entend. Cependant, on laisse de 15 à 20 ans entre les coupes des taillis, selon leur venue, pour le rondin à brûler dit *bois de canne* ; 9 ou 10 ans pour charbon. Les bois de peu de valeur sont coupés chaque 5 ou 6 ans pour le fagot vendu au cent ou au millier, aux fabricants de chaux ou de faïence.

A Aspet, le temps varie suivant la bonté du sol. Il est ordinairement de 10 à 15 ans, et quelquefois de 20.

Dans le canton de Rieumes, le temps laissé d'ordinaire, entre chaque coupe est, au chef-lieu du canton, de 20 ans ;

dans la commune de Lahage, de 15 ans ; partout ailleurs de 10 à 12 ans.

Pas d'usage dans les autres cantons.

70. — Les taillis sont toujours coupés à la hâche ou à la coignée et à fleur de terre, autant que possible, en plan un peu incliné pour que l'eau des pluies s'écoule. Jamais la serpe ou la scie ne sont employées à cette opération. On coupe, dans le temps mort, avant le temps de la sève, de- puis le 15 octobre jusqu'au mois d'avril, mais le plus généralement en décembre, janvier et février.

71. — Dans plusieurs cantons, il n'y a point d'époque fixe pour l'enlèvement du bois vendu. Cela dépend des conventions entre le propriétaire et l'acquéreur de la coupe. Seulement il faut l'enlever assez tôt pour ne pas causer du dégât au nouveau taillis. L'usage veut, en général, qu'il soit enlevé avant le 15 avril, au plus tard, dans le courant du mois de mai.

Le plus souvent, la coupe et les fagots terminés, les bûchers sont dressés immédiatement sur la partie du bois la plus stérile, et le plus près possible du chemin, afin que l'extraction en soit plus facile. Puis ils sont enlevés par l'acquéreur pendant la belle saison, d'ordinaire, dans le mois d'août ou de septembre. — Dans le canton de Vil- lemur, l'usage constant exige que la coupe des bois soit faite le 15 avril au plus tard, et que le 15 mai aussi, au plus tard, le bois coupé soit façonné et mis en petits tas placés de manière à ne pas nuire à la végétation nouvelle. L'enlèvement s'en fait ensuite dans le courant de l'été.

72. — Dans la coupe des bois taillis, on réserve les plus belles tiges, celles qui promettent de donner les plus beaux arbres. Ces tiges réservées se nomment *baliveaux*. Ils sont disséminés dans toute la superficie du bois, à égales dis- tances, autant qu'il est possible, afin qu'ils nuisent moins aux talures ou nouvelles mises. On évite même d'en laisser sur les limites, au bord du bois, car les tiges éparses qu'on y laisserait ne compteraient point pour des baliveaux ; elles seraient, d'ailleurs, plus exposées à la fraude.

Aux termes de l'ordonnance de 1669, le propriétaire était tenu de réserver seize baliveaux par chaque arpent de taillis, et dix arbres aussi par arpent dans les ventes et coupes de futaies. Cette obligation n'existe plus depuis la publication de la loi du 29 novembre 1791, maintenue en cette partie par le Code forestier de 1827. Aujourd'hui, il n'y a réserve obligatoire de baliveaux que dans les bois de l'Etat, des communes et des établissements publics.

Mais quoique les particuliers soient, sous la nouvelle législation, maîtres de disposer de leurs bois comme bon leur semble, sauf un petit nombre d'entraves ; quoique le maître de la chose puisse sans doute user et abuser, cependant il veut aussi conserver et jouir en bon père de famille, et alors il cherche naturellement, et autant que la position des lieux le lui permet, à se conformer aux règlements forestiers pour l'exploitation de ses bois.

Voici, à cet égard, les usages suivis dans nos cantons : Terme moyen, on laisse par hectare, savoir : à Toulouse, 34 baliveaux ; à Castanet et Saint-Lys, de 30 à 34 ; à Fronton et l'Isle-en-Dodon, de 20 à 30 ; à Villemur, Verfeil, Cintegabelle, Auterive, Muret, Rieux, Salies, Rieumes, Cadours et Grenade, de 28 à 30 ; à Montastruc, Lanta, Villefranche, Montgiscard, Nailloux, Saint-Gaudens, de 25 à 30 ; à Caraman, de 30 à 40 ; à Revel et Aspet, de 40 à 50 ; à Montesquieu-Volvestre, Saint-Martory, Aurignac et Léguevin, de 24 à 26 ; à Cazères, sur la rive droite de la Garonne, 16 ; sur la rive gauche, 24 ; au Fousseret, 10.

73. — Lorsqu'au moment de la vente d'une coupe de bois, le propriétaire veut se réserver des arbres, il se rend avec l'acheteur sur le bois. On pèle, en général, avec la coignée, l'arbre de réserve à hauteur d'homme, et on y applique une marque. Dans quelques cantons, on se borne à enlever sur l'arbre un peu d'écorce, et même assez légèrement pour ne pas nuire à l'arbre ; dans d'autres, on le marque le plus souvent au moyen d'une couleur rouge, blanche ou noire. Quelquefois on emploie une ceinture de chaux. Du reste, pas d'usage bien établi sur ce point.

74. — Lorsqu'il y a vente d'une coupe, i est utile de savoir si, d'après les usages de la contrée, l'acheteur a par cela même les bruyères, les épines, les genêts et les arbustes qui se trouvent dans la coupe achetée.

Ordinairement, le propriétaire qui veut vendre une coupe de bois, a la précaution de la faire nettoyer et d'en extraire, avant de traiter, pour son chauffage ou celui de ses maîtres-valets, les broussailles, genêts et bruyères. Lorsque ce nettoyage n'a pas eu lieu, en l'absence de toute stipulation sur le point dont je m'occupe, il est difficile de poser une règle précise. Il n'existe aucun usage bien certain à cet égard. Pourtant, si les renseignements qui m'ont été fournis sont exacts, dans les cantons de Toulouse, Castanet, Nailloux, Muret, Carbonne, Cazères, Saint-Bertrand, Montréjeau, Léguevin, à défaut d'explication, l'acheteur n'aurait le droit de couper et d'enlever que les arbres. Au contraire, il serait généralement reconnu dans les cantons de Villemur, Verfeil, Lanta, Caraman, Revel, Villefranche, Montgiscard, Cintegabelle, Auterive, Rieux, Montesquieu, Saint-Martory, Salies, Aspet, Saint-Gaudens, Aurignac, Léguevin, Cadours et Grenade, que le marchand a droit, s'il n'y a réserve expresse, à tout ce qui est excru sur la superficie du terrain; dans celui de Léguevin, il est même d'usage, depuis quelque temps, de lui permettre d'extirper la racine des bruyères. — Quant au droit de récéper les troncs, il faut partout qu'il soit expressément convenu dans la vente.

75. — Quoique le stère soit la mesure légale pour la vente du bois de chauffage, ce mode de vendre n'est pourtant guère usité que dans les conventions des revendeurs. Dans le département, le bois de chauffage réputé gros bois, bois rond, se vend encore à bûcher et à la canne. Dans plusieurs cantons, on distingue la canne et le bûcher du pays, et la canne et le bûcher d'eau qui sont toujours plus considérables. Il est difficile de déraciner ces vieux usages qui sont maintenant en contravention à la loi.

Dans nos divers cantons, les bûches ont des longueurs différentes ; cela tient soit à l'élévation du bois, soit à la forme des charrettes; les chemins bons ou mauvais, la situation des bois en plaine ou sur des côteaux élevés, y influent également.

Voici les usages suivis :

TOULOUSE. — Snr les places publiques, le bois rond à brûler se vend aujourd'hui au stère ou mètre cube. Anciennement, il se vendait à la *pagelle;* cette mesure équivalait à un stère 25 centièmes de stère. La pagelle était un cerceau de fer dans lequel on rangeait les bûches dont la longueur est fixée pour Toulouse à 5 empans un tiers, l'onglet non compris. Hors de la ville, on vend aussi sur place, c'est-à-dire dans le bois même, le bois à bûcher. Le bûcher a 9 empans (2 m.) de longueur sur 5 de largeur (1 m. 11 c.).

CASTANET. — Le bois rond à brûler se vend non au stère, mais à bûcher. La dimension du bûcher est de 10 empans de longueur sur 6 empans de hauteur (2 m. 22 c. 1|2, sur 1 m. 33 c.).

FRONTON. — A bûcher. Il y en a de deux sortes : le petit se compose d'un tas ayant 2 mètres de longueur sur 1 m. 11 c. de hauteur, et le grand qui a 2 m. 22 c. 1|2 de longueur sur 1 m. 33 c. de largeur et de hauteur.

VILLEMUR. — Sur la rive droite du Tarn, à la canne dont les dimensions sont 3 m. 64 c. de longueur, et 91 c. de hauteur; sur la rive gauche, à bûcher dont les dimensions sont 2 m. 27 c. de longueur, et 1 m. 36 c. de hauteur. Pour la canne, les bûches doivent avoir 1 m. 20 c. de longueur; pour le bûcher, elles doivent avoir 1 m. 42 c. aussi de longueur.

MONTASTRUC. — On vend le bois à bûcher. Le bûcher a 10 empans de longueur sur 6 empans d'élévation; la bûche a 5 empans et demi de longueur.

VERFEIL. — A bûcher, de 9 empans de longueur sur 6 de hauteur. Longueur de la bûche, 6 empans, l'onglet non compris.

LANTA. — Généralement, à bûcher et pagelle ou demi-bûcher. Le bûcher doit avoir 10 empans de longueur sur 6 d'élévation, et les bûches 6 empans et quart.

CARAMAN. — A bûcher de 9 empans de longueur sur 5 de hauteur. La longueur de la bûche est de 5 empans et demi.

REVEL. — Au stère, cercle ou bûcher. Quoique le stère soit un mètre cube, il est d'usage de donner aux bûches une longueur de 1 m. 11 c. — Le cercle a les mêmes dimensions que le stère. Seulement, en faisant le mesurage, on n'a pas besoin de réserver les bûches tordues pour l'extérieur, ce qui occasionne des vides dans l'intérieur du tas. Le bûcher vaut deux cercles.

VILLEFRANCHE. — A bûcher, en général, de 9 empans de longueur sur 5 empans et demi de hauteur (2 mètres de long et 1 m. 22 c. 1[2 de hauteur). La longueur de la bûche doit être de 6 empans, non compris l'onglet. Cette mesure est à peu près la même dans tout le canton. Seulement, dans trois communes qui sont : Gardouch, Viellevigne et Montesquieu, les bûchers sont un peu plus grands ; ils ont 6 empans de hauteur sur 10 de longueur. La bûche est toujours dans les mêmes dimensions. Dans ces trois communes, le prix du bois est plus élevé.

MONTGISCARD. — Le bûcher, suivant l'ancien usage du pays, a 5 empans et demi de hauteur sur 9 empans et demi de longueur. Depuis quelque temps, on fait des bûchers de 6 sur 10 empans.

NAILLOUX. — Bûcher de Muret.

CINTEGABELLE. — *Idem.*

AUTERIVE. — Il y a deux bûchers : le bûcher du pays et celui qu'on appelle bûcher d'eau. Le premier a 9 empans de longueur sur 5 et demi de hauteur. La bûche est de six empans. Le bûcher d'eau a 2 mètres 25 c. de longueur sur 1 mètre 35 c. de hauteur.

MURET. — L'usage est de ne vendre qu'à bûcher de 9

empans de longueur sur 6 de hauteur. La longueur de la bûche est de 5 empans et demi.

CARBONNE. — Au chef-lieu du canton et à Saint-Sulpice, il y a deux bûchers : le bûcher ordinaire a 9 empans de longueur sur 6 de hauteur ; le bûcher d'eau ou de Garonne a 10 empans de longueur sur 6 de hauteur. Dans l'un et dans l'autre, la longueur de la bûche est de 6 empans. — A Noé, bûcher de Muret.

RIEUX. — Dans certaines communes, le bûcher a 9 empans et demi de longueur sur 5 de hauteur ; dans d'autres, 10 empans de longueur sur 6 de hauteur. Partout, la longueur de la bûche est de 5 empans et demi.

MONTESQUIEU. — Le bois se vend à la canne et à bûcher. Le bûcher a 9 empans et demi de longueur sur 5 de hauteur. La canne se compose de 16 empans de base sur 4 de hauteur ; mais on est dans l'usage de mettre une bûche de plus sur la hauteur, ce qui ordinairement donne 4 empans et demi ou 1 mètre de hauteur. Dans tous les cas, la longueur de la bûche est de 5 empans et demi.

CAZÈRES. — Le bois se vend à la canne formant un bûcher de 16 empans de longueur sur 5 de hauteur, plus l'épaisseur d'une bûche moyenne, mesurée ladite hauteur du côté où sont les bouts les plus petits. Cette canne est appelée canne d'eau. La longueur de la bûche est, selon les uns, de 6 empans ; suivant d'autres, de 5 empans et demi seulement.

SAINT-MARTORY. — Le bois rond se vend à la canne qui se distingue en canne d'eau et en canne de bois. Là, comme dans les autres cantons, la mesure légale n'est pas encore usitée. La canne d'eau est en usage principalement sur les ports ; mais on se sert de l'une et de l'autre dans le canton. La canne dite de bois a 16 empans de longueur sur 4 de hauteur, sur le gros bout devant, bûche franche. La longueur de la bûche est de 5 empans et quart, y compris la moitié de l'ongle que fait la bûche coupée à la hache, en tout 5 empans et demi. Si les bûches étaient coupées carrément, à la scie, elles ne devraient avoir que 5 empans et quart. La canne d'eau a 16 empans de longueur sur 5 de hauteur par le petit bout, bûche franche. La longueur de la bûche est de 6 empans.

SALIES. — A la canne dont la dimension est, comme à Saint-Martory, de 16 empans de longueur sur 4 de hauteur et d'une bûche sur toute l'étendue de la hauteur. La bûche est d'une longueur de 5 empans et quart.

ASPET. — A la canne carrée (8 empans de 22 centimètres 1|2 cubés).

SAINT-BÉAT. — Le bois à brûler n'a pas de mesure fixe pour la vente. C'est le char, la traînée, et plus souvent le tas au coup d'œil. On vend rarement le bois au stère et à la canne.

BAGNÈRES-DE-LUCHON. — Idem.

SAINT-BERTRAND. — Idem. Dans quelques communes pourtant, on se sert de la canne de Saint-Gaudens ; dans d'autres, du bûcher de Montréjeau.

MONTRÉJEAU. — Le bois rond à brûler se vend ordinairement à la canne ou bûcher, quelquefois à la charretée. La canne se compose d'un bûcher ayant 8 empans (1 m. 78 c.) de longueur, 4 empans (0 m. 89 c.) de hauteur. Les bûches doivent avoir 5 empans (1 m. 11 c.).

SAINT-GAUDENS. — Le bois rond à brûler se vend à la canne. La canne a 8 empans de hauteur et autant en longueur. La bûche a 6 empans.

BOULOGNE. — A la canne ou à bûcher. La canne ou le bûcher a 6 empans carrés.

L'ISLE-EN-DODON. — Le bois rond se vend à bûcher, de 1 m. 14 c. de hauteur sur 2 m. 5 c. de base. La longueur de la bûche est de 1 m. 20 c.

AURIGNAC. — A la canne que l'on distingue en canne du pays et canne de rivière. La première a 8 empans de longueur sur 8 de hauteur. La longueur de la bûche est de 5 empans et demi. La canne de rivière à 16 empans de longueur et 6 de hauteur. La bûche est de 5 empans.

FOUSSERET. — A bûcher, dont les dimensions sont de 10 empans de longueur sur 6 empans de hauteur et une bûche franche. La bûche est de 5 empans et demi.

RIEUMES. — A bûcher long, de 9 empans sur 6 de hauteur. La longueur de la bûche est de 6 empans. C'est le bûcher du pays. Le bûcher d'eau a 10 empans de longueur, et il est différemment construit. On place le petit bout de la bûche en dedans jusqu'à la hauteur de 6 empans, et le gros bout en dehors, de telle sorte que, de ce côté, le bûcher peut avoir deux ou trois empans de plus qu'au milieu. La longueur de la bûche est toujours de 6 empans.

SAINT-LYS. — A bûcher, qui doit avoir 2 m. 2 c. de longueur sur 1 m. 35 c. de hauteur. La bûche a une longueur de 1 m. 23 c.

LÉGUEVIN. — A bûcher : longueur, 9 empans ; hauteur, 5 empans et demi ; longueur de la bûche, 5 empans et demi.

CADOURS. — A bûcher, qui a 8 empans de longueur et 8 empans de hauteur. Les bûches ont 5 empans et un tiers.

GRENADE. — L'usage de ce canton est de vendre le bois rond à bûcher, qui doit avoir 2 m. de long, 1 m. 15 c. d'élévation, et 1 m. 55 c. de largeur.

76. — Partout, les sarments sont vendus à tant le cent ; les fagots de même. Les souches et autres menus bois sont vendus à tant la charretée. On traite a vue d'œil, selon la quantité et la qualité.

77. — En ce qui concerne le bois de construction, le chêne et le noyer, lorsqu'ils sont débités en planches ou par planches, se vendent au mètre carré. Les grosses pièces de ce bois en grume ou équarries se vendent au mètre cube. Un jugement du tribunal civil de Muret, rendu le 26 juillet

1844, sur un rapport d'expert, aff. Gleyses-c.-Périssé, a reconnu que l'usage général du commerce, en matière de cubage de bois, était de calculer ce cubage à raison de 29 pieds et quelques lignes par mètre cube ; et que toutes les fois qu'on opérait sur des arbres bruts, il était d'usage de faire la réduction d'un cinquième, à moins de convention contraire, pour indemniser l'acheteur des pertes qu'il eprouve par suite de l'équarrissage.

§ 3. — Arbres.

78. — Les arbres se divisent naturellement en *arbres* proprement dits, en *arbrisseaux* et en *arbustes*.

Ils sont arbres, lorsqu'ils parviennent à une hauteur au-delà de 12 à 15 pieds. Les forestiers les partagent alors en trois classes : ceux de première grandeur, qui croissent de 15 à 50 pieds ; ceux de deuxième grandeur, qui s'élèvent de 50 à 100 pieds, et ceux de troisième grandeur, laquelle commence au-delà de 100 pieds.

Les arbrisseaux sont de petits arbres qui ne s'élèvent pas au-delà de 12 à 15 pieds, et qui poussent plusieurs tiges. Tels sont le sureau, le laurier, le noisetier, l'aubépine, le lilas.

Enfin, les arbustes sont, pour l'ordinaire, encore plus petits que les arbrisseaux. Ce sont des *sous-arbrisseaux*. On peut regarder comme tels les plantes ligneuses que l'on voit sous sa main lorsqu'on est debout, et dont la nature est de ne pas dépasser 3 ou 4 pieds de hauteur. Tels sont les pommiers nains, la vigne, les groseilliers, le chèvre-feuille, les bruyères, la lande, le genêt sauvage, le romarin.

79. — Une autre division des arbres se fait en arbres à *haute tige* et arbres à *basse tige*.

Les arbres à haute tige sont les ormes, les charmes, les platanes, les trembles, les chênes, les pins, les sapins, les mélèzes, les frênes, les bouleaux, les aulnes, les peupliers,

les acacias, les oliviers, les mûriers, les tilleuls, les châtaigniers, les marronniers, les érables, les alisiers, les cor-
miers, les sorbiers, les cerisiers, les mérisiers, les gui-
gners, les noyers, les figuiers, les poiriers, etc.

Les arbres à basse tige sont les arbrisseaux et les arbustes.

80. — Rien de plus naturel que le droit que nous avons
tous de planter sur nos champs les arbres qui nous conviennent. C'est la conséquence de la règle que la propriété
du sol nous rend propriétaires du dessus (C. civ., art. 552).
Mais rien de plus certain aussi que le droit du voisin de
s'opposer à ce que les racines de ces arbres ne s'alimentent
dans sa terre, et que leur ombrage ne prive celui-ci des
rayons du soleil. De tout temps ces deux prétentions ont
été reconnues justes, et de tout temps aussi on a cherché à
les concilier, en exigeant une distance entre les plantations
qu'on veut faire et le champ voisin.

Une loi de Solon défendait de planter les oliviers et les
figuiers à une distance moindre de neuf pieds du fonds
voisin. Elle ne demandait que cinq pieds pour les autres
arbres. Les commissaires envoyés en Grèce par les Romains
pour y recueillir les meilleures lois, rapportèrent celle-ci,
qui fut insérée dans les Douze-Tables, d'où elle passa dans
le corps du droit civil (*Leg.* 13 ff. *fin. reg*).

Mais cette loi ne fut pas généralement suivie en France (1).
On consultait plus particulièrement, pour ces sortes de
questions, l'usage établi, comme une règle plus sûre et
mieux appropriée aux localités, qu'une loi générale qui
peut convenir à certains pays, mais dont l'application à
d'autres entraînerait de grands inconvénients. « Ce n'est
point l'uniformité que la justice commande sur cette ma-

(1) Suivant trois arrêts du Parlement de Toulouse des 7 février 1770, 28 février
1774 et 30 avril 1776, que j'ai rapportés dans *M. Laviguerie*, t. 1, p. 137 et
138, la loi 13 ff. *fin. reg.*, formait, avant le Code, le droit commun des Provinces régies par la loi romaine. Mais il a été jugé depuis partrois arrêts de la Cour
de Toulouse, des 8 mars et 9 décembre 1825, et 7 janvier 1842 (*Mémorial de
jurisprudence*, t. 12, p. 315 ; t. 14, p. 64, et 2me *Série*, t. 5, p. 365), que les
usages locaux avaient pu y déroger.

tière, dit M. Pardessus, n° 190, c'est un scrupuleux examen des habitudes et des besoins locaux, et surtout un grand respect pour des usages fondés sur l'expérience. »

Il a donc été nécessaire de s'abandonner aux règlements et usages locaux qui font loi en cette matière. Ce n'est qu'à défaut de règlements et d'usages *constants* et *reconnus* que le Code civil, art. 671, pose une règle générale, d'après laquelle les arbres à haute tige ne peuvent être plantés qu'à la distance de deux mètres de la ligne séparative des deux héritages, et les arbres à basse tige, qu'à la distance d'un demi-mètre. Dès lors, il importe de rechercher et de connaître quels sont les règlements et usages constants des différents cantons du département sur cette matière.

TOULOUSE. — Il n'existe pas, à cet égard, de réglement particulier ; actuellement du moins, sans examiner ce qui pouvait se pratiquer anciennement, c'est le Code civil qui est suivi pour règle en cette matière.

Il est possible qu'autrefois (1), avant l'émission du Code civil, il est problable même que la coutume avait réglé ces divers points ; mais l'usage constamment suivi aujourd'hui a fait perdre les traces de la tradition et tomber en oubli les prescriptions des anciens usages.

CASTANET. — Pas d'usage.

FRONTON. — *Idem.*

VILLEMUR. — Il n'existe d'autres usages *constants* et *reconnus* que les suivants : on n'observe aucune distance, 1° pour les arbres de toute espèce le long des cours d'eau, grands ou petits ; 2° pour les arbres fruitiers ou d'agrément le long des murs de clôture qui séparent les jardins, ou le long des murs des maisons contiguës aux jardins. On n'observe non plus aucune distance des lisières des bois

---

(1) Un usage constant, confirmé par un *attestatoire* des capitouls du mois de janvier de l'année 1563, avait fixé la distance pour les arbres à haute tige à 12 empans. V. Soulatges, *Coutumes de Toulouse*, p. 139.

taillis aux propriétés qui y sont contiguës, champs, vignes ou autres.

MONTASTRUC. — Les distances fixées, à défaut d'usages et de règlements, par le Code civil, sont la règle commune dans ce canton.

VERFEIL. *Idem.* — Avant le Code civil, on plantait les arbres à haute tige à neuf empans du fonds voisin, et les haies, ainsi que la vigne, à quatre empans.

LANTA. — D'après les usages constants et reconnus qui existaient en cette matière avant le Code civil, les arbres à haute tige étaient plantés à quatorze empans de distance du fonds voisin, et les arbres à basse tige, les haies et les vignes, à quatre empans. Toutefois, on tolérait que tous les arbres fruitiers à haute tige dans les vignes et les jardins fussent plantés à une distance moindre de quatorze empans. On exigeait seulement celle prescrite pour les vignes et les haies.

Il paraît qu'il existait également une exception en faveur des arbres plantés le long des fossés et des cours d'eau naturels. Car les ruisseaux et beaucoup de grands fossés séparatifs des propriétés sont longés de très-vieux arbres de toute espèce qui sont souvent très-rapprochés, et qui ne sont pas à la distance portée par les anciens usages.

Les lisières des bois taillis, soit qu'elles fussent contiguës à un autre bois taillis, ou au champ du voisin, n'étaient pas non plus soumises aux usages et règles pour la distance, puisque ces lisières se trouvent encore à très-peu de distance (un mètre et quelquefois moins) du bois ou du champ voisin.

Depuis la promulgation du Code civil, les anciens usages ne sont plus suivis. L'on plante depuis cette époque les arbres à haute tige à deux mètres de distance du fonds voisin, conformément aux dispositions de l'article 671.

CARAMAN. — La distance à observer pour la plantation des arbres à haute et basse tige, était jadis de neuf empans pour les premiers, et de quatre à l'égard des autres;

mais cet usage est tellement tombé en désuétude que, depuis la promulgation du Code civil, la distance déterminée par l'article 671 est devenue la seule usuelle. Il y a pourtant exception en faveur des arbres de bois blanc, à haute et basse tige, dont l'humidité favorise la croissance, et qui sont plantés le long des fossés et des cours d'eau, sauf le droit du voisin d'exiger l'élagage des branches qui s'étendraient sur son fonds. Il y a également exception pour les lisières des bois taillis, lorsque la propriété contiguë est elle-même un bois.

REVEL. — Avant la publication du Code civil, il n'existait pas de règlement fixant la distance nécessaire des arbres de l'héritage voisin. Ils étaient quelquefois plantés jusqu'à la ligne divisoire. Aujourd'hui les distances prescrites par l'art. 671 sont considérées comme obligatoires. Seulement, lorsque entre deux héritages, il existe un cours d'eau, les voisins tolèrent, d'ordinaire, la plantation des arbres sur le bord du cours d'eau, quoique la distance de deux mètres ne soit pas observée.

VILLEFRANCHE. — Avant la promulgation du Code civil, il y avait une assez grande divergence d'opinions. Les uns suivaient la loi romaine ; d'autres s'en rapportaient à la jurisprudence du Parlement de Toulouse, et plantaient des arbres à haute tige, à huit pieds de distance de l'héritage voisin. Aujourd'hui, la distance de 2 mètres pour les arbres à haute tige et celle de 50 centimètres pour les arbres à basse tige, sont, d'après les usages les plus constants et les plus reconnus, la seule règle à suivre.

Le saule, dans ce canton, est considéré, pourvu qu'il y ait un fossé entre voisins, comme arbre à basse tige, parce qu'il est émondé tous les trois ans. On le plante à la distance d'un demi-mètre. Cet usage a été reconnu et consacré par un jugement du tribunal civil de Villefranche, du 24 juillet 1830, aff. Delmas-c.-Guimbrède.

On observe aussi pour le pêcher, le figuier et le prunier qu'on plante dans les vignes, dans les haies et le long des espaliers, la même distance que pour la vigne et pour la haie, parce qu'on considère tous ces arbres comme des arbres à basse tige.

Généralement, on tolère dans les vignes les poiriers, les pommiers à plein vent, même les noyers et les cerisiers et d'autres arbres à haute tige; mais, dans la rigueur du droit, on peut les faire arracher s'ils ne sont pas à la distance de 2 mètres. Peu importe la circonstance que ces arbres à haute tige sont dans une vigne ou dans une haie et le long des espaliers.

MONTGISCARD. — Pas d'usages. Dans ce canton, comme dans celui de Villefranche, le saule est considéré comme arbre à basse tige.

NAILLOUX. — Point d'usage constant.

CINTEGABELLE. — On se conforme aux dispositions de l'article 671, C. civ.

AUTERIVE. — *Idem.*

MURET. — *Idem.*

CARBONNE. — *Idem.*

RIEUX. — Avant le Code civil, l'usage était de planter les arbres à basse tige, à 3 pieds, valant 975 millimètres, de distance de la propriété du voisin; et les arbres à haute tige, à 6 pieds ou 1 mètre 949 millimètres. Maintenant, on se fixe généralement sur les distances portées par le Code civil : 50 centimètres pour les arbres à basse tige, quelle qu'en soit la qualité ; 2 mètres pour les arbres à haute tige dits à plein vent, aussi quelle qu'en soit la qualité. Mais, il faut le dire, on n'exige pas ces distances à la rigueur. Ce n'est guère que lorsqu'il existe de la mésintelligence entre voisins que l'on s'occupe des distances.

MONTESQUIEU-VOLVESTRE. — Il n'y a jamais eu de règlement fixant la distance des arbres. Avant la promulgation du Code civil, l'usage était et est encore de planter les arbres à haute tige, à 2 mètres, et ceux à basse tige, à 50 centimètres. Il paraît, cependant, qu'il y aurait, sinon exception à cet usage, tout au moins une grande tolérance pour certains arbres fruitiers. On voit, en effet, une foule de figuiers, de poiriers, de treilles, d'abricotiers, de pruniers et de pêchers attenant les murs de clôture de presque tous les jardins. Mais je n'oserais soutenir qu'il y ait usage bien établi à cet égard. Il n'y a plutôt que tolérance.

Les arbres fruitiers dans les vignes sont soumis aux mêmes règles que ceux des champs, selon leur qualité. La distance des espaliers est la même que celle des haies (50 centimètres).

Une exception à la règle générale assez bien caractérisée existe pour les lisières des bois taillis. Là, on n'observe aucune distance. On laisse indistinctement venir les souches sur les bords des lignes divisoires, pourvu, toutefois, qu'elles soient dans un bois, n'importe la culture de la propriété voisine.

CAZÈRES. — Il paraît, par les arbres plus que séculaires que l'on trouve pour borne permanente des héritages, que les anciens n'avaient point de règle fixe pour les plantations. L'on regarde aujourd'hui comme obligatoires les distances dont parle l'art. 671, C. civ.

SAINT-MARTORY. — Avant la promulgation du Code civil, il n'y avait ni règlement fixant la distance pour la plantation des arbres, ni usage constant et reconnu; car on trouve les arbres, soit à haute, soit à basse tige, à toutes les distances. Aujourd'hui, on ne plante qu'à 2 mètres ou demi-mètre de la propriété voisine, selon la nature des arbres.

SALIES. — Autrefois, il était d'usage de planter les arbres à une très-petite distance de l'héritage du voisin. Il n'en est plus de même aujourd'hui. On se conforme aux distances prescrites par le Code civil. On s'en écarte seulement pour les lisières des bois taillis, que l'on ne considère point comme soumises à la règle.

ASPET. — Avant le Code civil, il existait dans la seule

commune d'Aspet, un règlement qui fixait la distance pour la plantation des arbres et des haies. Les châtaigniers et les noyers devaient être plantés à 11 empans (2 m. 45 c); les peupliers, à 9 empans ; les pommiers, à 7 empans (1 m. 57 c.); et les haies, à 3 empans (0 m. 68 c.). Aujourd'hui, on suit, généralement, comme règle dans tout le canton, les prescriptions conditionnelles de l'art. 671, C. civ.

SAINT-BÉAT. — Il n'a jamais existé de règlement écrit pour la plantation des arbres ; mais l'usage général était, autrefois, de laisser 2 pieds de distance pour les haies et les arbres à basse tige, et 6 pieds pour les arbres à haute tige. Pendant quelque temps, après l'émission du Code civil, les plantations se sont encore faites suivant ces anciennes distances. Mais aujourd'hui on se conforme rigoureusement et généralement aux dispositions de l'art. 671, C. civ.

BAGNÈRES-DE-LUCHON.— Avant l'émission du Code civil, ni règlement ni usage sur la matière. Depuis cette époque, on suit les prescriptions du Code. Il y a, pourtant, exception pour les arbres de toute espèce plantés le long des fossés ou cours d'eau naturels ou artificiels. Là, les arbres, d'après l'usage, sont plantés sur le bord, sans qu'on observe les distances prescrites par l'art. 671, C. civ. Il en est de même pour les poiriers, les pommiers et autres arbres fruitiers à haute tige ou en espaliers. Ces arbres également, d'après l'usage, sont plantés sans observer la distance du fonds voisin.

SAINT-BERTRAND. — Il paraîtrait qu'on suivait autrefois, dans ce canton, les règles tracées par la loi 13 ff. *fin. rég.* On plantait le noyer, le frêne, le peuplier, le chêne, le châtaignier, le figuier, à la distance de 9 pieds. Tous les autres arbres, quels qu'ils fussent, devaient l'être à la distance de 5 pieds, excepté, pourtant, les arbres nains, ceux plantés en quenouille, en espalier, pour lesquels on n'observait que la distance prescrite pour les haies, fixée à 3 empans. D'après les renseignements que j'ai recueillis, ces usages anciens n'ont jamais été pratiqués rigoureusement. Aujourd'hui, on suit, en général, les distances prescrites par le Code Napoléon.

MONTRÉJEAU. — Avant la promulgation du Code civil, point de règlement ni d'usages fixant la distance nécessaire des arbres à haute et à basse tige de l'héritage voisin. Il paraît qu'il y avait tolérance réciproque, puisque partout on trouve des arbres de cette nature presque sur les lignes divisoires des propriétés. Aujourd'hui, on exige généralement la distance déterminée par l'art. 671, C. civ.

SAINT-GAUDENS. — Pas d'usage. On reconnaît que les prescriptions conditionnelles de l'art. 671, C. civ. sont obligatoires dans tous les cas.

BOULOGNE. — On observe les distances fixées par l'art. 671, C. civ. Lorsque le pommier, le poirier, le pêcher et les autres arbres fruitiers sont parvenus à une hauteur de plus de 3 mètres, ils sont considérés comme arbres à haute tige, et soumis aux prescriptions de la première disposition de l'article précité.

L'ISLE-EN-DODON. — Point de règlement pour la plantation des arbres. Mais, d'après les anciens usages constants et reconnus dans le canton, en cette matière, usages que l'on suit rigoureusement encore aujourd'hui, les noyers, ormes et chênes doivent être plantés à la distance de 9 pieds (3 mètres); les autres arbres à haute tige, à 6 pieds (2 mètres); pour les héritages clos de murs, à 3 pieds (1 mètre), distance calculée entre le centre de la tige et la ligne séparative. Si le mur est mitoyen, la distance de 3 pieds se compte du milieu de l'épaisseur du mur; si le mur appartient au voisin, la distance est franche entre le devant du mur et le centre du tronc de l'arbre.

Les palissades de charmilles, érables et autres semblables, se plantent à 50 centimètres entre le centre de la tige et la ligne qui sépare les héritages. Si le mur est mitoyen, ce sera à 50 centimètres du milieu du mur; et si le mur est la propriété du voisin, à 50 centimètres du parement du mur du rez-de-chaussée.

Les arbres fruitiers le long des espaliers étaient plantés, autrefois, à 50 centimètres de distance. On ne classait pas ces arbres parmi ceux qui sont à haute tige. Cet usage est encore observé.

AURIGNAC. — Il était d'usage, avant le Code civ., que les haies et les arbres à basse tige ne pouvaient être plantés qu'à 91 centimètres. Pour les arbres à haute tige, on observait alors, comme aujourd'hui, la distance de 2 mètres.

FOUSSERET. — L'on suit les distances fixées, à défaut d'usages et de règlements, par le Code civil.

RIEUMES. — Avant la promulgation du Code civil, on paraissait exiger, dans ce canton, que les noyers fussent plantés à une distance de 10 à 15 empans du fonds voisin. L'usage, aujourd'hui bien constant et bien reconnu, est de planter à deux mètres ou à un demi-mètre, selon la nature des arbres, sans exception.

SAINT-LYS. — Avant 1804, on observait, quelquefois, dans ce canton, les distances suivantes : pour un ormeau, 7 empans et demi ; pour les saules, peupliers, pruniers, pommiers, poiriers, cerisiers, *idem;* pour les noyers et figuiers, 13 empans et demi. Aujourd'hui on suit les distances dont parle l'art. 671, C. civ.

LÉGUEVIN. — Avant le Code civil, l'usage était de laisser pour les arbres à haute tige la distance d'une toise, et pour ceux à basse tige un pied de roi, équivalant à un empan et demi. On suit actuellement les distances prescrites par le Code. Seulement, il paraît que ces distances ne sont pas observées pour les lisières des bois taillis. Il y a aussi, si non usage, du moins tolérance pour les plantations des peupliers, saules, etc., le long des fossés et ruisseaux mitoyens. Là, ces arbres sont plantés sans que l'on observe la distance prescrite par le Code.

CADOURS. — D'après les usages connus, les arbres à haute tige se plantent à 2 mètres, et ceux à basse tige, à 89 centimètres. Les poiriers, pommiers, pêchers et autres arbres fruitiers, lorsqu'ils sont à plein vent, sont considérés comme arbres à haute tige. Pour les bois, si les propriétés contiguës sont complantées en bois, on n'observe pas de distance entre elles ; si, au contraire, l'une est en bois et l'autre en culture, on suit les règles ordinaires.

GRENADE. — Pas d'usage. Le canton est régi par les dispositions du Code civil.

84. — Peut-on .appliquer des espaliers contre un mur mitoyen ? — Cette faculté est accordée par plusieurs règlements locaux ; et le Code civil, loin d'y déroger, semble les confirmer, puisqu'il se réfère généralement aux usages des lieux dans plusieurs circonstances. Mais, pourtant, si l'espalier dégradait le mur, il devrait être supprimé, car ce serait nuire à autrui que de le laisser subsister (1).

Mais que décider si le mur n'est pas mitoyen? — Un arrêt de la Cour de Paris, du 30 janvier 1814 (*J. du Palais*, t. 9, p. 63), a jugé la négative. C'est aussi l'avis de Lepage (2) et de Fournel (3). Le voisin doit, d'après la disposition de l'art. 671, C. civil, tenir ses arbres à quelque distance du mur pour prévenir la dégradation qui résulterait de leur rapprochement et de l'extension de leurs racines.

Cette distance varie suivant les règlements et les usages locaux, qui, ainsi que je l'ai démontré plus haut, font loi en cette matière, lorsqu'ils sont constants et reconnus.

Bourjon (4) atteste que la jurisprudence du Châtelet de Paris avait fixé la distance entre l'espalier et le mur à deux pieds. Mais il est contredit par Desgodets (5) qui fixe cette

(1) V. Cappeau, *Législation rurale*, t. 1, p. 562 ; Pardessus, n. 881 ; Lepage, t. 1, p. 66.

(2) T. 1, p. 66.

(3) *Lois rurales*, t. 1, p. 371.

(4) *Droit commun de la France*, t. 2, p. 11.

(5) *Lois des bâtiments*, p. 408.

distance à 18 pouces. D'un autre côté, Goupy, en ses *notes* sur Desgodets, contrarie celui-ci sur cette prétendue règle de 18 pouces, en assurant qu'il n'y avait sur ce point aucune distance fixe. « Il suffit, dit-il, que les racines de ces arbres (en espalier), ne pénètrent pas dans le mur, et que les branches ne soient pas attachées sur le mur. »

Recherchons s'il existe, dans notre département, des usages à cet égard ; car, à défaut d'usages particuliers, il faudra appliquer la 2ᵐᵉ disposition de l'art. 671, C. civ., qui fixe à un demi-mètre (18 pouces) la distance pour les arbres à basse tige.

TOULOUSE. — « A l'égard de la tige des arbres en espalier, dit Soulatges en ses *Coutumes de Toulouse*, p. 141, elle doit être éloignée de 6 pouces du mur mitoyen ; et lorsque les murs ne sont pas mitoyens, il doit y avoir 18 pouces entre le centre de l'arbre et le mur, sans que les branches de l'espalier y puissent être attachées. »

LANTA. — Il existe des usages qui permettent au voisin d'appliquer des espaliers, des treillages, contre le mur mitoyen. On tolère qu'il y en applique lorsque le mur n'est pas mitoyen. Si, cependant, le propriétaire du mur exigeait une distance pour ces espaliers, cette distance, d'après les anciens usages, devrait être de 4 empans.

MONTGISCARD. — Les arbres fruitiers sont les seuls qu'on tienne en espalier dans les jardins. Ils sont considérés comme arbres à basse tige, et doivent être à la distance de 50 centimètres, que le mur soit mitoyen ou non, si le voisin l'exige.

RIEUX. — La distance des arbres en espalier du mur mitoyen ou non, doit être de 17 centimètres.

CAZÈRES. — Il y avait, il y a encore tolérance, au moins relativement aux murs mitoyens. Cependant, depuis quelque temps, il s'est élevé de fréquentes contestations à ce sujet. Elles ne se terminent plus que par l'application des dispositions de l'art. 671, C. civ.

SAINT-BERTRAND. — De par l'usage, le voisin doit tenir les arbres en espalier à la distance de trois empans du mur mitoyen ou non.

Partout ailleurs, pas d'usage à cet égard. Dans certains cantons, on ne souffre pas l'application d'espaliers ou de treillages contre les murs mitoyens ou non mitoyens ; il faut qu'ils soient à la distance légale. Dans d'autres, on voit des espaliers plantés très-près des murs mitoyens ou non, sans y être appliqués. Ce n'est pas qu'il y ait usage constant et fixe là-dessus. On le pratique ainsi, et personne ne se plaint. Il n'y a qu'usage fondé sur la tolérance.

82. — La vigne est un arbre. C'est incontestable. La loi romaine avait là-dessus une disposition formelle : *Leg.* 2 et 3, § 1er, ff. *de arb. furtìm cœs.* Mais c'est un arbre à basse tige, puisqu'elle est classée parmi les arbustes. Dès lors, il doit suffire, à moins d'usage contraire, qu'elle soit plantée à 50 centimètres du voisin. Dans aucun de nos cantons, il n'y en a point qui soit plantée à une distance moindre. Bien au contraire, comme cette distance est très-faible, dans la plupart de nos cantons, l'usage est d'en laisser une plus considérable. C'est ainsi que dans les cantons de Verfeil, Lanta, Montastruc, Aurignac, dans plusieurs communes de ceux de Villefranche et de Montgiscard, les anciennes vignes se trouvent presque toutes plantées à 4 empans (89 centimètres) de distance du fonds voisin.

§ 4. — Haies.

83. — Les haies sont la clôture la plus ordinaire des petites propriétés rurales ; elles sont sèches ou vives.

Les haies *vives* ou à *pied* sont formées d'arbustes vivants, comme épines noires, épines blanches, ronces, sureaux, charmilles, églantiers, érables, noisetiers, épines vinettes, ajonc marin et autres arbustes et plantes qui, venant à se fortifier par la végétation, fournissent souvent le même avantage qu'un mur.

Les haies *sèches* ou *mortes* se font avec des branches d'arbres, de ronces et d'épines desséchées, liées ensemble, et qu'on renouvelle tous les ans.

84. — La haie sèche peut se planter sur la ligne de séparation des héritages voisins, sans observer aucune distance, si les usages locaux ne l'exigent pas. Cela vient de ce que la haie, sèche ne poussant aucune racine ni branche, il n'y a pas à craindre qu'elle s'étende sur le fonds du voisin.

Mais il n'en est pas de même de la haie vive. Comme elle est susceptible d'extension par l'accroissement de ses racines et de ses branches, elle rentre sous l'action des règlements relatifs à la plantation des arbres. En conséquence, celui qui plante une haie est obligé, d'après la disposition de l'art. 671, C. civ., de laisser la distance prescrite par les règlements particuliers, ou par les usages constants et reconnus (1); et à défaut de règlements et d'usages, un demi-mètre de distance de la ligne séparative des deux héritages.

Voici, d'après les renseignements que j'ai recueillis, quels étaient, avant la promulgation du Code civil, et quels sont de nos jours les usages suivis, en cette matière, dans les divers cantons de notre département. Il est bon de connaître encore aujourd'hui les anciens usages, bien que la plupart soient abolis, pour retrouver quelquefois d'antiques bornes, et reconnaître d'anciennes contenances.

TOULOUSE. — Il est certain qu'autrefois, pour les haies vives, on laissait 4 empans de distance entre la plan-

---

(1) M. Solon, *des servitudes*, n. 234, a prétendu que le législateur ne renvoie aux anciens règlements et usages que pour les arbres à haute tige, et que pour les arbres d'une espèce différente, c'est-à-dire pour ceux à basse tige auxquels sont assimilées les haies, il faut, dans tous les cas, qu'ils soient plantés à demi-mètre du fonds voisin. Mais cette opinion est opposée à celle de tous les autres commentateurs, notamment de MM. Vaudoré *Droit rural*, t. 1, n. 124; Pardessus n. 194; Duranton, t. 5, n. 384; Lepage, t. 1, p. 225 ; Curasson, *Comp. des Juges de Paix*, t. 2, p. 354. Le sentiment de ces auteurs est en harmonie avec l'esprit de l'art. 671, C. civ., qui a voulu réserver pour les grands arbres comme pour les petits, l'autorité des règlements ou des usages constants et reconnus.

tation et la ligne divisoire des propriétés contiguës. L'on plante actuellement, assez généralement, dans les environs de Toulouse les haies, non plus à 4 empans, mais à la distance prescrite par le Code civil.

FRONTON. — Autrefois, on suivait les usages de Toulouse; aujourd'hui, rien de fixe.

MONTASTRUC. — Anciennement, on plantait les haies vives à une distance de 4 empans de la propriété du voisin. Depuis la publication du Code civil, on les plante à demi-mètre.

VERFEIL. — *Idem.*

LANTA. — Les anciens usages constants et reconnus, mais qu'on ne suit plus depuis la promulgation du Code civil, étaient de planter les haies vives à 4 empans de la propriété du voisin. Maintenant, d'après le Code civil, on plante les haies à demi-mètre de distance.

VILLEFRANCHE. — Autrefois, on plantait généralement les haies vives à 2 pieds du fonds voisin; mais depuis longtemps il est d'usage de ne les planter qu'à une distance de demi-mètre. C'est sur le fondement de cet usage que le tribunal de Villefranche a décidé, par un jugement du 24 juillet 1843 (aff. Vieules-c.-ve-Guiraud) qu'une haie vive plantée depuis environ 40 ans entre deux héritages, et exclusivement sur le terrain de l'un de ces héritages, avait dû l'être nécessairement à la distance de 50 centimètres du voisin, et à partir de la ligne divisoire.

MONTGISCARD. — L'usage était autrefois de laisser 4 empans (89 centimètres) pour la nourriture de la haie, comme on les laissait pour la souche de la vigne. Mais cet usage n'a jamais été considéré comme assez constant et reconnu pour faire règle. Depuis le Code civil, les juges de paix du canton ont conseillé de laisser une distance de 50 centimètres, et ce conseil a été généralement suivi.

NAILLOUX. — Les usages constants et reconnus pour la plantation des haies, sont de laisser une distance de 2 empans du fonds voisin. — A Calmont, l'usage qui a été constamment suivi, est de laisser une distance de 65 à 70 centimètres.

MURET. — Avant la promulgation du Code civil, il existait dans les communes du canton situées au sud-ouest, sur la rive gauche de là Garonne, un usage d'après lequel la distance à observer pour les haies était de 4 empans ou 896 millimètres. Aujourd'hui, on regarde dans tout le canton comme obligatoire la distance mentionnée en l'art. 671, C. civ.

RIEUX. — Autrefois, l'usage était, pour la plantation des haies vives, de laisser 3 pieds ; maintenant, on ne laisse que 50 centimètres.

SAINT-MARTORY. — Avant le Code civil, l'usage était de planter les haies comme on les plante aujourd'hui, à 50 centimètres, ce qu'on appelait dans certaines communes *la coudée*.

SALIES. — Avant 1804, de par l'usage constant et reconnu en cette matière, l'on plantait les haies vives presque sur la ligne divisoire. Aujourd'hui, il est admis qu'on doit laisser un demi-mètre.

SAINT-BERTRAND. — Autrefois, l'usage était qu'on ne pouvait planter les haies vives qu'à la distance de 3 empans ; néanmoins, cet usage n'a jamais été pratiqué rigoureusement. On suit, aujourd'hui, en général, les distances prescrites par le Code Napoléon.

MONTRÉJEAU. — Avant le Code, l'usage était de laisser entre la haie vive et le fonds voisin un espace de 3 empans et demi (78 centimètres environ). Aujourd'hui, on s'en tient généralement aux dispositions de l'art. 671, Code civil.

SAINT-GAUDENS. — Pas d'usage. On regarde comme obligatoire la distance que fixe le Code à défaut de règlements.

BOULOGNE. — *Idem.*

L'ISLE-EN-DODON. — Les haies vives se plantent à trois pieds de distance entre le milieu du plant de la haie et l'héritage voisin.

AURIGNAC. — Avant l'émission du Code civil, la distance des haies vives du fonds voisin était de 91 centimètres. Cette distance est encore observée.

RIEUMES. — Dans ce canton, avant 1804, la haie vive était plantée à 1 mètre de distance de l'héritage du voisin. Aujourd'hui, un demi-mètre est la distance requise.

SAINT-LYS. Il y avait, également, dans ce canton, antérieurement au Code civil, un usage qui fixait, suivant les uns, à 89 centimètres, suivant d'autres, à plus de 1 mètre, la distance des haies vives. Mais cet usage, qui n'était, d'ailleurs, ni bien constant ni bien reconnu, s'est perdu depuis longtemps, et on laisse aujourd'hui la distance dont parle l'art. 671, C. civil.

LÉGUEVIN. — Les haies vives étaient plantées autrefois à un pied de roi (1 empan et demi) de distance. À Lévignac, elles se plantaient sans aucune observation des distances. Elles le sont actuellement, dans tout le canton, à 50 centimètres.

CADOURS. — Les usages fixent, dans ce canton, la distance des haies vives à 89 centimètres.

Dans tous les autres cantons, ni règlement, ni usages. On y suit généralement, comme règle, les prescriptions posées conditionnellement dans l'article 671, C. civil.

85. — Les baliveaux qui croissent dans les haies sont soumis aux distances communes aux arbres en général. En cas d'inobservation, ils doivent être étêtés à la volonté du voisin, pourvu qu'ils n'aient pas plus de 30 ans ; car, après ce laps de temps, il y aurait prescription.

86. — Les haies vives peuvent se faire avec toutes sortes d'arbustes ; voilà le droit commun, puisque le Code n'exclut aucune espèce de plant de cette sorte de clôture. Cependant, il peut exister des lieux où il est défendu de faire des haies vives avec de l'épine noire. Ainsi, par exemple,

l'art. 259 de la coutume d'Orléans avait une disposition particulière à ce sujet, par la raison sans doute que l'épine noire pullule et étend ses racines beaucoup plus que l'autre. Puisque le Code a confirmé les règlements et usages locaux en cette matière, il ne serait donc point permis aujourd'hui, dans ces contrées, de planter une haie en épine noire.

Dans le département, les haies vives se font avec toutes sortes d'arbustes, mais principalement avec l'aubépine et l'ajonc marin, vulgairement appelé *touje, toujaque* et *gabarre* dans quelques communes. On plante peu d'épine noire. Point de différence pour la distance, même pour les haies d'acacia que l'on commence à introduire dans plusieurs de nos cantons. Cependant, pour l'épine noire, dans le canton de Saint-Lys, on laisse ordinairement de 80 à 90 centimètres. Les personnes du canton de Muret que j'ai interrogées là-dessus, pensent également que si l'on plantait une haie en épine noire, il faudrait observer une plus grande distance que pour les autres haies. Mais ce n'est là qu'une opinion ; ce n'est pas un usage établi. Dans tous les autres cantons où l'on fait des haies en épine noire, la distance n'est toujours que de 50 centimètres.

87. — On coupe par le pied, régulièrement, chaque trois ou quatre ans, les haies d'ajonc, et quelquefois celles en épine noire. Cette opération se fait entre décembre et mars. On taille les autres haies, et notamment celles en épine blanche, à peu près à la hauteur de 1 mètre à 1 mètre 50 centimètres, et cela pendant l'hiver ou au commencement du printemps. En général, les haies qui ne sont pas mitoyennes et qui servent de clôture, sont émondées plus souvent, quelquefois tous les ans, du côté du voisin, pour qu'elles ne dépassent pas la ligne divisoire.

88. — Dans quelques cantons, il existe une autre espèce de haie qu'on coupe à environ 1 mètre de hauteur chaque dix ou quinze ans. Ces sortes de haies, très-anciennes, sont ordinairement de plusieurs essences d'arbres, tels que chêne, tremble, aulne, etc.; ces coupes sont réglées comme celles des bois taillis.

§ 5. — Fruits des Arbres.

89. — L'art. 672, C. civ., dispose que celui sur la propriété duquel avancent les branches des arbres du voisin, peut contraindre celui-ci à couper ces branches. Mais si le propriétaire voisin, au lieu d'exiger l'élagage des branches qui pendent sur son terrain, consentait à les laisser subsister, aurait-il des droits sur les fruits qui tomberaient sur son terrain ?

Les auteurs sont partagés sur cette question. Les uns disent : les fruits sont la propriété exclusive du maître de l'arbre, conformément à l'art. 547, C. civ. Il a droit même d'obtenir le passage sur son voisin pour venir les ramasser. C'est au voisin à user du droit qu'il a de demander l'élagage. Tous statuts ou usages contraires doivent être considérés comme abolis. C'est l'avis de MM. Pardessus, n. 196 ; Toullier, t. 3, n. 547 ; Rolland de Villargues, vᵒ, *arbres*, n. 60. Mais d'après ces auteurs, le maître de l'arbre doit aller promptement ramasser ses fruits. Le droit romain (*leg.* 9. § 1, ff. *ad exhibendum*) lui accordait trois jours. Après ce temps, il serait censé les avoir abandonnés, et il ne pourrait les redemander si le propriétaire du fonds voisin s'en était emparé.

Suivant M. Duranton, n. 400, les fruits une fois tombés sur le fonds du voisin, celui-ci peut les prendre comme chose trouvée sur son fonds, comme chose présumée abandonnée en indemnité du tort que lui cause l'ombrage des branches, et il n'est tenu à aucune restitution, quand même le propriétaire de l'arbre lui aurait défendu de les ramasser.

D'autres n'accordent au propriétaire du fonds sur lequel tombent les fruits d'un arbre dépendant de l'héritage voisin, que la moitié de ces mêmes fruits. C'est l'opinion de Fournel qui, dans ses *Lois rurales*, t. 1, n. 124, dit que l'usage le plus commun est de partager les fruits. Il y avait des coutumes qui avaient adopté cette règle. D'autres coutumes variaient du plus au moins sur ce partage. Mais, ajoute Fournel, comme les coutumes ont conservé en cette matière force de loi et de règlements locaux, maintenus par le Code civil, il faut se référer à leurs dispositions.

Lepage, t. 1, p. 233, pense également que, le Code civil ne s'étant pas expliqué à ce sujet, il faut suivre ce que la loi locale prescrit. Il est d'autant plus convenable, dit-il, de se régler par le statut local que, sur cette matière, les législateurs ont eu l'intention de maintenir les dispositions coutumières; et lorsqu'il n'y a règlements ni usages locaux, il pense que, dans le silence du Code civil, la loi romaine qui permet, ainsi que nous l'avons déjà vu, de s'approprier les fruits tombés chez soi, si celui à qui ils appartiennent ne vient pas les enlever pendant les trois jours qui suivent leur chûte, est plus conforme aux égards que se doivent de bons voisins.

90. — Pas d'usage en cette matière dans notre départe-tement. Seulement, dans les cantons de Toulouse et de Salies, dans plusieurs communes de ceux de Montastruc, Villefranche, Cintegabelle, Muret, Carbonne, Rieux, Montesquieu-Volvestre, Rieumes, Saint-Lys et à Lévignac, lorsque le propriétaire laisse les branches des arbres du voisin s'étendre sur son terrain, il est dans l'usage de prendre le fruit qui tombe sur sa propriété, ou qu'il peut cueillir sans monter sur l'arbre et sans sortir de son héritage. Le propriétaire de l'arbre n'a pas le droit d'y entrer sans autorisation pour y ramasser le fruit. Dans les cantons d'Aspet, Bagnères-de-Luchon, Saint-Bertrand, Montréjeau, Boulogne, Aurignac, Léguevin et Cadours, dans quelques communes du canton de Cazères, le propriétaire de l'arbre va souvent ramasser le fruit chez le voisin; cela est toléré, mais ce n'est pas là un droit.

§ 6. — Produits annuels ou périodiques des arbres.

91. — Suivant l'article 593, C. civ., l'usufruitier peut prendre sur les arbres des produits annuels ou périodiques, d'après l'usage du pays ou la coutume des propriétaires. C'est la tonte des oseraies, ce sont les brins de bouleau, d'érable, les têtes des saules; ce sont les émondes des arbres accoutumés à être émondés. Dans tous nos cantons, l'on émonde les peupliers, les ormes, les ormeaux, les aulnes, les chênes qui bordent les terres labourables, les prés ou les vignes. Cette opération se fait, d'ordinaire, en septembre ou en octobre, plus généralement pendant l'hiver, et tous les trois ou quatre ans, quelquefois après cinq ans seulement. Cela dépend de la bonté du terrain où les arbres sont plantés.

92. — L'émondage consiste à dépouiller l'arbre des jeunes branches qui poussent sur le tronc jusqu'à sa bifurcation, ou bien jusqu'à la distance de 2 mètres environ de la cîme. Avec les émondes des peupliers, des chênes, des ormeaux, avec les menues branches des saules, des aulnes que l'on coupe vers la 2me ou 3me pousse pour donner plus de vigueur aux branches restantes, ou pour faire monter la tige, on fait de petits fagots dont on donne généralement la feuille à manger, pendant l'hiver, aux moutons et aux brebis. C'est ce qu'on nomme *ramée* dans notre département.

Les émondages qui se font sur les châtaigniers, les étêtements des saules, ont lieu pour confection des cerceaux, ou pour avoir des barres destinées à soutenir les provins ou les jeunes vignes hautes.

Lee émondes des autres arbres servent pour le chauffage, le plus souvent pour le chauffage du four.

93. — Après la coupe d'un bois on éclaircit, vers la 4me ou 5me année, les jets nombreux qui repoussent sur les

troncs coupés rez-terre, les mises qui ne présentent pas une belle venue, et qui, d'ailleurs, excèdent la force de la souche. Avec ces jeunes tiges de chêne ainsi coupées, avec celles aussi du noisetier et des osiers, on fait les liens des fagots de sarment, qui, dans les cantons où l'on cultive la vigne, se vendent, suivant l'essence du bois, de 30 à 75 centimes le cent.

§ 7. — Échalas.

94. — D'après l'art. 593, C. civ., que j'ai déjà cité sous le paragraphe qui précède, l'usufruitier peut prendre, dans les bois, des échalas pour les vignes, suivant l'usage du pays ou la coutume des propriétaires. Il peut aussi, selon Toullier, t. 3, n. 409, prendre des gaules ou des tuteurs pour les arbres fruitiers des jardins et vergers. Mais il faut remarquer à cet égard, avec Proudhon (*De l'usufruit*, t. 3, n. 1197, et t. 7, n. 3153), que ce droit ne doit être exercé qu'en bon père de famille ; qu'en conséquence, l'usager aux échalas n'a le droit de couper que les brins de coudrier, épines et bois blancs ou autres menus arbrisseaux, ou d'élaguer les branches des arbres plus considérables, quand elles peuvent être coupées sans nuire à la plante, mais qu'il ne peut pas couper les brins et rejets de bonne essence qui sont destinés, par leur nature, au produit le plus utile de la forêt. Le père de famille administrant sagement ses affaires, ne paralyserait pas ainsi ses espérances dans l'avenir, en coupant des plants de bonne essence pour garnir sa vigne d'échalas.

95. — Dans notre département, l'on ne se sert d'échalas que dans les cantons situés au pied ou à l'entrée de nos montagnes, et seulement dans les vignes hautes dites *hautins*, en attendant que l'érable auquel on les marie soit assez fort pour les soutenir. Ceux qui sont employés sont ordinairement en bois de châtaignier. Ils ont environ de

1 m. à 1 m. 50 c. de hauteur. Partout ailleurs, on se sert, pour les jeunes vignes basses et les provins, de pieux ou piquets en bois de saule ou de châtaignier de 75 à 85 centimètres de long. Les pieux de châtaignier ont la préférence.

§ 8. — Pépinières.

96. — L'art. 590, C. civ., porte que les arbres qu'on peut tirer d'une pépinière sans la dégrader, ne font partie de l'usufruit qu'à la charge par l'usufruitier de se conformer aux usages des lieux pour le remplacement ; en sorte que s'il est d'usage, dans le lieu de la situation, de remplacer les arbres arrachés par de nouvelles plantes ou par de nouveaux semis, l'usufruitier doit adopter sur cela le parti qui est pratiqué dans l'endroit.

97. — Dans quelques-uns de nos cantons, il existe des pépinières d'arbres fruitiers ou d'arbres d'agrément qui sont destinés à être vendus. En général, elles sont établies sur un terrain loué à long terme. A l'expiration du bail, le locataire emporte tous les arbres qu'il a plantés et rend le terrain. Ces pépinières sont plantées par carreau ; on les éclaircit à mesure que les sujets grandissent, mais on ne fait aucun remplacement que le carreau ne soit épuisé dans son entier. Alors seulement il est repeuplé. C'est ce qui se pratique habituellement.

98. — Il existe aussi sur certains domaines quelques plantations de jeunes pousses de peupliers sur de petits lopins de terre qui, par leur situation ou leur forme, ne pourraient guère être différemment cultivés. On ne vend pas habituellement ces jeunes peupliers. Les propriétaires les réservent pour les besoins de leurs exploitations rurales. Ils puisent là pour remplacer les arbres morts ou pour planter le long de leurs pièces de terre et des ruisseaux.

Du reste, l'usage n'a rien établi pour le cas où une pépinière tomberait en usufruit.

§ 9. -- Bans.

99. — Ce n'est pas assez, dit Fournel, en ses *Lois rurales*, t. I, p. 345, qu'un propriétaire soit assuré de la jouissance de son bien ; il faut encore que sa sûreté se coordonne avec celle des propriétaires voisins, et que par un empressement indiscret, il ne compromette pas l'existence du pays.

C'est cette double considération qui a donné lieu à la formalité champètre connue sous le nom de bans de *moisson*, de *fenaison* ou de *fauchaison,* et de *vendanges*. On appelle ainsi les règlements et arrêtés municipaux qui fixent l'époque à laquelle chacun peut commencer ou doit terminer sa récolte.

100. — La loi du 28 septembre 1791, tit. 1, sect. 5, art. 2, après avoir posé en principe que chaque propriétaire est libre de faire sa récolte, de quelque nature qu'elle soit, avec tout instrument et au moment qui lui convient, pourvu qu'il ne cause aucun dommage aux propriétaires voisins, ne fait exception à cette règle que pour les vignes à l'égard desquelles elle autorise le *ban des vendanges*. On pourrait conclure de là que l'autorité municipale n'a le droit de fixer ni l'ouverture de la *moisson*, ni celle de la *fenaison* ou *fauchaison.*

Cependant, il résulte d'un arrêté du 14 germinal an VI que l'autorité municipale a le droit de faire l'ouverture des *fauchaisons,* et qu'aux termes de l'art. 475, n. 4, C. pén., les contraventions à d'autres bans que ceux des *vendanges* sont réprimées comme celles sur le premier point, et qu'ainsi les bans de *moisson* et de *fauchaison* peuvent encore être imposés par des arrêtés municipaux. Telle est l'opinion de MM. Vaudoré (1), Carré (2), Victor Augier (3),

---

(1) *Droit rural,* t. 1, p. 127.
(2) *Droit français,* t. 4, n. 3395.
(3) *Encyclopédie des juges de paix,* t. 1, p. 257.

Giraudeau (1), Fournel (2). En conséquence, la Cour de cassation a jugé, le 6 mars 1834 (3), que les arrêtés municipaux relatifs aux bans de *fauchaison* ou de *moisson* étaient obligatoires, surtout dans les localités où il était d'usage de publier ces sortes de bans (4).

Ces bans, il est vrai, sont presque partout tombés en désuétude; mais comme il dépend de l'autorité administrative de les faire revivre dans tous les pays où ils ont été en usage, il est utile de constater ce qui se pratique à cet égard dans notre pays.

101. — Les bans des vendanges sont généralement publiés dans le département. Celui pour la moisson du maïs est usité dans le canton de Bagnères-de-Luchon, dans la commune d'Ore (canton de Saint-Bertrand) et dans quelques communes du canton de Grenade. Il règle le jour où la cueillette du maïs pourra commencer. Les pièces closes sont toujours récoltées à la volonté du propriétaire. — Le ban de *fenaison* n'est d'usage que dans les communes du Fousseret, du Bourg-Saint-Bernard, et dans un petit nombre de communes du canton de Caraman, traversées par la Saune et le Girou, et seulement à l'égard des prairies composées de plusieurs parcelles dont les unes sont enclavées. Le jour de la fauchaison est fixé par des arrêtés municipaux, publiés et affichés aux lieux accoutumés.

Le ban des vendanges a pour objet de fixer le jour auquel les habitants d'une commune pourront ramasser leurs raisins. Si l'on vendange avant ce jour, on est passible des peines de simple police (C. pén., art. 475, n. 1). Ce ban n'a lieu que pour les vignes non closes. Le maire le fait publier dans la commune à son de trompe ou de tambour, d'ordinaire, dans les communes rurales, un jour de dimanche, à la sortie de l'église, et par l'apposition de l'arrêté municipal, aux lieux usités pour les affiches.

---

(1) *Rép. de la science des juges de paix*, v. *bans*, n. 11.
(2) *Traité du voisinage*, t. 1, p. 183 et 187.
(3) *J. du Pal.*, t. 26, p. 252; Dev. 34. 1. 443; Dalloz, 34. 1. 189.
(4) *Contrà*: Bourguignon, *Jurisp. des cod   riminels*, t. 3, p. 526.

Avant de le publier, deux ou plusieurs experts-vignerons que l'on nomme *prud'hommes*, délégués par le maire ou par le conseil municipal, vont faire la visite des vignes, et sur leur rapport que les raisins sont assez mûrs, le maire fait annoncer, de la manière que je viens d'indiquer, qu'on pourra vendanger à telle époque et à tel jour fixe.

§ 1O. — Glanage.

102. — En principe, personne n'a le droit de rien enlever sur la terre d'autrui sans son consentement exprès ou présumé. Mais l'humanité a amené les droits de *glanage,* de *grappillage* et de *râtelage* ou de *chaumage.*

Le glanage consiste à ramasser les épis détachés que le cultivateur a laissés sur son champ après l'enlèvement de sa récolte; le grappillage, à recueillir les grains de raisin tombés et les grappes éparses sur les ceps après la vendange ; le râtelage ou chaumage, à enlever les brins de foin ou les chaumes que le cultivateur a laissés, quand il a fauché ses prés ou qu'il a scié ses blés à la faucille. Le premier procure un peu de pain au pauvre ; le second lui fournit les moyens d'avoir un peu de piquette pour boisson ; le troisième l'aide à nourrir ses bestiaux ou à leur faire un peu de litière.

Le glanage est du plus antique usage, car il est autorisé par différents passages de la Bible : Vous ne ramasserez pas les épis tombés mais vous les laisserez prendre à l'orphelin et à la veuve. *Quandò messueris segetem in agro tuo, et oblitus manipulum reliqueris, non reverteris ut tollas illum, sed advenam, et pupillum, et viduam au ferre patieris, ut benedicat tibi Dominus Deus tuus in omni opere manuum tuarum. Deuter.,* cap. 25, v. 29 (1). Ainsi, pour les grappes de raisin.

(1) V. aussi le *Lévitique*, ch. 19, v. 9, et le *livre de Ruth* (ch. 2.) qui glana dans les champs de Booz.

Le glanage, renfermé dans de justes limites, est donc destiné à secourir les pauvres ; mais on sent facilement qu'il peut dégénérer en abus. Aussi, l'ancien droit coutumier contenait à ce sujet plusieurs dispositions renouvelées en partie par nos lois postérieures. En général, il était défendu de glaner jusqu'à l'enlèvement des gerbes, et de conduire les bestiaux, dans les champs récoltés, avant les vingt-quatre heures de l'enlèvement. On ne pouvait glaner ni avant ni après le coucher du soleil.

La loi du 28 septembre — 6 octobre 1791, confirmant virtuellement l'ancien droit en cette partie, a disposé, tit. 2, art. 21, de la manière suivante : « Les glaneurs, les râteleurs et les grappilleurs, dans les lieux où les usages de glaner, de râteler ou de grappiller sont reçus, n'entreront dans les champs, prés et vignes récoltés et *ouverts* qu'après l'enlèvement entier des fruits. Le glanage, le râtelage et le grappillage sont interdits dans tout enclos rural. »

103. — Dans notre département, l'usage général est, (excepté dans les cantons de montagne), que les pauvres vont glaner, râteler et grappiller. Ces usages établis par une coutume immémoriale, subsistent par la tradition et sont à peu près les mêmes partout, à quelques légères modifications près. Ici, immédiatement après que la gerbe est mise en tas par dix ou trente, les raisins détachés de leurs souches et les fourrages entièrement enlevés, ou du moins mis en meules, les glaneurs, râteleurs et grappilleurs entrent dans les champs, prés et vignes. Là, pour se conformer aux prescriptions des arrêtés municipaux, il faut attendre un certain temps avant lequel, depuis l'enlèvement des fruits, les grappilleurs ne peuvent entrer dans les vignes. Partout, pour le glanage et le râtelage, lorsque la récolte n'est pas encore enlevée, qu'elle n'est qu'en tas, il est défendu de s'introduire dans les champs et prés, avant le lever du soleil et après son coucher.

Dans quelques communes, les glaneurs et les râteleurs ne peuvent même entrer dans les champs qu'avec la permission du propriétaire.

Dans le canton de Villefranche, l'usage de glaner s'exerce de cette manière : quand le blé d'un champ est coupé en tout ou en partie, lorsqu'il est lié et principalement mis en tas de dix gerbes, alors les glaneurs sont introduits dans le champ sous la surveillance du maître ou du conducteur des ouvriers pour que les glaneurs ne s'approchent pas trop des *dizaines* et n'en détachent des épis de blé. Quand le champ est suffisamment parcouru, on renvoie les glaneurs qui ne peuvent y rentrer qu'après l'enlèvement de la récolte.

Dans la commune du Vernet (canton d'Auterive), les glaneuses entrent dans les champs aussitôt que les moissonneurs ont entassé la gerbe ; elles glanent pendant une ou deux heures, selon la plus ou moins grande patience de l'homme chargé de les surveiller ; elles doivent se retirer quand il l'exige pour n'y plus rentrer. Mais ce règlement *tacite* est constamment violé, parce qu'elles n'attendent pas toujours que les moissonneurs aient entassé la gerbe pour envahir le champ ; et très-souvent encore, quand le propriétaire ou son délégué s'est retiré après les avoir congédiées, elles reviennent dans le champ où elles glanent sans contrôle, au milieu des gerbes, sous la garantie de leur bonne foi. Il se commet alors, là comme partout, d'énormes abus que l'autorité municipale ne pourrait que très-difficilement atteindre et réprimer.

§ 11 — Parcours et vaine pâture.

104. — En règle générale, nul ne peut, sans titre, faire paître ses bestiaux sur l'héritage d'autrui, art. 694 du C. civil. Cependant, dans plusieurs contrées, les habitants d'une commune conduisent respectivement leurs bestiaux sur les héritages qui sont dépouillés de fruits naturels ou industriels, ou qui ne sont pas en culture.

On donne à cette faculté le nom de *vaine pâture*, parce que les bestiaux paissent seulement ce qui n'est pas d'un

produit réel et effectif, ou ce qui reste après que les véri-
tables produits de la terre ont été enlevés.

La proximité ou l'enclave des territoires exposant
souvent les bestiaux d'une commune à passer ou même à
paître sur les héritages d'une autre, les habitants de ces
communes sont convenus d'envoyer réciproquement leurs
bestiaux en vaine pâture. C'est ce qu'on appelle *parcours*.
Ainsi, le droit de parcours n'est qu'un droit de vaine
pâture exercé sur une plus grande échelle.

L'étendue de ces deux droits est réglée par la loi du 28
septembre—6 octobre 1791. Je n'ai pas à m'en occuper. La
seule chose qu'il importe de faire remarquer, c'est que
cette loi maintient les *usages locaux* pour l'exercice du
parcours et de la vaine pâture, dans tous les cas où ils
peuvent avoir lieu, c'est-à-dire d'après la même loi, lorsqu'ils sont fondés sur un titre particulier, ou autorisés par
la loi ou par un usage local immémorial (1).

105. — Le propriétaire peut soustraire son héritage au
parcours et à la vaine pâture par la clôture (2). C'est là une
conséquence du droit de propriété qui autorise à user des
choses d'une manière absolue, et qui consiste principalement dans le droit d'exclure, c'est-à-dire dans le droit d'in-
terdire aux autres l'usage et même l'accès des terres qui
nous appartiennent. L. 28 septembre 1791 ; C. civ., art. 647.

Mais le propriétaire qui veut se clôre perd son droit au
parcours et à la vaine pâture en proportion du terrain qu'il
y soustrait. C. civ., art. 648. Il est juste, en effet, que celui

---

(1) Alors même que l'usage serait fondé sur une coutume immémoriale, le
droit de parcours ou de vaine pâture ne peut s'exercer sur les prairies artificielles.
Cass. 4 juillet 1817. *(J. du Pal.*, t. 14, p. 333.)

Il est aussi défendu de mener, dans aucun cas, sur le terrain d'autrui, des bestiaux d'aucune espèce, dans les vignes et dans tous les plans et pépinières d'arbres fruitiers ou autres, faits de main d'homme. L. 28 septembre 1791, tit. 2,
art. 24.

(2) A moins que le droit ne soit fondé sur un titre. Rolland de Villargues, v.
clôture, n. 4 ; Proudhon, *Droits d'usage*, n. 339 ; Toullier, t. 3, n. 161 ; Duranton, t. 5, n. 265 ; Favard de Langlade, v. *servitude*, sect. 2, parag. 3, n. 4 ;
Pardessus, n. 134 ; Troplong, *des Prescriptions*, t. 1, p. 387 ; Solon, *des Servitudes*, n. 86 ; Lepasquier, *Législation de la vaine pâture*, p. 139 et suiv.

qui retire sa mise de la société, ne prenne plus part dans la mise des autres.

Le mode de clôture varie, dit Cappeau (1), suivant l'usage des lieux et la volonté des propriétaires. Mais, en général, est clôture tout ce qui intercepte la communication ou la rend difficultueuse, ou même tout ce qui annonce aux yeux la volonté du propriétaire qu'on ne s'introduise pas dans son terrain (2).

106. — L'honorable rapporteur (3) d'une commission faisait justement observer, à la séance du 30 août 1843 de la session du Conseil général de la Haute-Garonne, que les questions relatives au parcours et à la vaine pâture, doivent exciter peu d'intérêt dans notre département, où ces gênes portées à la liberté entière de la propriété n'existent pour ainsi dire point à cause des habitudes légales des pays de droit écrit. Cela est tellement vrai, que le droit de parcours est entièrement inconnu dans nos cantons, et que la vaine pâture ne s'y exerce que dans un très-petit nombre de communes.

D'après les renseignements que j'ai pu recueillir, le droit de vaine pâture existe pour les prairies contiguës dans plusieurs communes des cantons de Villemur, Verfeil, Lanta, Saint-Lys, Léguevin; dans celles de Gargas, Montoussin, Mondavezan, Fousseret, Labastide-Clermont, Longages, et quelques autres, traversées par les rivières de Louge, du Touch, de la Save et du Girou. Chaque propriétaire peut, après l'enlèvement des foins, y faire pacager ses bœufs ou vaches, chevaux ou juments, sans qu'il y ait à examiner si ces animaux sont plus ou moins nombreux que ceux des autres particuliers, ou si la prairie du maître de ces animaux est plus ou moins grande que les autres. Ce droit qui, d'ordinaire, commence, ainsi que je viens de le dire, après la fauchaison, finit à Notre-Dame de la Chan-

---

(1) *Législation rurale*, t. 1, p. 520.
(2) V. L. 28 septembre 1791, art. 6; C. pén., art. 391.
(3) M. Niel, ancien président à la cour de Toulouse.

deleur et, par tolérance, dans quelques communes, au plus tard le 15 mars.

Dans le canton de Lanta, il existe un arrêt de règlement du Parlement de Toulouse, du 13 décembre 1774, qui défend qu'il soit amené dans les prairies des troupeaux de moutons, cochons, chèvres et oies. Ce règlement est en vigueur dans le canton, et les contrevenants sont passibles d'une amende de 1 à 5 fr.

Dans le canton de Caraman, le droit de vaine pâture existe à l'égard des prairies naturelles, des bois et friches contigus et divisés en plusieurs parcelles appartenant à divers propriétaires. Ce droit s'exerce au profit des animaux de chacune des espèces chevaline, bovine et ovine, en y menant ces bestiaux pour les faire dépaître, savoir : dans les prairies, depuis les fauchaisons ou fenaisons faites jusqu'au 1er mars suivant; dans les bois, tant qu'ils sont défensables, et en tout temps, dans les friches.

Dans le canton de Saint-Béat, les prairies non closes, ainsi que les champs non clos, tout comme les terrains communaux en nature de pelouse, bruyères et vacants, sont soumis à la vaine pâture, depuis un temps immémorial. Cette faculté s'exerce suivant les règlements locaux quand il en a été fait, et ces règlements sont d'une variété infinie. A défaut de règlements, la vaine pâture s'excerce sur les terrains sus-désignés, depuis le jour de la Toussaint jusqu'au jour de Notre-Dame de mars, et ce, pour toute espèce de bestiaux; les chèvres et les cochons exceptés. Pour ces derniers animaux, il est d'usage, dans chaque localité, d'assigner des quartiers spéciaux.

Dans le canton de Bagnères-de-Luchon, l'usage de la vaine pâture existe aussi de temps immémorial. Ce droit s'exerce sur les champs et prés non clos, au profit des espèces ovine, bovine et chevaline.

Dans le canton de Villemur, d'après un usage immémorial, les bêtes à laine sont conduites à la pâture dans tous les champs indistinctement, après que la moisson est faite et les gerbes enlevées. Le propriétaire qui se propose de faucher ses chaumes, marque son champ avec des branchages verts, et alors on s'abstient d'y faire entrer les brebis et les moutons.

Dans plusieurs autres communes du département, les habitants mènent également leurs troupeaux paître sur le champ d'autrui, les chaumes et les jachères. Ce droit de vaine pâture, dans ces localités, est-il acquis par un *usage local immémorial,* ou bien ne dérive-t-il que d'une simple tolérance que les propriétaires pourraient faire cesser à leur volonté, sans recourir à la clôture ? C'est ce que j'ignore. Je dois dire, pourtant, que plusieurs personnes dignes de foi m'ont assuré qu'il n'y avait que tolérance.

107. — Quoi qu'il en soit, je me bornerai à répéter que le droit de se clore, pour soustraire son héritage à la vaine pâture, est textuellement réservé dans le Code rural et dans le Code civil. Le mode de clôture, usité dans ce cas pour les champs, est à peu près le même dans tous nos cantons. Généralement, on emploie des mottes de terre superposées en pyramide que l'on place sur toutes les faces et aux angles principaux du champ. En général, aussi, on soustrait une prairie à la vaine pâture en l'entourant de fossés. Dans le canton de Bagnères-de-Luchon, le mode de clôture, généralement employé pour un champ ou une prairie, consiste dans la plantation d'une haie vive ou sèche, dans la construction de barrières ou d'un mur. Tout autre mode n'est pas usité.

Dans le canton de Montréjeau, on plante, de distance en distance, des rameaux ou des piquets surmontés d'un bou-chon de paille.

Ces signes particuliers de clôture, dans ces deux derniers cantons, les mottes de terre que l'on nomme *Pozouls,* dans celui de Montgiscard (1), les fossés dont j'ai parlé dans les autres localités, annoncent que le propriétaire ne permet

---

(1) Dans ce canton, nul ne mène paître ses bestiaux sur la propriété d'autrui sans son consentement. Lorsque le garde-champêtre verbalise, dans le cas où il y a absence de tout signe de réserve ou de clôture, le berger contrevenant s'écrie : *Més éro pas pouzoulat.*

pas que les bestiaux entrent sur son fonds. Il est rare que sa volonté, ainsi manifestée, ne soit pas respectée. Les récalcitrants ne conduisent leurs bestiaux à la vaine pâture que la nuit et frauduleusement, ce qui est loin de l'exercice du droit.

108. — Du reste, pas de règlement particulier, à ma connaissance, sur la vaine pâture. Je ne connais que l'arrêté de l'administration centrale, du 13 vendémiaire an VII (4 septembre 1798), qui, en conformité de la loi du 28 septembre 1791, établit des règles générales pour l'exercice des droits de dépaissance dans les différentes communes du département. Cet arrêté, dont l'exécution a été de plus fort prescrite par un arrêté préfectoral du 29 juillet 1822, a été inséré dans le n° 446 du *Recueil des actes administratifs* de notre département. Son étendue ne permet point d'en reproduire ici les dispositions. Je me borne à y renvoyer.

§ 12. — Bornes.

109. — Le seul moyen d'empêcher les usurpations entre voisins et d'éviter les contestations qui les font naître, est de marquer par des bornes les limites où finit un héritage et où commencent les héritages qui lui sont contigus. « Partout, dit M. le président de Robernier (1), on retrouve l'usage de placer, selon certaines règles, sur les limites des champs, des signes matériels auxquels une convention tacite ou formelle attribue un caractère d'authenticité, une autorité probante. » Les lois ont formellement autorisé tout propriétaire à demander, en tout temps, que des bornes soient placées ou reconnues entre son héritage et ceux de ses voisins. Code civ., art. 646.

110. — Les lois rurales n'ont point, jusqu'à présent, donné

(1) *De la preuve du droit de propriété en fait d'immeubles.*

de règle sur la manière de placer ces bornes, sur les signes caractéristiques qu'il fallait leur donner, et sur la manière dont elles devaient être faites. Il faut suivre, sur ce point, comme en bien d'autres, l'usage des lieux.

On peut planter une haie pour servir de borne, creuser un fossé, élever un talus, un mur.

Quelquefois on plante, à chaque extrémité des confins, des arbres ou arbustes, tels que coignassiers, etc. Souvent on plante deux pierres réunies pour leur donner le caractère de bornes. D'autrefois, on n'en plante qu'une, et pour la mieux caractériser, on brise une brique, on pile du charbon, ou l'on fend une pierre en deux morceaux que l'on réunit, puis on les place au-dessous de la borne. On appelle ces *tuileaux*, ce *charbon pilé*, ces *morceaux de pierres* GUIDONS, TÉMOINS, parce qu'ils servent à distinguer la véritable borne des pierres que le hasard ou la malice pourraient placer au-delà ou en-deçà. Si la borne est anguleuse, on dirige l'angle du côté vers lequel la ligne doit être prolongée.

Enfin, souvent aussi, on se contente de placer deux pierres de moindre grosseur aux deux côtés de la pierre bornale pour lui servir de témoins.

111. — Le coignassier est généralement employé, dans nos cantons, pour marquer la division de deux héritages contigus. Dans beaucoup de localités, on se sert aussi d'une pierre que l'on enfonce en terre et que l'on entoure d'un fragment de tuile coupé en deux ou trois morceaux, destinés par leur rapprochement à démontrer la cause de leur présence, et indiquer que la pierre à côté de laquelle ils se trouvent, est une borne placée à dessein.

Quelquefois, dans le canton de Saint-Béat, les bornes de pierre sont marquées d'une croix creusée à la pointe du marteau ou d'une bêche. Dans le même canton, si un rocher se trouve à l'endroit où doit être placée une borne, il est d'usage général que l'on grave une croix à la pointe du marteau, sur ce rocher qui, alors, tient lieu de borne. Les côtés les plus longs de la croix indiquent le plus souvent la direction de la ligne. Si les côtés de la croix sont à angle droit, aigu ou obtus, cette circonstance fait présumer que la croix indique ou arrête deux lignes.

Dans quelques cantons, on creuse aussi des fossés pour tenir lieu de bornes. La largeur et la profondeur de ces fossés varient suivant qu'ils sont plus ou moins nécessaires pour l'écoulement des eaux pluviales. Généralement, leur profondeur est de 0 m. 50 c. sur 0 m. 50 c. de base et 0 m. 75 c. d'ouverture.

Dans les bois, on se contente souvent de pratiquer des trous de distance en distance.

§ 13. — Fossés.

112. — Celui qui veut faire un fossé le long de la propriété voisine, doit en prendre toute la largeur sur son héritage; et comme, malgré cette précaution, il pourrait encore nuire au voisin, si le bord du fossé commençait précisément à la limite de sa terre, parce qu'insensiblement la terre de l'héritage voisin s'éboulerait dans le fossé, il ne lui est point permis de le creuser sans lui donner un *franc-bord*.

113. — La loi 13, au ff. *fin. reg..* voulait que le fossé fût séparé du voisin par une distance égale à la profondeur qu'on était dans l'intention de lui donner. Soulatges, *Cout. de Toulouse*, p. 141, atteste que cette loi n'était pas toujours suivie dans l'ancienne jurisprudence française; et généralement on n'admettait d'autre règle que le fait même, c'est-à-dire que tout fossé dont l'établissement pouvait nuire au voisin, devait être comblé et porté plus loin.

Dans les contrées où il n'y avait point de coutume ou de règlements sur ce point, on laissait assez généralement l'espace d'un pied près des fonds limitrophes. La pente du talus devait être proportionnée à la profondeur du fossé. C'est la règle que proposent de suivre encore aujourd'hui Fournel (1) et Lepage (2). Cette règle, sanctionnée par un arrêt de la Cour de Dijon, du 22 juillet 1836 (3), est aussi proposée par M. Rolland de Villargues (4); mais elle est rejetée par M. Solon qui, dans son *Traité des servitudes*, n° 267, s'exprime ainsi : « Aujourd'hui, nous nous sommes assuré que dans le plus grand nombre de localités on tient que le *franc-bord* doit être de 18 pouces ou 50 centimètres (5), et voici pourquoi : les fossés sont ordinairement bordés de haies, soit pour défendre la propriété, soit pour conserver les eaux, en les préservant de l'ardeur du soleil. Or, comme aux termes de l'art. 671, C. civil, les haies vives ne peuvent être plantées qu'à la distance de 50 centimètres du fonds voisin, on a considéré cette mesure comme celle qui devait naturellement régler l'étendue du franc-bord. Qui ne voit, en effet, que laisser un franc-bord d'une moindre largeur, ce serait renoncer à la faculté de planter une haie sur le bord du fossé. — Si, au lieu de faire faire un fossé ordinaire, le propriétaire faisait pratiquer dans son fonds un fossé d'une plus grande profondeur, il est certain, ajoute M. Solon, que le franc-bord de 50 centimètres serait insuffisant pour protéger la terre du voisin contre les éboulements. Aussi, dans ce cas, la loi romaine précitée est-elle généralement suivie, et l'on exige que le franc-bord soit d'une largeur égale à la profondeur du fossé ; cette condition suffit pour prévenir l'éboulement. »

114. — On sent que les usages locaux peuvent seuls déterminer la distance à observer entre un fossé et l'héritage voisin. « On doit les suivre, dit M. Pardessus, n° 186, dans le silence des lois positives, chaque fois que loin de contrarier le vœu présumé du législateur, on ne fait qu'appliquer à des cas analogues, les décisions qu'il a portées. »

(1) *Traité du voisinage*, t. 2, p. 73 et 75 ; *Lois rurales*, t. 2, p. 188.
(2) *Lois des bâtiments*, t. 1, p. 213.
(3) *J. du Pal.*, t. 27, p. 1540; Dev. 36. 2. 187.
(4) *Rép. du Notariat*, v. *Fossé*, n. 25.
(5) Tel est aussi l'usage du département du Tarn, d'après M. Clausade, en ses *Usages locaux*, p. 156.

TOULOUSE. — Celui qui veut faire un fossé sur son fonds et vers la limite de sa propriété, est dans l'usage de laisser, au-delà du talus, vers le fonds de son voisin, une distance au moins de 22 centimètres 1⁊2, appelée *terrain de garde,* pour parer aux éboulements. Plusieurs établissent le fossé sur la ligne divisoire ; mais, alors, pour éviter les éboulements, ils lui donnent, du côté du voisin, une inclinaison de 45 degrés, de manière qu'à cet aspect, il forme un talus ayant, d'après l'usage, 1 mètre d'inclinaison sur 1 mètre de base.

CASTANET. — Celui qui veut faire un fossé n'est pas rigoureusement obligé, de par l'usage, de laisser de distance entre le talus et le fonds du voisin ; les fossés sont ordinairement creusés sur la ligne divisoire. Cependant les juges de paix du canton, consultés là-dessus, ont toujours conseillé de laisser 22 centimètres 1⁊2, au moins, entre le talus et le fonds du voisin.

FRONTON. — En général, on laisse 50 centimètres.

VILLEMUR. — L'usage ne fixe pas la distance qu'il faut laisser au-delà du talus. Pourtant, il est reconnu que celui qui veut creuser un fossé, doit laisser du côté du voisin un talus proportionné à la profondeur qu'il donne au fossé. Dans ce canton et principalement dans sa partie montueuse, lorsque deux héritages, dont l'un est plus élevé que l'autre, sont séparés par un fossé, on répute que le fossé appartient exclusivement au propriétaire du fonds inférieur, comme ayant été creusé par lui, sur son terrain, pour recevoir les eaux découlant du fonds supérieur, et les empêcher par ce moyen de se répandre dans le sien.

MONTASTRUC. — Le propriétaire qui veut faire un fossé, le creuse à 45 centimètres de distance du fonds du voisin. C'est l'usage du pays.

VERFEIL. — Pas d'usage. Toutes les personnes que j'ai consultées dans ce canton, m'ont répondu que celui qui veut faire un fossé, peut le creuser sur la limite de son héritage, sans laisser aucune distance entre le talus et le fonds du voisin.

LANTA. — Il est d'usage que celui qui veut faire un fossé le creuse sur son terrain, en laissant au moins un pied (33 centimètres environ) de garde du bord du fossé au champ du voisin. La berge du fossé, du côté de ce dernier, doit être à l'angle de 45 degrés, quelle que soit la profondeur et l'ouverture du fossé, et ce, pour éviter les éboulements.

CARAMAN. — Autrefois, celui qui voulait faire un fossé, le creusait sur la limite de son héritage, sans laisser aucune distance entre le talus et le fonds du voisin. Aujourd'hui, et depuis la promulgation du Code civil, on observe, à défaut d'usage local, la distance prescrite par la coutume de Paris. Or, l'on sait que Desgodets, sur l'art. 113 de cette coutume, dit que le propriétaire qui fait un fossé à ses frais sur le bord de son héritage, doit laisser un espace de 1 pied au-delà de sa fouille, pour qu'elle ne touche pas au terrain voisin; et c'est aussi 1 pied qu'on laisse, en général, aujourd'hui, dans le canton.

REVEL. — On laisse une distance de 33 centimètres.

VILLEFRANCHE. — L'usage a établi que celui qui pratique un fossé près le champ de son voisin doit laisser un pied de terrain à partir du bord extrême ou de la berge du fossé. Le talus doit également être assez incliné pour empêcher l'éboulement des terres.

MONTGISCARD. — Autrefois, sur les côteaux, le propriétaire du fonds inférieur pratiquait un fossé pour écouler les eaux venant du fonds supérieur. Il le plaçait entier sur son terrain attenant la ligne divisoire. Ce fossé était sa propriété exclusive; sa situation lui faisait titre. Dans la plaine, les fossés étaient présumés mitoyens, à moins qu'une borne ne prouvât le contraire. On ne laissait pas de talus supérieur, comme on l'exige maintenant, de 50 centimètres. A chaque 25 centimètres de profondeur, on laissait un talus de la moitié de cette profondeur; la retraite était progressive et proportionnée à la profondeur du fossé, de sorte que le tertre, sur la ligne divisoire, était en pente vers le centre du fossé.

Aujourd'hui, on exige que celui qui creuse un fossé sur son fonds laisse uniformément 50 centimètres sur le sol supérieur, et l'on n'oblige plus à faire le versant.

NAILLOUX — Pas d'usage.

CINTEGABELLE. — *Idem.*

AUTERIVE. — Celui qui creuse un fossé du côté du voisin doit laisser une *garde* de 45 centimètres (2 empans).

MURET. — Autrefois, on laissait 45 centimètres; aujourd'hui on laisse 50 centimètres.

CARBONNE. — 50 centimètres.

RIEUX. — *Idem.*

MONTESQUIEU-VOLVESTRE. — 33 centimètres. Il y a dans ce canton un autre usage qui consiste à laisser une distance égale à la couche du talus, ce qui paraît juste au moins pour les terrains en pente où des tertres s'élèvent de 1 à 2 mètres. On conçoit alors qu'une distance de 33 centimètres serait insuffisante pour préserver la propriété supérieure des éboulements qui se feraient sans le secours d'une plus forte distance.

CAZÈRES. — On laissait autrefois 1 pied de distance; on reconnaît aujourd'hui qu'il faut laisser une distance, mais elle n'est pas exactement déterminée par l'usage. Cependant, on exige, en général, 50 centimètres, comme pour les haies.

Il existe, dans certaines communes de ce canton, des usages particuliers relativement à la propriété des fossés. Dans celle de Cazères, pour les terrains en pente, l'usage donne au propriétaire du fonds inférieur, le fossé de dessus, parce qu'étant obligé de recevoir les eaux du fonds supérieur, c'est à lui à établir ce fossé de manière à recevoir lesdites eaux (1). Dans la commune de Couladère, c'est l'opposé. Le propriétaire supérieur prétend à la propriété du fossé inférieur, afin qu'il puisse recevoir les eaux qui en découlent. L'usage de la commune de Cazères se pratique dans tout le canton, à l'exception, ainsi que je viens de le dire, de la commune de Couladère, et aussi d'une partie de celle de Franeon, qui a deux usages différents. La presque totalité de cette dernière commune suit l'usage général. Cependant, au hameau *des Bencassés*, qui en dépend, au sud-ouest, on y pratique généralement l'usage suivi à Couladère. Mais c'est là une si minime fraction du canton, que ce n'est pas la peine de s'y arrêter.

En plaine, et dans la direction de la pente, les fossés sont toujours mitoyens, sauf preuve contraire.

Autrefois, dans la commune de Mondavezan, les fossés suivaient toujours la propriété qu'ils bornaient au nord. Cet usage ancien se perd, et aujourd'hui les fossés qui séparent les propriétés dans la plaine tendent de plus en plus, là, comme ailleurs, à devenir mitoyens, du consentement mutuel des propriétaires.

SAINT-MARTORY. — Les anciens fossés n'ont que 16 centimètres de franc-bord ; on laisse aujourd'hui 33 centimètres entre le talus du fossé et le fonds du voisin.

Sur la rive droite de la Garonne, le talus des tertres appartient au propriétaire inférieur. Sur la rive gauche, c'est le contraire, dans le territoire de la commune de Saint-Martory seulement.

SALIES. — Celui qui, dans ce canton, veut faire un fossé sur la limite de son héritage, n'est tenu de laisser qu'une distance d'environ 10 centimètres.

ASPET. — *Idem.*

_____

(1) Cet usage est conforme à l'opinion émise par M. de Saint-Félix Mauremont, dans son *Architecture rurale*, p. 369. « Lorsqu'un fossé sépare deux champs, dont l'un est sensiblement plus élevé que l'autre, il est à croire, dit l'auteur, que le fossé appartient à l'héritage inférieur, parce qu'il n'est pas présumable que le propriétaire supérieur ait abattu la berge de son champ pour faire le fossé, et qu'au contraire son voisin a dû se garantir des eaux supérieures.

SAINT-BÉAT. — Point d'usage constant. Mais, ordinairement, on laisse entre le fossé et le fonds du voisin une distance égale à la profondeur du fossé.

BAGNÈRES-DE-LUCHON. — Dans ce canton, on ne laisse aucune distance ; le fossé est creusé sur la limite de l'héritage.

SAINT-BERTRAND. — Là, de par l'usage, la distance qu'on doit laisser entre le talus du fossé et le fonds du voisin est d'un pied, avec talus incliné.

MONTRÉJEAU. — Celui qui veut faire un fossé doit laisser entre le talus et la propriété du voisin une langue de terre de la largeur de 12 centimètres ou 4 pouces.

SAINT-GAUDENS. — Pas d'usage.

BOULOGNE. — D'après l'ancien usage, celui qui creusait un fossé laissait la distance d'un empan (22 centimètres 1[2) entre le talus et le fonds du voisin. Cet usage est tombé en désuétude et, aujourd'hui, les propriétaires ont reconnu la nécessité de donner au franc-bord du fossé la largeur de 50 centimètres. Cet espace s'appelle l'*escloupado* ou la largeur d'un sabot.

L'ISLE-EN-DODON. — On doit laisser, entre la vive-arète du fossé et le fonds du voisin, un franc-bord de 33 centimètres qu'on appelle *broue*.

AURIGNAC. — Même distance.

FOUSSERET. — Autrefois, l'étendue de l'entretien du fossé devait être égale à sa profondeur. Aujourd'hui, depuis quelques années, on laisse une distance de 50 centimètres. Cependant, lorsqu'on ne fait pas un fossé ordinaire, mais seulement un demi-fossé, le franc-bord n'est plus de 50 centimètres ; dans ce cas, on ne laisse que l'espace nécessaire, selon la disposition des lieux, pour que le voisin n'ait pas à craindre d'éboulement.

RIEUMES. — On laisse un franc-bord proportionné à la profondeur du fossé. Plus le fossé est profond et large, et plus le franc-bord est étendu. Mais le moins, c'est un pied ou environ 33 centimètres.

SAINT-LYS. — En général, on laisse 50 centimètres. Cependant, d'après les renseignements que j'ai recueillis dans certaines communes de ce canton, celui qui veut faire un fossé n'est obligé de laisser qu'une distance égale à la moitié de la profondeur du fossé.

LÉGUEVIN. — 50 centimètres ; ce n'était, autrefois, qu'un pied de roi équivalant à un empan et demi (0 m. 33 c.).

CADOURS. — Un pied de roi.

Sur les côteaux où les eaux coulent rapidement et où leur chute cause de grandes dégradations aux pièces inférieures, il est d'usage qu'entre les extrémités des égoûts des pièces supérieures et des pièces inférieures, on laisse deux sillons en travers, ayant ensemble 1 mètre de largeur.

Dans le même cas, il est d'usage qu'on laisse 2 mètres de distance entre l'extrémité d'un fossé pratiqué en descendant et la pièce inférieure appartenant à autrui.

GRENADE. — Celui qui fait un fossé sur la limite de son héritage, laisse un franc-bord de 50 centimètres.

115. — Dans tout le département, les fossés qui servent de clôture sont généralement creusés en talus, mais sans règle fixe. Leur largeur et leur profondeur sont subordonnées à la masse des eaux qu'ils sont destinés à recevoir. Néanmoins, dans les plaines, on leur donne ordinairement de 1 mètre à 1 m. 33 c. de largeur, au niveau du sol, et de 0 m. 67 à 0 m. 90 c. de profondeur.

116. — Lorsqu'un fossé est mitoyen, son entretien et son recurage doivent avoir lieu en commun. Les productions du fossé se partagent de telle sorte que chaque propriétaire prend de son côté jusqu'au milieu du fossé. Lorsque les ronces et les broussailles qui s'y trouvent sont minimes et de peu de valeur, dans certains cantons, la plupart des propriétaires les laissent emporter par leurs ouvriers ; dans d'autres, elles restent toujours au propriétaire qui les donne

au bordier ou au maître-valet pour le chauffage du four. Nulle part, l'ouvrier n'a le droit de rien emporter sans la permission expresse ou tacite du maître.

117. — Il n'y a pas de règle qui détermine l'époque où le curage des fossés doive être pratiqué. Le recurement a lieu lorsque le besoin l'indique. Toutefois, les fossés sont recurés habituellement tous les ans, le long des côteaux, à raison des éboulements qui sont là plus fréquents ; en plaine, chaque deux ou trois ans, lorsque l'assolement alterne ou triennal ramène pour chaque pièce de terre la culture du blé. Les fossés se font avant d'ensemencer les pièces de terre.

Si le fossé est mitoyen, il est fait en même temps par les deux propriétaires voisins, qui mettent un égal nombre d'ouvriers, et font jeter, chacun de leur côté, la moitié de la terre provenant du curage. Quelquefois, les deux voisins le font alternativement en entier, et alors, celui qui le fait jette la terre sur son champ, ce qui l'indemnise du travail.

Mais si le propriétaire voisin refuse de faire recurer le fossé à frais communs, peut-on le faire recurer sans son concours, et prendre la terre provenant du recurage pour indemnité ? — En bonne règle, non ; il faut l'y contraindre. Toutefois, dans quelques cantons, on croit assez généralement que, de par l'usage, on peut, après avoir constitué en demeure le voisin récalcitrant, faire le fossé en entier et prendre tout le produit du recurage à titre d'indemnité du travail qu'aurait dû faire le voisin. Mais ce mode de procéder, assez arbitraire, peut donner lieu à des discussions; et aussi, pour les prévenir, il est reconnu, généralement, dans tous les autres cantons, qu'en cas de refus du voisin, il faut lui faire une sommation, et s'il n'y obtempère pas, le citer devant le juge de paix pour voir dire et ordonner qu'il sera tenu de contribuer au recurement du fossé mitoyen, dans le délai qui sera fixé par le jugement; et à défaut, voir dire qu'il y sera procédé aux frais avancés de l'autre voisin, remboursables aux formes de droit.

Lorsque le voisin demandeur ne veut pas employer ces

voies judiciaires, il fait recurer le fossé sans le concours de l'autre voisin, mais alors il ne recure que de son côté. Il peut, néanmoins, dans ce cas, forcer ce dernier à réparer le tertre de son champ pour faire disparaître les herbes qui pourraient gêner l'écoulement des eaux et endommager le tertre opposé.

Dans le canton de Villefranche l'usage est que, si le fossé est mitoyen, le recurement s'opère généralement tous les trois ans en commun avec le voisin ou alternativement par un seul. Dans ce dernier cas, s'il se trouve des ronces, des broussailles ou des buissons sur le bord ou dans l'intérieur du fossé, qui gênent cette opération, le propriétaire du champ où ces objets sont excrus est tenu de les couper sur un avis préalable donné à cet effet ; à défaut de cette exé-cution, celui qui a besoin de recurer le fossé, coupe lui-même ces obstacles et les dépose sur le terrain de son voisin, qui les retire à son loisir.

Les fossés se recurent à la journée, au taux de la saison, ou à prix fait, à raison de 3 à 4 centimes le mètre, suivant, du reste, la nature du terrain, la largeur et la profondeur du fossé.

§ 14. — Servitudes de passage.

118. — Les chemins qui ne sont établis que dans l'inté-rêt des particuliers, et qu'on appelle à cet effet *chemins privés,* leur appartiennent ou en pleine propriété, ou simplement à titre de servitude. De par l'usage le plus général dans notre département, ces chemins, dans ce dernier cas, sont de 1 mètre de largeur pour passage à pied ; de 2 mètres pour tombereau attelé ; de 3 mètres 11 c. pour char et voiture, le tout libre et franc de fossé.

119. — Un grand nombre de propriétés enclavées ont leur servitude de passage d'exploitation par d'autres pro-priétés. Dans le canton de Saint-Béat, de par l'usage le plus

général, et sauf quelqués exceptions qui tiennent aux localités et aux quartiers reculés et les plus élevés sur la montagne, les passages, soit avec bestiaux attelés ou non attelés, soit à pied, sont censés ouverts à partir de la Toussaint, ou de l'enlèvement des récoltes des fonds servants, jusqu'à la Sainte-Catherine (25 novembre), pour ce qui est des travaux se rattachant aux semences des blés et seigles ; et depuis la Toussaint jusqu'au 25 mars, jour de Notre-Dame, pour les travaux de labour, fumure et ensemencement des maïs, haricots et pommes de terre. Jusqu'à ces deux époques de fermeture des passages, les propriétaires des fonds servants ne doivent couvrir ni ensemencer le fonds sur lequel s'exerce la servitude. S'ils le couvrent ou l'ensemencent, le propriétaire ayant droit au passage peut l'exercer nonobstant les travaux qui auraient été faits sur les lieux du passage. Si, au contraire, celui à qui est due la servitude, se néglige ou se retarde dans ses travaux jusqu'après les époques fixées par la fermeture du passage d'exploitation, il ne doit plus passer qu'à pied ; et s'il passe avec bestiaux attelés ou non, il doit des dommages au propriétaire du fonds servant. Dans plusieurs villages, et notamment dans les quartiers exposés à des régions froides et retardées pour la végétation et la mâturité des récoltes, la fermeture des passages se prolonge au-delà des termes ci-dessus énoncés, que l'usage a le plus généralement admis. Cet usage ou cette règle ne sauraient être appliqués à toutes les communes du canton, parce que les usages, dans quelques-unes d'elles, diffèrent sensiblement, suivant leur position topographique.

Dans le canton de Saint-Martory, en règle générale, les passages pour cause d'enclave, lorsqu'il n'y a pas titre, s'exercent de manière à ce que les propriétaires des champs pour lesquels ils sont dus, terminent les travaux et les semences avant que le champ asservi ne soit semé, et le passage sur le fonds servant ne peut être semé avant la Toussaint. Si alors le propriétaire du fonds dominant n'a pas fini son travail, il peut être tenu à des dommages s'il

foule la récolte du champ asservi ; et si celui-ci sème avant
la Toussaint, le passage s'exerce sans tenir compte du préjudice qui peut lui être porté.

§115. — Abeilles.

120. — Les abeilles qui ont été recueillies et qu'on entre-
tient dans des ruches se classent parmi les biens et deviennent une propriété. *Leg.* 15, ff. *de acq. rer. dom.* ; C. civ.,
art. 524. Chaque propriétaire a le droit d'en avoir chez lui
en aussi grande quantité qu'il lui convient. Il est maître
d'aller les cantonner sur ses héritages, là où il le trouve
convenable.

121. — Cependant, comme si elles étaient établies auprès
d'une habitation, elles pourraient en incommoder les personnes, les propriétaires ne doivent-ils pas observer une
certaine distance pour le placement de leurs ruches ? Nous
n'avons aucune loi sur ce point. C'est une affaire de police
administrative (V. Fournel, *Traité du voisinage,* t. 1,
pag. 20 ; Vaudoré, *Droit rural,* t. 2, n° 204); et dans
notre département il n'y. a ni règlement ni usages à cet
égard. Seulement, l'usage est de clore par un paillebart le
côté du voisin où l'on place la ruche.

122. — Lorsqu'un essaim s'enfuit, le moyen employé
par le propriétaire pour conserver son droit de le réclamer
et de s'en ressaisir, c'est de ne pas le perdre de vue et de le
poursuivre. S'il ne le suivait point, il appartiendrait à
celui qui se serait mis à le suivre à sa place. Dans plusieurs
de nos cantons, pour faire connaître que l'on est propriétaire de l'essaim qui s'enfuit, il est d'usage de le suivre, en
faisant du bruit, en frappant sur des corps sonores, tels
que poêlons, chaudrons, bassinoires. Lorsqu'il est reposé,
le propriétaire l'enlève dans le moment le plus opportun.

§ 16. — Cours d'eau.

ART. 1er. — Chemins de halage.

123. — Les propriétaires voisins d'une rivière navigable ou flottable, sont tenus de laisser sur les bords un espace libre de terrain pour faciliter le flottage ou la navigation, C. civil, art. 650.

L'art. 7, tit. 28, de l'ordonnance de 1669, confirmé par l'art. 1er du décret du 22 janvier 1808, fixe à 24 pieds au moins la largeur de ces chemins dits de *halage*, défendant d'y planter arbres, ni tenir clôture, plus près que 30 pieds du côté que les bateaux se tirent, et 10 pieds à l'autre bord. Mais l'art. 4 du décret précité accorde à l'administration la faculté de restreindre la largeur de ces chemins, si le service de la navigation n'en souffre pas. C'est donc au préfet à déterminer cette largeur.

124. — C'est en exécution de ces dispositions qu'a été pris l'arrêté préfectoral du 10 avril 1833, inséré dans le n° 669 du *Recueil des actes administratifs* du département, et d'après lequel les chemins de halage, de contre-halage, et le marchepied sur les bords des rivières navigables ou flottables qui traversent notre département, doivent avoir au moins la largeur fixée par les règlements, savoir :

Les chemins de halage, 30 pieds ou 9 m. 75 c. ;

Les chemins de contre-halage, qui sont dus partout sur les bords opposés au halage, 10 pieds ou 3 m. 25 c. ;

Le marchepied, sur les deux bords des rivières flottables et non navigables, 4 pieds ou 1 m. 30 c.

La largeur de ces chemins doit être prise à partir de la laisse des hautes eaux navigables, quels que soient les changements survenus dans le lit de la rivière.

125. — Lorsqu'il existe des arbres, des haies, des plantations ou accrues quelconques dans un rayon moindre

que celui qui vient d'être indiqué, les propriétaires ou fermiers du fonds sur lequel ces plantations se trouvent radiquées, sont tenus de les abattre et déraciner, dans le délai de huitaine à partir de l'avertissement qui leur est donné par les agents de l'administration.

126. — Voici l'état des rivières navigables et flottables qui coulent sur le territoire de notre département :

La rivière que forment les torrents de la vallée d'Aran, porte le nom de *Garonne*. Depuis Tiédos, à 3 myriamètres en amont de la limite de France, et sur le territoire du département de la Haute-Garonne, elle est flottable pour les roules, de la limite d'Espagne à Fos, dans une longueur de 4,000 mètres ; pour les radeaux à plusieurs trains, depuis Fos jusqu'au confluent du Salat, au Fourq, près de Roquefort, dans une longueur de 76,000 mètres ; et elle est navigable depuis ce point jusqu'a la Gironde. Du Fourq à Toulouse, la distance est de 78,000 mètres ; et de Toulouse à la limite du département de Tarn-et-Garonne, de 32,000 mètres.

L'*Ariége*, affluent de la Garonne, est flottable dans le département qui porte son nom, et dans celui de la Haute-Garonne, de la limite à Auterive, dans une longueur de 16,000 mètres. Elle est navigable d'Auterive à Portet où est son embouchure, dans un parcours de 23,000 mètres.

La *Pique*, autre affluent de la Garonne, est flottable pour les roules, depuis l'hôpital (de Bagnères) jusqu'à son confluent près de Cierp, sur une longueur de 24,000 mètres.

La *Neste*, autre affluent de la Garonne, est flottable pour les radeaux à un train, depuis la vallée d'Aure jusqu'à son confluent près de Montréjeau. Son cours sur le territoire de la Haute-Garonne n'est que de 1,200 mètres.

Le *Salat*, autre affluent de la Garonne, est flottable dans le département de l'Ariége. et navigable dans le département de la Haute-Garonne. Son parcours, depuis la Cave, à la limite du département, jusques au Fourq, où est son confluent, est de 17,000 mètres.

Le *Tarn* traverse le territoire de la Haute-Garonne dans une longueur de 22,000 mètres. Il est partout navigable.

Les deux Lhers, le Girou, la Rize, la Lèze, la Louge, le Touch, le Volp, la Save, le Ger, l'Arbas, et plusieurs autres petites rivières qui coulent dans notre département, ne sont ni navigables, ni flottables.

ART. 2. — Curage des ruisseaux.

127. — L'un des objets d'intérêt général qui doit exciter le plus la sollicitude de l'administration est, sans contredit, la police des cours d'eau. L'article 1er de la loi du 14 floréal an XI (4 mai 1803) dispose : « Il sera pourvu au curage des canaux et rivières non navigables et à l'entretien des digues et ouvrages d'art qui y correspondent de la manière prescrite par les *anciens règlements* ou d'après les *usages locaux*. » Si, donc, d'anciens règlements ou des usages locaux existent relativement à ce curage, il faut les observer; l'administration actuelle n'est appelée à statuer qu'à défaut de règlements antérieurs, ou bien si les changements survenus exigent des dispositions nouvelles.

128. — Quoique la loi précitée ne parle que des *canaux et rivières non navigables,* elle n'est pas moins applicable au curage des ruisseaux, des fossés de décharge, fossés-mères et nauses, lorsque le curage est dirigé dans un intérêt général. D'anciens règlements chargeaient l'autorité municipale d'y pourvoir; et d'après une loi en forme d'instruction du 16-20 août 1790, la direction de toutes les eaux du territoire est une des mesures prescrites aux corps administratifs et municipaux, dans l'intérêt de l'agriculture.

Aussi voit-on des Conseils municipaux délibérer sur la nécessité du curage d'un ruisseau qui traverse le territoire de la commune, et prescrire les mesures nécessaires à cette opération, dont les frais sont mis à la charge des propriétaires riverains.

129. — Les anciens règlements dont parle la loi du 14 floréal an XI, sont dans notre département :

1° Le règlement des commissaires du roi et des états de la sénéchaussée de Toulouse, en date du 18 décembre 1744, articles 8 et 9 sur le recurement, l'ouverture et la profondeur des fossés de décharge, appelés *fossés-mères* ou *mayrals,* servant à conduire les eaux des chemins dans les rivières voisines;

2° Le règlement du 7 décembre 1791, relatif au curage des cours d'eau, nauses publiques, nauses privées ou rigoles et autres fossés du département de la Haute-Garonne, approuvé par le directoire du département, le 25 février 1792, confirmé par le règlement du 24 germinal an IV (13 avril 1796), et approuvé par le gouvernement le 13 prairial suivant.

Il faut aujourd'hui joindre à ces règlements l'arrêté du Préfet de la Haute-Garonne, en date du 15 novembre 1832, relatif à la police et au curage des cours d'eau non navigables ni flottables du département.

Cet arrêté, en 164 articles, qui n'est que la remise en vigueur des dispositions des anciens règlements et usages, règle les dimensions et les travaux de curage et d'entretien des lits des rivières et ruisseaux non navigables ni flottables, ainsi que des canaux de desséchement et d'irrigation, désignés sous le nom de nauses, contre-canaux, fossés-mères et rigoles; détermine et classe les cours d'eau dont les frais de curage et d'entretien sont à la charge des communes, des propriétaires de prairies ou des propriétaires riverains.

Tous ces documents sont rapportés tout au long dans le n° 695 du *Recueil des actes administratifs* de notre département, et forment un code complet sur la matière. Leur étendue ne me permet pas de les reproduire dans ce livre.

On trouve encore dans le même *Recueil*, sous les n°s 554, 565, 587, 596, 641, 631, 706, 711 et 729, plusieurs arrêtés et documents préfectoraux concernant le curage des rivières non navigables, ruisseaux et nauses, et l'enlèvement des plantations existantes dans le lit et les talus intérieurs de ces cours d'eau; et sous le n° 772, une circulaire du Préfet, en date du 22 septembre 1834, aux sous-préfets et maires du département, sur le curage des fossés-mères dits *nauses.*

Tous ces documents témoignent de la vive sollicitude qui

a animé, à toutes les époques, les chefs de notre administration départementale pour assurer le libre écoulement des eaux et prévenir ainsi les désastres qu'occasionnent à l'agriculture, sur tous les points du département, les inondations des rivières et ruisseaux destinés, la plupart, à féconder les propriétés riveraines, s'ils étaient soumis à un régime exact de curage et d'entretien.

Mais, malheureusement, la bonne volonté de l'administration s'est trouvée constamment paralysée par la résistance passive de certains propriétaires qui, préoccupés par un intérêt mal entendu, ne savent se décider à faire à l'intérêt public le sacrifice d'une partie de leurs droits. Aussi, en présence de cette résistance, les administrations locales n'ont que faiblement cherché à assurer l'exécution des mesures prescrites par les arrêtés préfectoraux; quelques maires seulement se sont bornés à prendre des arrêtés pour faire exécuter les règlements, en ce qui concerne uniquement le curage des ruisseaux ou fossés-mères, dits nauses, destinés à l'écoulement des eaux pluviales.

Aux termes de ces arrêtés qui ne sont, du reste, que la confirmation et l'exécution des anciens règlements sur la matière, le curage se fait aux frais des propriétaires riverains. Ces propriétaires sont tenus de s'entendre pour diviser entre eux les vases, terreaux ou déblais provenant du curage, et pour que les travaux soient faits de telle sorte que la partie la plus basse soit recreusée la première, et ainsi de suite, en remontant le niveau de la pente des fossés, sans laisser aucune lacune ni intervalle. Pour cet effet, ils sont obligés d'envoyer sur les lieux, le jour qui leur est indiqué, le nombre d'ouvriers nécessaires pour exécuter immédiatement le curage ordonné. Les travaux se font sous la direction d'un conducteur et la surveillance de deux membres du Conseil municipal.

Et comme les plantations existantes sur les bords et dans le lit des fossés sont des obstacles au libre cours des eaux qui, se trouvant retenues, se répandent avec violence sur les propriétés riveraines, les riverains sont tenus d'opérer l'enlèvement des plantations et tous les obstacles qui détournent les eaux de leur cours naturel.

Un arrêté du 21 juillet 1845, inséré au n° 1141 du *Recueil des actes administratifs,* ordonne de détruire également tous les arbres, arbustes, plantations, etc., qui existent dans le lit des rivières non navigables ou sur leurs bords intérieurs. Je le reproduis textuellement :

« Art. 1er. — Tous les arbres, arbustes, plantations, broussailles ou autres obstacles de même nature au libre écoulement des eaux existant dans le lit actuel des petites rivières non navigables, y compris les ruisseaux, ou sur leurs bords intérieurs, seront détruits et enlevés par les riverains, dans le délai de huit jours, à compter de la publication du présent arrêté.

« Art. 2. — Faute par les riverains, dûment mis en demeure par l'article qui précède, d'obtempérer à l'injonction qui leur est faite, les plantations dont il s'agit seront abattues et enlevées à la diligence de l'administration.

« Art. 3. — Les bois et débris provenant de l'abattage seront transportés sur le point qui sera désigné par le maire de la commune, pour y être placés, à son choix, sous la garde et la surveillance d'un agent de la force publique ou d'un gardien préposé à cet effet par lui.

« Art. 4. — En même temps, le maire dressera ou fera dresser un procès-verbal constatant la contravention, ainsi que l'abattage effectué d'office.

« Ce procès-verbal, accompagné de l'état des frais d'abattage, de transport et de garde, certifié par le maire, sera transmis au magistrat remplissant les fonctions de ministère public près le tribunal de simple police du canton, pour faire appliquer la peine portée par la loi. et rendre exécutoire l'état des frais exposés. »

ART. 3. — Irrigations.

130. — Aux termes de l'art. 644, C. civil, celui dont la propriété borde une eau courante autre celle qui est décla-

rée dépendance du domaine public par l'art. 538, au titre de la *Distinction des biens*, peut s'en servir à son passage pour l'irrigation de ses propriétés ; et de même, celui dont cette eau traverse l'héritage, peut aussi en user dans l'intervalle qu'elle y parcourt, mais à la charge de la rendre, à la sortie de ses fonds, à son cours ordinaire (1).

Tel est le principe : mais il est subordonné, dans son application, aux stipulations qui auraient pu avoir lieu entre les intéressés, aux règlements locaux sur les usages des eaux, et à l'intérêt de l'agriculture qui demande ordinairement que le fonds le plus étendu jouisse d'une partie d'eau plus considérable.

Aussi l'article 645 porte-il que, s'il s'élève une contestation entre les propriétaires auxquels les eaux peuvent être utiles, les tribunaux, en prononçant, doivent concilier l'intérêt de l'agriculture avec le respect dû à la propriété, et que, dans tous les cas, les règlements particuliers et locaux sur le cours et l'usage des eaux doivent être observés.

131. — Je n'ai pu découvrir dans le département aucune coutume locale pour la distribution des eaux, en conformité de l'art. 645, C. civil. Il n'existe que des règlements écrits particuliers qui, partout, sont basés entre les ayant-droit sur l'étendue respective des propriétés, c'est-à-dire que tel propriétaire prend l'eau un, deux, trois ou quatre jours par semaine ou par mois, proportionnellement à l'étendue du terrain susceptible d'arrosement, et aussi selon l'abondance des cours d'eau. L'exécution de ces règlements est toujours confiée à la surveillance d'un ou de deux syndics ou commissaires pris parmi les parties intéressées (2).

(1) Deux lois du 29 avril 1845 et du 11 juillet 1847, ont étendu le bénéfice de l'art. 644. Grâce à la première, tout propriétaire non riverain a le droit de réclamer la faculté de conduire les eaux à travers les fonds intermédiaires. La seconde permet à celui qui ne possède qu'une rive d'obtenir, sur la rive opposée, une servitude d'appui, pour la création d'un barrage.

(2) Cet usage rappelle ce qui se passait chez les anciens Péruviens. Dans l'empire des Incas, le mode et les heures d'arrosement étaient également réglés. Chacun recevait, à son tour, la provision d'eau qui lui était nécessaire, rien de plus. Un esprit d'égalité inexorable présidait à cette répartition. — La même coutume existe, encore de nos jours, dans les villages Sahariens, non loin des frontières d'Algérie.

En l'absence d'un réglement écrit, tout propriétaire dont l'héritage est bordé ou traversé par un cours d'eau s'en sert pour l'irrigation de ses propriétés, conformément aux dispositions de l'art. 644, C. civil.

§ 17. — Murs de clôture.

132. — En général, nul ne peut être contraint à se clore : néanmoins, des raisons d'ordre public fondées sur les dangers auxquels sont exposées les personnes à raison de la proximité des habitations, et sur l'importance des choses mobilières qui pourraient être facilement soustraites, ont fait admettre, par exception, que dans les villes et les faubourgs, chacun aurait le droit de contraindre son voisin à contribuer pour sa part à la construction et à la réparation des murs destinés à séparer leurs héritages. « Chacun, dit l'art. 663, C. civil, peut contraindre son voisin aux constructions et réparations de la clôture faisant séparation de leurs maisons, cours et jardins, assis ès-dites villes et faubourgs. La hauteur des clôtures doit, en ce cas, être fixée conformément aux règlements et usages particuliers *constants et reconnus* ; et à défaut d'usages et de règlements, à 32 décimètres ou 10 pieds, compris le chaperon, dans les villes de 50,000 âmes, et à 26 décimètres ou 8 pieds, dans les autres. »

133. — Il n'est pas toujours facile de reconnaître quand une communauté d'habitants est une ville (1) ou un simple village. On sent qu'il est bien difficile de donner des règles absolues sur ce point. Le nombre de maisons et d'habitants ne suffisant pas pour résoudre cette question, il est impossible de pouvoir donner une indication positive.

(1) La loi du 10 brumaire an II ordonna la suppression des mots *ville, bourg, village*, et disposa qu'à l'avenir, il n'y aurait plus que des communes. Cette dénomination et la loi même de brumaire conservent encore toute leur valeur. Cependant le Code civil et plusieurs autres lois postérieures ont conservé l'expression *ville*.

Tout ce que l'on peut dire, c'est que l'on ne doit donner le nom de *villes* qu'aux localités qui sont reconnues telles dans les actes administratifs ou judiciaires (1). « Lorsque les tribunaux sont appelés à prononcer sur la difficulté à l'occasion d'intérêts et de droits particuliers, il nous semble, dit M. Pardessus, n° 147, qu'ils doivent se décider par les qualifications données à la commune dans des actes non suspects ; à défaut de ces preuves, ordonner que dans un délai déterminé, celui qui prétend que la commune est une ville, rapportera un acte administratif qui lui attribue cette qualification ; et enfin, si on n'en rapporte point, prononcer suivant leurs connaissances particulières. »

Selon moi, la population agglomérée, la richesse des habitants, la forme ou l'étendue des habitations, l'établissement de marchés importants, devraient être pris en considération pour pouvoir faire l'application des exigences concédées au voisinage par l'art. 663, Code civil.

134. — Les réunions d'habitants qui, dans notre département, peuvent, sans difficulté, être classées au rang les villes pour l'application de cet article sont :

TOULOUSE.	SAINT-MARTORY.
VILLEMUR.	ASPET.
CARAMAN.	SAINT-BÉAT.
REVEL.	BAGNÈRES-DE-LUCHON.
VILLEFRANCHE.	SAINT-BERTRAND.
MONTGISCARD (2).	MONTRÉJEAU (3).
AUTERIVE.	SAINT-GAUDENS.
MURET.	BOULOGNE.
CARBONNE.	L'ISLE-EN-DODON.
RIEUX.	AURIGNAC.
MONTESQUIEU-VOLVESTRE.	RIEUMES.
CAZÈRES.	GRENADE.

(1) Solon, *Traité des Servitudes*, n. 215.

(2 et 3). Un jugement du Tribunal civil de Villefranche a admis Montgiscard au rang des lieux qui sont soumis à l'application de l'art. 663, C. civil, et a accordé le droit de clôture. — Le Tribunal de Saint-Gaudens a rendu deux jugements dans le même sens à l'égard de Montréjeau.

135. — Ne devrait-on pas placer également au rang des villes tous les autres chefs-lieux de canton, tout au moins ceux dont les noms suivent ?

MONTASTRUC.	SALIES.
VERFEIL.	FOUSSERET.
NAILLOUX.	SAINT-LYS.
CINTEGABELLE.	

Sans doute, la plupart de ces localités ne sont, si l'on veut, que de grands villages, des bourgs, en un mot ; les actes administratifs ou judiciaires ne les ont peut-être pas encore décorées du nom de ville. Mais toutes les raisons qui ont dicté la disposition de l'art. 663, c'est-à-dire la sûreté commune, le besoin de prévenir les contestations qu'entraînerait un voisinage trop immédiat, et la trop grande facilité des communications, ne trouvent-elles pas dans ces localités aussi bien que dans les grandes villes, toute leur application ?

136. — Ce ne serait même pas là les seules réunions d'habitants qui devraient être considérés comme villes, toujours dans le sens qu'attache à ce mot le législateur, lorsqu'il permet d'exiger la clôture entre cours et jardins : cette dénomination appartiendrait aussi à Baziège, à Avignonet, à Saint-Sulpice, à Martres, au Plan, à Valentine, à Saint-Plancard. Ces localités offrent, en effet, un assez grand nombre d'habitations agglomérées pour qu'on puisse y exiger l'application de l'art. 663, qu'il faut, selon moi, entendre d'une manière plutôt large que restreinte, puisque sa disposition, ainsi que je l'ai déjà fait observer, a pour objet de prévenir de trop fréquents sujets de contestations entre des voisins dont les habitations très-rapprochées ont des communications trop faciles.

Cependant, je dois dire que je n'ai pu découvrir que l'art. 663 ait jamais été forcément appliqué dans aucune de ces localités. Les personnes que j'ai consultées n'ont pu me citer un seul exemple qu'un propriétaire ait appelé son voisin en justice pour le contraindre à faire une clôture mitoyenne entre cours et jardins.

137. — D'après l'art. 663, la clôture est forcée non-seulement dans les *villes*, mais encore dans les *faubourgs*. La raison est la même.

En général, on appelle faubourg une agglomération de maisons en dehors et à très-peu de distance de l'enceinte de ce qu'on appelle la ville, et qui sont plus ou moins rangées : *continentia urbis ædificia. Leg.* 2 et 47, ff. *de verb. signif.* Ces maisons sont ordinairement séparées de la ville par un chemin, par une allée, par un port, par un ruisseau, par une rivière ; et elles sont contiguës ou par les bâtiments, ou par les cours et jardins. Aussitôt que cette contiguïté cesse, les faubourgs n'existent plus.

138. — Mais il n'est pas non plus facile de reconnaître précisément à quel point finit le faubourg d'une ville qui peut avoir une partie de son territoire composée de propriétés purement rurales, ou de maisons isolées et destinées à la simple exploitation ou à l'agrément, sans tenir aux habitations agglomérées. « Les plans et les cadastres, dit encore M. Pardessus, n° 148, faits par ordre des autorités compétentes, peuvent fournir des renseignements précieux. Malgré les inconvénients qu'il y a de laisser à l'administration la décision d'une contestation purement civile, elle seule, dans ce cas, pourrait déclarar si les deux propriétés qu'il s'agit de séparer par un mur de clôture font ou non partie des murs de la ville, et les tribunaux ne pourraient se dispenser de baser leurs jugements sur les déclarations que l'administration ferait en pareil cas. » Tel est également l'avis de M. Paillet, en son *Commentaire* de l'art. 663, C. civil.

139. — Dix villes seulement parmi celles que j'ai désignées ont des faubourgs proprement dits : Toulouse, Villemur, Revel, Auterive, Muret, Montesquieu-Volvestre, Saint-Béat, Bagnères-de-Luchon, Saint-Bertrand, Montréjeau

140. — Il arrive, quelquefois, que la cour où le jardin pour lequel on demande la clôture sont placés de manière

à laisser douter s'ils sont dans un faubourg ou au-delà. En pareil cas, dit M. Solon, *loc. cit.*, il n'est pas de bases plus sûres que celles que l'on trouve dans les circonscriptions faites pour la perception de l'octroi. L'art. 663 est applicable à tous les immeubles qui sont dans l'octroi; il ne l'est pas aux immeubles situés en dehors.

141. — La hauteur de la clôture dépend des règlements locaux ou usages constants et reconnus. A défaut de règlements ou d'usages, l'art. 663 l'a déterminée d'une manière générale pour les constructions postérieures à la promulgation du Code; quant aux murs antérieurement construits à une moindre hauteur, si la coutume ou les usages constants et reconnus n'exigent pas une hauteur plus considérable, ils doivent subsister jusqu'à ce qu'il y ait lieu à les reconstruire.

142. — Dans nos cantons, les usages, relativement à la hauteur de la clôture varient tellement, qu'il m'a été bien difficile d'en trouver tels que la loi les voudrait, c'est-à-dire *constants* et *reconnus*. Cependant, voici, d'après les renseignements que j'ai recueillis, quelle est la hauteur ordinaire des murs de clôture mitoyens actuellement existants :

TOULOUSE. — La hauteur des murs de clôture est fixée par les art. 2 et 3 de la *Coutume*, savoir : à l'égard des maisons, jusqu'aux toits inférieurs; et à l'égard des jardins, jusqu'à dix empans (2 m. 22 c. 1|2), à prendre du rez-de-chaussée. Voici les termes de l'art. 3 : *Item est usus et consuetudo Tolosæ quod si aliqui habuerint inter se in dictâ villâ vel barriis, aliquas domos seu operatoria, ortos vel casales contiguos et immediatè vicinos, ad requestam et instantiam alterius illorum, debent tali et tenentur facere clausuram seu clausuras inter dictas domos et operatoria per medium communiter et communibus expensis, usque ad tecta inferiora, et in ortis et casalibus de pariete usque ad decem palmos de alto.* V. Soulatges, *Coutumes de Toulouse,* 4ᵐᵉ part., p. 130.

VILLEMUR. — Il est d'usage constant et reconnu que

la hauteur de la clôture exigible entre voisins doit être de 2 m. 73 c. (12 empans, ancienne mesure du pays).

REVEL. — Il est d'usage de donner aux murs de clôture une hauteur de 2 mètres 6 décimètres.

VILLEFRANCHE. — La hauteur la plus ordinaire de la clôture entre voisins est de 6 pieds, compris le chaperon, mais non la fondation.

CARAMAN. — Pas d'usage.

MONTGISCARD. — On s'en réfère aujourd'hui à la hauteur fixée par le Code civil.

AUTERIVE. — Pas d'usage.

MURET. — Pour les murs en maçonnerie destinés à servir de séparation entre cours, la hauteur n'a rien de constant ; on peut dire qu'il n'existe pas d'usage en cette matière. Aussi, en cas de contestation, le Tribunal civil de cette ville prescrit-il la hauteur fixée par l'art. 663 (jugement du 12 juin 1844, aff. Pons et Saint-Béat).

Les paillebarts pour murs de clôture entre jardins ont ordinairement 1 m. 80 c. de hauteur et de 45 à 65 centimètres d'épaisseur. Cette épaisseur va en diminuant jusqu'au chaperon.

CARBONNE. — Pas d'usage.

RIEUX. — On s'en réfère au Code civil. Toutefois, les murs de clôture n'ont pas toujours la hauteur fixée par le Code. Cette hauteur n'est, bien souvent, que de 1 m. 50 c.

MONTESQUIEU-VOLVESTRE. — On suit les dispositions de la *Coutume de Paris* qui, dans son art. 209, fixe la hauteur des murs de clôture à 10 pieds de haut du rez-de-chaussée, compris le chaperon.

CAZÈRES. — 2 mètres. Dans beaucoup de localités, ont dit encore 9 empans. C'est la hauteur qu'indiquent tous les ouvriers.

SAINT-MARTORY. — L'usage est de donner aux murs de clôture 2 mètres de hauteur, chaperon compris.

ASPET. — Pas d'usage ni de règlement.

SAINT-BÉAT. — *Idem.*

BAGNÈRES-DE-LUCHON. — *Idem.*

SAINT-BERTRAND. — *Idem.*

MONTRÉJEAU. — *Idem.*

SAINT-GAUDENS. — *Idem.*

BOULOGNE. — *Idem.*

L'ISLE-EN-DODON. — La hauteur de la clôture exigible entre voisins doit être, chaperon et larmier compris, de 3 m. 573 millimètres (11 pieds, ancienne mesure).

RIEUMES. — Il n'y a pas d'usage bien établi. Cependant, d'ordinaire, on donne aux murs de clôture une hauteur d'environ 1 m. 75.

GRENADE. — Pas d'usage.

143. — Quant aux matériaux de la clôture et au mode de construction, le Code n'en parlant point, il faudra encore observer les coutumes et usages des lieux qu'il est juste de maintenir. Dans telle localité, on se procure facilement la pierre ; dans telle autre, on fait de la brique à peu de frais ; dans une troisième, on ne trouve ni brique ni pierre, et l'on fait des clôtures en bois. Il est donc juste que chacun ait le droit d'employer à la construction d'un mur de clôture les matériaux qu'une convenance réciproque, un intérêt commun ont fait généralement employer dans les pays où ce mur va se faire.

On rencontre, dans une grande partie de notre département, de vastes étendues de terrain dont le sol, composé d'alluvions ou de dépôts marneux, est entièrement dépourvu de pierres à bâtir. Dans ces localités, les matériaux sont si chers, que les propriétaires sont obligés d'avoir recours à des moyens moins coûteux pour construire leurs édifices. Le pisé et la brique crue y remplacent la maçonnerie de moellons et la pierre de taille. Dans certains cantons, ce sont les murs en brique et cailloux, tantôt avec chaux et sable, tantôt avec ciment de terre et les paillebarts, qui sont usités pour les clôtures.

144. — Les murs en pisé ou les parois se font avec de la terre que l'on serre à petit coup dans un encaissement en planches.

145. — Les paillebarts se construisent en mêlant à de la terre mouillée (celle dite *boulbenne*, terre argilo-sablonneuse, est la meilleure), une certaine quantité de chaume, de jonc ou de paille. On pétrit en piétinant avec soin le tout ensemble, et l'on élève ensuite en muraille, couche par couche, cette terre ainsi préparée, en ayant soin de la bien tasser et de ne mettre les couches supérieures que lorsque les inférieures sont suffisamment sèches. Quand le paillebart a la hauteur voulue, on le pare et on le polit extérieurement avec la houe. Ce genre de muraille, quand il est bien fait, est singulièrement solide.

Les paillebarts sont ordinairement recouverts avec de la bruyère ou de la brande sur toute leur étendue, et, sur cette bruyère ou brande, on met une dernière couche de paillebart.

146. — Dans les pays de montagne, on n'emploie ni le pisé ni le paillebart. Les murs de clôture y sont bâtis en moellons ou cailloux, avec ou sans chaux et sable.

Du reste, voici, à cet égard, les usages suivis :

TOULOUSE. — Je copie Soulatges, *Cout. de Toulouse,* 4ᵐᵉ part., p. 430 : « Suivant l'usage observé à Toulouse, il n'y a que les murs qui séparent les maisons qui doivent être bâtis en brique et en mortier, afin d'éviter les incendies, comme il est porté par l'arrêt du Conseil du 10 juillet 1744 ; mais à l'égard des clôtures qui séparent les cours et jardins dans la ville ou dans les faubourgs, les propriétaires ont la liberté de les faire en brique ou en terre, le motif du règlement fait pour les murs de séparation des maisons cessant à l'égard des clôtures des cours et jardins. — En effet, le cas s'étant présenté à l'audience de la grand-chambre de ce Parlement, le 6 avril 1762, en la cause des héritiers de feu sieur Gaffier et du sieur Raymond, à raison d'un mur de clôture qui séparait deux jardins situés au quartier des Pénitents-Blancs, il fut rendu arrêt qui ordonne que cette clôture serait faite en paroi ou en tapie, quoique les héritiers dudit feu Gaffier prétendissent qu'elle devait être faite en brique. — Aussi voyons-nous dans la ville, ajoute Soulatges, des cours et des jardins séparés par des murs de terre qu'on laisse subsister, parce qu'il n'y a que les gens riches qui, pour leur commodité ou la décoration de leurs cours ou jardins, ont fait faire les clôtures en brique, et que d'ailleurs des clôtures de cette espèce ne peuvent causer aucune incommodité aux deux voisins, comme peuvent faire les murs qui séparent les maisons. »

Aujourd'hui, dans la *ville* de Toulouse, les murs de clôture qui séparent des cours ou des jardins, sont généralement en brique et cailloux, avec mortier de terre et chaux. Il y a aussi des clôtures en pisé et en paillebart; mais c'est pour ainsi dire une exception à la règle générale actuelle, et en cela il y a modification de l'ancienne coutume, qui avait adopté, ainsi qu'on vient de le voir, les murs de terre pour la clôture des cours et des jardins.

Un jugement du Tribunal civil de Toulouse, du 26 avril 1854, rendu à l'occasion de la reconstruction d'un mur en terre qui séparait deux jardins situés à l'extrémité du faubourg Saint-Michel, et que l'un des voisins soutenait devoir être refait en brique et cailloux, a autorisé la reconstruction en terre du mur litigieux conformément à l'ancienne coutume, mais il s'agissait, comme je viens de le dire, d'un mur de clôture non dans la *ville*, mais à l'extrémité de l'un des *faubourgs* de la ville.

VILLEMUR. — Dans la ville, on fait les murs de clôture en brique cuite, sans chaux. Dans les faubourgs, les murs de clôture sont généralement en paillebart.

CARAMAN. — Les matériaux employés le plus souvent sont les moellons et la brique, avec ou sans chaux et sable; la chaux est remplacée par un mortier de terre glaise.

REVEL. — Les moellons avec chaux et sable.

VILLEFRANCHE. — Les moellons, la pierre ou la brique, jamais le caillou, qui est assez rare. Le mortier est le plus souvent de terre.

MONTGISCARD. — Le paillebart et les murs en brique. Les murs en brique cuite sont obligatoires pour la séparation des cours.

AUTERIVE. — Tantôt le paillebart, tantôt les murs en cailloux et en brique, avec ou sans chaux, suivant l'aisance des particuliers.

MURET. — Le pisé n'est presque jamais employé. — Ordinairement, c'est le paillebart dans les faubourgs et dans la ville pour la séparation des jardins. Mais la clôture, dans la ville, pour la séparation des cours, se fait presque toujours en brique forane, et souvent, pour cause d'économie, on emploie des cailloux avec la brique. Le mortier est de terre mêlée de sable.

CARBONNE. — Comme à Auterive.

RIEUX. — Pour les cours, on emploie seulement dans les fondations de la brique, des cailloux et de la chaux; le surplus est construit en mortier de terre. Le pisé et le paillebart ne sont employés que hors de la ville

MONTESQUIEU-VOLVESTRE. — Les murs de séparation entre cours sont construits en brique et cailloux, à chaux et sable, à l'exposition du couchant. Pour toute autre exposition, on emploie la brique douce ou de taille dite *rougette*, et les cailloux avec mortier de terre et sable. Dans tous les cas, les fondations sont construites en brique biscuit et cailloux ou moellons, à chaux et sable. Le pisé et le paillebart ne sont plus en usage.

CAZÈRES. — Les cailloux et la brique avec chaux et sable.

SAINT-MARTORY. — Ni pisé, ni paillebart. Les murs de clôture sont bâtis en moellons ou cailloux, avec chaux et sable, ou avec terre crépie à chaux et sable.

ASPET. — Généralement, le moellon avec chaux et sable.

SAINT-BÉAT. — Le moellon seul avec ou sans mortier.

BAGNÈRES-DE-LUCHON. — Généralement, le moellon sans chaux ni sable.

SAINT-BERTRAND. — Quelquefois le pisé, mais généralement les moellons, les cailloux avec ou sans chaux et sable.

MONTRÉJEAU. — Les murs de séparation sont généralement construits en pierre avec chaux et sable. Le paillebart et le pisé, beaucoup employés pour la construction des bâtiments, ne sont point usités pour la clôture des propriétés.

SAINT-GAUDENS. — Les matériaux employés pour les murs de clôture sont les cailloux de Garonne, avec mortier de chaux et sable.

BOULOGNE. — Les moellons avec chaux et sable. Depuis peu de temps, on emploie quelquefois le paillebart comme clôture extérieure des cours et jardins.

L'ISLE-EN-DODON. — Le pisé, le paillebart et la brique crue sont fréquemment employés. Les moellons, les cailloux et la brique avec ou sans chaux et sable, sont mis quelquefois en usage, mais c'est par exception.

AURIGNAC. — Les murs de clôture sont généralement construits avec de la pierre et de la terre, et sont crépis avec du mortier franc. On en fait aussi quelques-uns avec du *pisé*.

RIEUMES. — Pour les jardins, le paillebart presque toujours; pour les autres murs de clôture, les cailloux avec chaux et sable.

GRENADE. — Le paillebart est le plus généralement employé pour les clôtures des jardins. Si la tuile est employée, c'est presque toujours sans chaux.

146 (*bis*). — Dans le cas où il dût être fait aux autres agglomérations d'habitants que j'ai ci-dessus indiquées application des exigences de l'art. 663, voici quelle est la nature des matériaux qui sont habituellement employés pour les murs de clôture dans ces localités :

MONTASTRUC. — Le pisé et le paillebart.

VERFEIL. — *Idem.*

NAILLOUX. — Tantôt le pisé ou le paillebart, tantôt le moellon, les cailloux et la brique avec ou sans chaux.

CINTEGABELLE. — *Idem.*

SALIES. — Le moellon et les cailloux avec chaux et sable.

FOUSSERET. — Pour les jardins, le paillebart presque toujours ; pour les autres murs de clôture, les cailloux, la brique avec chaux et sable.

SAINT-LYS. — Le paillebart ; quelquefois, les cailloux et la brique, mais rarement.

BAZIÉGE. — Comme à Montgiscard.

AVIGNONET. — Comme à Villefranche.

SAINT-SULPICE. — Fréquemment le paillebart; rarement les cailloux et la brique.

MARTRES. — On se sert de cailloux sans briques, quelquefois de moellons. Les murs sont ensuite crépis avec un ciment fait avec de la chaux et du sable, ou bien avec avec de la terre et du sable.

LE PLAN. — La roche, le moellon avec de la terre détrempée pour ciment.

VALENTINE. — Comme à Saint-Gaudens.

147. — La loi n'a parlé, lorsqu'elle a déterminé la hauteur du mur de clôture, ni de son épaisseur, ni de la profondeur de ses fondations. La raison est que l'épaisseur d'un mur et la profondeur de ses fondations ne dépendent

pas uniquement de sa hauteur, mais encore de la nature des matériaux qu'on emploie et du terrain sur lequel on le construit. Or, ainsi que je l'ai déjà dit, chaque contrée a des matériaux qui lui sont propres, et le terrain est fort solide dès la surface dans un endroit, tandis que dans d'autres, il faut fouiller profondément pour trouver de quoi poser solidement les fondations. Il n'a donc pas été possible d'indiquer dans la loi ni l'épaisseur du mur, ni la profondeur à laquelle il faut l'asseoir. Il faut, à cet égard, s'en rapporter à l'ouvrier.

On peut dire, en général, que quand on exige du voisin sa contribution à la clôture, non-seulement le mur doit avoir la hauteur prescrite, mais encore une épaisseur et une profondeur proportionnée.

148. — Du reste, si les renseignements qui m'ont été fournis sont exacts, les murs de clôture faisant séparation des cours et jardins ont généralement dans notre pays une épaisseur qui varie de 33 à 45 centimètres. Il arrive, quelquefois, que cette épaisseur est réduite à 28 centimètres ; mais ce cas se présente rarement. — Les paillebarts ont, d'ordinaire, à la base, de 45 à 60 centimètres d'épaisseur, quelquefois davantage. Cette épaisseur va en diminuant jusqu'au chapeau, et à cette hauteur, elle est de 30 à 40 centimètres.

§ 18. — Contre-Murs.

149. — L'obligation de ne porter aucun préjudice à son voisin, et même de n'exposer la chose commune à aucun danger ni à aucune dégradation, entraîne certaines précautions. L'art. 674, C. civ., veut que celui qui fait creuser un puits ou une fosse d'aisances près d'un mur mitoyen ou non, qui veut y construire une cheminée ou âtre, forge, four ou fourneau, y adosser une étable, établir contre ce mur un magasin de sel, ou un amas de matières corrosives,

laisse la distance prescrite par les règlements et usages particuliers sur cette matière, ou qu'il fasse les ouvrages prescrits par les mêmes règlements et usages pour éviter de nuire au voisin.

Il eût été à désirer que le législateur eût spécifié ces distances ou indiqué ces sortes d'ouvrages intermédiaires. Mais il est évident qu'une disposition uniforme pour toute la France était impossible sur un pareil sujet. Les précautions à prendre pour ne pas nuire au voisin par des constructions de la nature de celles dont il s'agit, dépendent de la forme de ces constructions, du terrain où elles sont faites, des matériaux que l'on trouve dans chaque pays. De là il est résulté la nécessité de se borner à poser le principe de la loi. Ainsi, partout on doit prendre des précautions pour empêcher que les constructions désignées par l'art. 674 ne portent préjudice au voisin. Ces précautions sont de deux sortes : ou bien on met une certaine distance entre le mur de séparation et la construction qui pourrait nuire; ou bien, quand la distance suffisante n'est pas observée, on fait un ouvrage intermédiaire entre la construction nuisible et le mur de séparation.

150. — Mais quelle distance faut-il laisser? Et au lieu de distance, quel ouvrage intermédiaire faut-il faire?

Il résulte de l'art. 674, et c'est l'opinion généralement admise, que, quand les anciennes coutumes s'expliquent sur les précautions à prendre pour ne pas nuire au voisin, on est tenu de se conformer à leurs dispositions; qu'à défaut de coutumes, on doit recourir aux usages locaux (1); qu'enfin, à défaut d'usages, il faut que les précautions soient suffisantes pour remplir leur objet; et il faut décider que celui-là satisfait à la loi qui prend tous les arrangements nécessaires pour que sa nouvelle construction ne nuise pas au voisin (2).

(1) MM. Toullier, t. 3, n. 330; Duranton, t. 5, n. 402; Pardessus, n. 200; Lepage, t. 1, p. 123.
(2) M. Solon, *Traité des servitudes*, n. 250 et 251; Lepage, t. 1, p. 155; Curasson, *Comp. des juges de Paix*, t. 2, p. 375.

151. — Cela posé, recherchons quels sont, dans le dépar·
tement, les usages relativement à la matière. Je note, avant
tout, qu'antérieurement à la promulgation du Code civil,
il n'existait, nulle part, dans nos cantons, aucun règlement écrit à ce sujet, et qu'il n'en a pas été fait depuis.
L'usage seul fait la règle.

TOULOUSE. — Suivant l'nsage observé à Toulouse,
on doit faire, entre le puits que l'on veut construire et le
mur mitoyen, un contre-mur de 15 pouces (0 m. 42 c.)
d'épaisseur (Soulatges, p. 136).

Le même usage exige 15 pouces de contre-mur entre la
fosse d'aisances et le mur, et 10 pouces pour le canon et
tuyau (Soulatges, *ibid*.). Mais comme les infiltrations des
fosses sont dangereuses; et que, quoique l'on ait observé
les règlements, on n'est pas moins garant des accidents qui
peuvent survenir, on ne doit pas s'en tenir aux dimensions
exigées; il faut apporter à la construction toutes les précautions que l'art peut indiquer (de Saint-Félix-Mauremont, *Architecture rurale*, p. 363).

La coutume de Paris (art. 189), à laquelle se réfèrent les
commentateurs des usages de Toulouse (Soulatges, p. 136 et
137), exige un contre-mur de 6 pouces (0 m. 17 c.) d'épaisseur, et de 5 piéds de hauteur à l'endroit des contre-murs
des cheminées. Mais comme il est maintenant en usage de
garnir cés contre-murs de plaques en fer fondu, ce contre-
mur est censé bien avantageusement remplacé.

La hauteur des souches ou *canons* des cheminées est plus
ou moins considérable, d'après ce que l'expérience enseigne
pour éviter la fumée; mais, d'après les règles suivies à
Toulouse, cette hauteur ne peut être moindre de 4 empans
(0 m. 89 c.) au-dessus des couverts des maisons, de sorte,
dit Soulatges, p. 137, que lorsqu'il se trouve un *canon* de
cheminée qui n'a pas cette élévation, le voisin peut obliger
le propriétaire à le construire en cette forme.

Celui qui veut faire construire une forge, un four ou
fourneau, doit faire un contre-mur de 15 pouces d'épaisseur,
et laisser de plus un intervalle ou vide de 6 pouces (0 m.

17 c.) entre le contre-mur et la forge (Soulatges, p. 136), ce qui s'appelle le *tour du chat* ou *l'ensosement.* Ce vide ne doit être fermé ni sur le haut, ni sur les côtés, et le contre-mur doit s'étendre dans toute la largeur et la hauteur de l'usine.

Le fourneau potager d'une cuisine n'a pas besoin de contre-mur, à moins qu'il ne soit adossé à un pan de bois. Dans ce cas, on doit procéder comme je l'ai expliqué pour les cheminées, ou bien laisser un espace vide de 12 pouces (0 m. 33 c.) entre le fourneau et le pan de bois (de Saint-Félix-Mauremont, p. 362).

Lorsqu'on adosse une étable à un mur mitoyen ou susceptible de le devenir, la coutume de Toulouse exige que l'on construise un contre-mur de 15 pouces d'épaisseur et de 3 pieds (1 m.) de hauteur (Soulatges, p. 136). M. de Saint-Félix-Mauremont fait observer, à la page 362 de son *Architecture rurale,* d'après Desgodets en son *Commentaire* de l'article 188 de la *Coutume de Paris,* relatif à la matière, que, comme ce contre-mur a pour objet d'empêcher les fumiers qui séjournent habituellement dans les étables de détériorer le mur, il est exigible lors même que le mur mitoyen n'est pas celui qui supporte les râteliers. Cette disposition de la coutume, ajoute l'auteur, toujours d'après Desgodets, n'est pas explicitement étendue aux écuries, attendu que les fumiers en sont journellement enlevés; mais si on les y laissait séjourner, il ne pent y avoir de doute qu'elle leur deviendrait applicable.

L'ancienne coutume de Toulouse ne s'expliquait pas sur les magasins de sels ou dépôts de matières corrosives; mais le Code civil en a fait une mention expresse. Or, comme l'usage de Toulouse exige pour les étables un contre-mur de 15 pouces d'épaisseur, et que ce contre-mur est nécessité par l'action corrosive des fumiers, M. de Saint-Félix-Mauremont, p. 363, est d'avis qu'on doit appliquer cette règle aux magasins dont il est ici question, comme à ceux de poisson salé, de salpêtre, etc. Dans ce cas, il est, en effet, d'usage de faire un contre-mur de 28 à 42 centimètres d'épaisseur, contre-mur qui doit avoir en hauteur celle à laquelle s'élèvent les matières corrosives.

Tous les contre-murs dont je viens de parler, avec leurs fondements, sont construits en brique ou autres bons matériaux, avec mortier de chaux et sable.

CASTANET. — Pas d'usage.

FRONTON. — *Idem.*

VILLEMUR. — L'usage ne prescrit un contre-mur que pour les fosses d'aisances. Il exige que les fours soient séparés de la maison voisine par un intervalle de 17 centimètres. Il ne prescrit aucun intervalle pour les forges ou fourneaux.

MONTASTRUC. — Pas d'usage.

VERFEIL. — D'après les anciens usages du pays, celui qui voulait construire un four devait faire un contre-mur de 10 pouces d'épaisseur, ayant quatre empans de hauteur. Il fallait, de plus, que le mur qui servait d'enveloppe au four, fût éloigné du mur mitoyen de trois quarts d'empan. Il paraît que ces usages sont encore obligatoires.

LANTA. — De par l'usage général du canton, celui qui veut faire, contre un mur mitoyen, soit un puits, soit une fosse d'aisances, ou des âtres, fours et fourneaux, ainsi qu'une étable, est obligé de faire bâtir un contre-mur de la largeur d'une brique ordinaire (environ 10 pouces). Ce contre-mur doit être bâti avec du mortier de chaux et sable. Sa hauteur doit arriver jusqu'à la partie du mur mitoyen qui n'a plus besoin d'être défendue de l'infiltration des eaux, urines et excréments, et de la force de la chaleur qui pourrait porter atteinte au mur mitoyen.

CARAMAN. — A défaut de règlements et d'usages constants, on observe les distances et l'on fait les ouvrages prescrits par la *Coutume de Paris* (1), suivant la jurispru-

(1) Je transcris ici les articles de la *Coutume de Paris* touchant la matière qui m'occupe.
Art. 188. — Qui fait étables ou autres choses semblables contre un mur mitoyen, il doit faire contre-murs de 8 pouces d'épaisseur, de hauteur jusqu'au rez-de-chaussée de la mangeoire.
Art. 189. — Qui veut faire cheminées et autres contre un mur mitoyen, doit

dence du Parlement de Toulouse, attestée par Serres en ses
Institutes, p. 3 et 4.

REVEL. — Il est d'usage constant et reconnu que la
Coutume de Paris règle la distance et les ouvrages nécessaires pour les constructions dont parle l'art. 674, C. civil.

VILLEFRANCHE. — Quand un propriétaire fait
pratiquer, contre un mur mitoyen, soit un puits, soit des
fosses d'aisances, il faut toujours un contre-mur. L'usage
le prescrit.

Le contre-mur des puits doit être de l'épaisseur d'un
pied, même de deux pieds si, de l'autre côté, il y a un autre
puits. Il doit embrasser toute la profondeur du puits, tant
que dure le puisage, jusqu'au couvert, s'il y en a.

Le contre-mur à faire pour les fosses d'aisances doit être,
surtout si le réservoir dépasse les fondations du voisin,
d'une épaisseur au moins d'un pied et demi (0 m. 50 c.).
Il doit être aussi large que la fosse et aussi haut depuis le
fond jusqu'au-delà du siége.

Quelques-uns laissent, tant pour les puits que pour les
fosses d'aisances, un intervalle, mais l'usage ne l'exige pas.

On ne fait jamais de contre-mur aux cheminées, à
moins qu'on ne veuille les adosser à un mur en pan de
bois. On se contente de mettre au foyer un contre-mur,
pour empêcher que le mur ne soit insensiblement rongé
par la flamme et par le feu, et le foyer où l'âtre repose,

---

faire contre-murs de tuilots et autres choses suffisantes de demi-pied d'épaisseur.

Art. 190. — Qui veut faire forge, four ou fourneau contre un mur mitoyen,
doit laisser demi-pied de vuide et intervalle entre deux du mur du four ou forge,
et doit être, le dit mur d'un pied d'épaisseur.

Art. 191. — Qui veut faire aisances de privées ou puits contre un mur mitoyen,
doit faire un contre-mur d'un pied d'épaisseur; et où il y a de chacun côté, puits
d'un côté et aisances de l'autre, il suffit qu'il y ait 4 pieds de maçonnerie d'épaisseur entre deux, comprenant les épaisseurs des murs, d'une part et d'autre; mais
entre deux puits suffisent trois pieds pour le moins.

Art. 192. — Celui qui a place, jardin et autre lieu vuide, qui joint immédiatement au mur d'autrui ou au mur mitoyen, et y veut faire labourer et fumer, est
tenu d'y faire contre-mur de demi-pied d'épaisseur; et s'il y a terres jectisses, il
est tenu d'y faire contre-mur d'un pied d'épaisseur.

Art. 217. — Nul ne peut faire fossé à eaux ou cloaque, s'il n'y a six pieds de
distance en tous sens, des murs appartenant au voisin ou mitoyens.

comme partout, sur une petite voûte qu'on substitue au plancher.

Le contre-mur des cheminées adossées à un pan de bois ou *massecanat* doit avoir une épaisseur égale à celle de deux briques foranes droites, jointes ensemble, c'est-à-dire environ 10 centimètres. Ce contre-mur doit être aussi large que toute la cheminée. On doit le prolonger tant que dure la cloison de bois, même jusqu'à la toiture. Il y a des maçons, et c'est la généralité, qui prennent, à l'égard des pans de bois, la précaution suivante :

Ils démolissent toute la partie du *massecanat* jusqu'au faîte qui correspond à la cheminée qu'on veut établir. Ils en ôtent tout le bois qui se trouve dans cette partie, et ils refont le tout en bonne maçonnerie. Ils construisent en même temps, et tout d'une pièce, le contre-mur, qu'on lie avec le mur, de manière que le tout ne fasse qu'un seul corps. Quelquefois, ils vont jusqu'à donner au contre-mur seul une épaisseur égale à celle de trois briques droites au lieu de deux. Comme je viens de le faire observer, ces ouvrages s'étendent jusqu'à la toiture, et dans toute la largeur de la cheminée, au-delà de chaque jambage. On peut seulement diminuer à proportion l'épaisseur du contre-mur, en montant vers le canon.

Le contre-cœur de l'âtre consiste en une plaque en fer ou en fonte. D'autres incrustent dans la muraille mitoyenne ou non une pierre de taille, et les moins riches emploient des briques droites et taillées. Ces plaques n'occupent que la partie la plus essentielle du foyer ; ce n'est que dans les cuisines et les grandes salles où l'on fait beaucoup de feu, qu'elles tiennent quelquefois tout l'espace entre les deux jambages, et jusqu'à la hauteur de la cheminée.

Les maréchaux, les serruriers, les couteliers ne font pas communément de contre-mur à leurs forges. Cependant, les usages bien constants et bien reconnus du pays les y obligent. Ce contre-mur doit être d'un pied d'épaisseur, que les forges soient ou non adossées à un *corondage*. Il doit être aussi haut que la forge jusqu'au premier étage ; et il doit arriver au toit, si la forge est appuyée sur un *torchis* ou pan de bois. Dans tous les cas, ce contre-mur ne peut avoir une hauteur moindre de 6 pieds.

Les précautions sont moindres pour les couteliers qui n'entretiennent pas un feu si continuel et si considérable. Mais toujours l'usage leur prescrit de faire un contre-mur de l'épaisseur de deux grosses briques droites.

L'on vient de voir que pour les forges, un contre-mur suffit ; on ne laisse pas d'intervalle. A l'égard des fours, dont je vais m'occuper, il est d'usage rigoureux qu'on laisse une espace ou entre-deux. A la vérité, ceux qui ont des fours ne laissent pas, en général, cet intervalle dit *tour du chat*. Mais d'après l'usage du pays, ils n'y sont pas moins assujettis. Cela s'observe pour toute espèce de fours, et surtout pour les fours publics. Cet intervalle doit être d'un enpan et demi (0 m. 33 c.), et quelquefois de 2 empans (0 m. 45 c.).

Lorsqu'on veut adosser une étable près d'un mur mitoyen, il faut le garnir d'un contre-mur. Ce contre-mur doit avoir une épaisseur d'un pied (0 m. 33 c.), quelques-uns le font aussi haut que le *râtelier*, mais communément il ne dépasse pas la hauteur du fumier.

Il faut également des contre-murs pour les magasins de sel et autres matières corrosives. Ces contre-murs ont aussi une épaisseur d'un pied, et ils doivent être aussi hauts et aussi étendus que toute la partie du logement auprès de laquelle on entasse le sel et tous les amas corrosifs. Néanmoins, depuis quelques années, les marchands de sel, qui ont compris que le contre-mur ne préserverait pas assez le mur mitoyen du salpêtre qui le rongerait trop promptement, ne font point de contre-mur, mais logent le sel dans une vaste caisse en bois, éloignée de 25 ou 30 centimètres du mur mitoyen. En tout temps, l'on peut s'assurer si l'amas de sel, ainsi contenu, nuit ou non au mur mitoyen.

Toutes les constructions dont je viens de parler doivent être, d'après les usages de la contrée, en pierre, moellons ou briques cuites. Quant au mortier, on emploie, de préférence, le simple mortier de terre pour les cheminées, fours, fourneaux et forges, attendu que le feu corrode et ronge moins ce mortier, tandis qu'on emploie la chaux et le sable pour tous les autres contre-murs.

MONTGISCARD. – On suit d'ordinaire, en cette partie, les usages de Toulouse, sauf qu'en général on ne laisse pas, pour les forges ou fours, l'intervalle dit *tour du chat*.

NAILLOUX. — Pas d'usage ; seulement, pour les fours, on laisse assez généralement un petit intervalle d'environ 20 centimètres.

CINTEGABELLE. — Pour les forges, les écuries et étables de toute nature, les fours, au chef-lieu du canton, on fait un contre-mur d'épaisseur arbitraire, sans laisser d'intervalle. A Gailhac-Toulza et à Esperce, on laisse simplement le *tour du chat*.

AUTERIVE. — On se conforme aux prescriptions de la *Coutume de Paris*. Depuis longtemps, les ouvriers ont adopté cette coutume. On emploie, dans les constructions qu'elle prescrit de faire, les cailloux et la brique cuite avec mortier de chaux et sable.

MURET. — Lorsqu'on fait creuser des fosses d'aisances il est d'usage que l'on fasse un contre-mur de 28 centimètres d'épaisseur, en brique forane, avec mortier de chaux et sable, quelquefois avec mortier de terre.

Point d'usage pour les cheminées ; seulement, on place pour contre-mur, une plaque en fonte ou en terre cuite.

En ce qui concerne les forges des maréchaux, des serruriers et des couteliers, on construit, ordinairement, sur le devant du mur mitoyen, une maçonnerie d'une épaisseur de 20 à 30 centimètres, et c'est devant cette maçonnerie que se fait le feu de la forge.

Pour les fours des boulangers, on laisse toujours un espace vide de 17 centimètres entre les côtés de la voûte de la couronne et le mur mitoyen.

Lorsqu'on adosse une étable contre un mur mitoyen, on fait quelquefois, mais pas toujours, un contre-mur à chaux et sable, en brique forane, de 14 centimètres d'épaisseur. Sa hauteur est indéterminée ; elle est en raison de l'importance de l'étable.

CARBONNE. — Pas d'usage (1) ; seulement, dans les constructions des fours, on laisse d'ordinaire un *tour de chat* de 30 à 40 centimètres.

RIEUX. — Avant la publication du Code civil, on suivait les usages de la ville de Toulouse ; on les suit encore aujourd'hui.

MONTESQUIEU-VOLVESTRE. — On se conforme assez généralement aux prescriptions de la *Coutume de Paris* Toutefois, lorsqu'on construit des fours, des forges près d'un mur mitoyen, on laisse une distance de 33 centimètres. On n'exige que très-rarement des contre-murs. Pour les fosses d'aisances, on fait des contre-murs de 50 centimètres d'épaisseur.

CAZÈRES. — Pas d'usage ; cependant, ceux qui déposent des amas de sel contre un mur mitoyen ou non, le protègent ordinairement par un placage en planches. Les fours sont toujours séparés du voisin par le *tour du chat*, lequel, le plus souvent, a un demi-pied d'étendue (0 m. 17 c.)

SAINT-MARTORY. — On suivait autrefois, et l'on suit encore, la *Coutume de Paris.* L'épaisseur des contre-murs à faire est ordinairement de 35 centimètres : la hauteur et la largeur, selon la surface à garantir. Les matériaux sont les cailloux ou les moellons avec chaux et sable.

SALIES. — De par l'usage, le puits que l'on construit, doit être séparé du fonds du voisin par une distance de 50 à 60 centimètres. Il faut encore construire un mur de soutènement dont la profondeur est égale à celle que l'on

---

(1) Il résulte d'un rapport de M. Bayard, expert-géomètre à Muret, du 25 novembre 1843, homologué par jugement du 27 décembre suivant, qu'il n'est pas d'usage à Noé (canton de Carbonne) d'établir des contre-murs dans l'intérieur des cheminées.

donne au puits. Les matériaux employés sont la pierre rousse, les cailloux et la brique.

Les fosses d'aisances doivent être garnies également d'un contre-mur dont l'usage ne détermine pas l'épaisseur. Mêmes matériaux.

Si les cheminées, les âtres les forges, sont adossés à un pan de bois dit *corondage,* on fait un placage d'une épaisseur d'environ 12 centimètres en brique et en plâtre. On ajoute, pour les âtres seulement, un autre placage d'une épaisseur de 4 centimètres sur une hauteur d'environ 60 centimètres.

Quant aux fours des boulangers, on les construit avec des carreaux en brique, d'une longueur d'environ 30 centimètres.

L'usage exige que les forges, les fours ou fourneaux soient séparés de la maison voisine par un intervalle de 15 à 16 centimètres.

ASPET. — Pas d'usage.

SAINT-BÉAT. — L'usage prescrit pour les fours seulement un intervalle dont l'étendue n'est portée par aucun règlement, ni fixée par aucun usage constant.

BAGNÈRES-DE-LUCHON. — On suit, de par l'usage, la *Coutume de Paris.*

SAINT-BERTRAND. — On se conforme aux prescriptions de la même coutume. On emploie pour faire les constructions dont parle l'art. 674, C. civil, le moellon, les cailloux avec chaux et sable.

MONTRÉJEAU. — De par l'usage, celui qui veut construire un puits, une fosse d'aisance, forge, four ou fourneau, doit faire un contre-mur de 33 centimètres d'épaisseur contre celui du voisin. Ce mur doit être à pierre, chaux et sable. Lorsqu'il n'existe pas de contre-mur, l'usage veut que les forges, fours ou fourneaux, soient toujours séparés de la maison voisine par le *tour du chat* présentant un vide de 33 centimètres.

Toujours, d'après l'usage, le contre-mur dont on doit garantir le mur d'autrui ou le mur mitoyen près duquel on entasse du fumier, doit avoir (0 m. 45 c.) d'épaisseur jusqu'aux dessus du tas.

SAINT-GAUDENS. — De par l'usage, celui qui veut construire un puits ou une fosse d'aisances contre un mur mitoyen ou non-mitoyen, doit faire un contre-mur de 33 centimètres d'épaisseur avec moellons plats et mortier de chaux et sable. S'il y a un puits d'un côté et fosse d'aisances de l'autre, il faut entre deux un mur en maçonnerie de 1 m. 22 c. 1/2 d'épaisseur construit avec les matériaux dont je viens de parler. Entre deux puits, le mur doit avoir 0 m. 89 c.

Lorsqu'on veut établir des fosses à eaux, à fumier, des cloaques, il faut laisser une distance de 1 m. 89 c. avec mur de 33 centimètres.

Pour les étables et écuries, il faut un contre-mur de 0 m. 22 c. 1/2 d'épaisseur. La hauteur doit se fixer à celle de la mangeoire des râteliers.

Aux magasins renfermant du sel, morue salée et autres matières corrosives, l'on doit faire un contre-mur de 30 centimètres d'épaisseur sur toute la hauteur que ces matières occupent.

Celui qui veut construire cheminée, âtre, forge ou fourneau contre un mur mitoyen ou non, doit faire un contre-mur en brique, avec mortier de chaux et sable de 0 m. 17 cent. d'épaisseur, et de 1 m. 60 c. de hauteur. Il est interdit d'établir aucun de ces objets contre les cloisons et les pans de bois même avec contre-mur.

D'après l'usage, les fours doivent être isolés de 0 m. 17 c. du mur mitoyen.

BOULOGNE. — Pour tous les objets spécifiés dans l'art. 674, C. civ., le propriétaire doit, de par l'usage, faire les constructions de manière à ne pas nuire au voisin. Il est toujours tenu de les faire précéder d'un contre-mur avec moellons, chaux et sable, de 17 centimètres d'épaisseur, et de 1 mètre de hauteur, sur toute la longueur nécessaire. Pour les forges et les fours, on laisse un intervalle de 30 centim.

L'ISLE-EN-DODON. — Il y a usage constant et reconnu pour tout ce qui est mentionné en l'art. 674, C. civ.; cet usage est réglé par les dispositions de la *Coutume de Paris*, expliquées par Desgodets. On emploie la brique cuite ou matériaux solides.

AURIGNAC. — Pas d'usage.

FOUSSERET. — L'usage prescrit, pour les fours seulement, de faire un contre-mur de 25 centimètres. On emploie toujours de la brique.

RIEUMES. — On ne peut construire un puits contre un mur mitoyen sans laisser un intervalle de 50 centimètres; si l'on y fait une toiture, la distance doit être de 1 mètre. Avant de commencer les travaux, il faut prévenir le voisin que l'on va faire tous les étaiements nécessaires pour empêcher les éboulements. Le mur du puits doit être construit avec de la brique bien cuite, appelée dans le pays *fiouzel*, de forme circulaire, que l'on confectionne exprès pour cela. Son épaisseur est celle de la tuile ordinaire.

Lorsqu'on construit des fosses d'aisances près d'un mur mitoyen, il faut faire un contre-mur en brique cuite avec chaux et sable, de 30 à 40 centimètres d'épaisseur.

L'usage exige que les forges et les fours soient séparés du mur par la distance du *tour du chat* qui est de 17 à 22 centimètres.

Lorsqu'on veut construire une cheminée près d'un mur mitoyen, si ce mur a une épaisseur de 40 centimètres, et s'il est construit avec de la bonne brique, chaux et sable, l'usage dispense d'y faire un contre-mur.

Pour pouvoir adosser une étable à un mur mitoyen, il faut y construire un contre-mur de 28 à 30 centimètres d'épaisseur, jusqu'à la hauteur du râtelier.

Quand on veut établir contre un mur mitoyen un magasin de sel, il faut y faire un contre-mur avec chaux et sable, d'une épaisseur de 40 centimètres.

SAINT-LYS. — Pour les fosses d'aisances, on établit un contre-mur d'une épaisseur de 45 centimètres depuis la base jusqu'à l'orifice. Les matériaux employés sont la brique et les cailloux, liés avec mortier de terre, quelquefois avec chaux et sable.

LÉGUEVIN. — Pour les puits et les fosses d'aisances, il faut, de par l'usage, faire un contre-mur en brique cuite, à chaux et sable, de 42 centimètres d'épaisseur. A Lévignac, il faut aussi faire un contre-mur pour les étables, les fours des boulangers et les autres fours ordinaires. Au chef-lieu du canton, les forges et les fours doivent être seulement séparés de la maison voisine par le *tour du chat*, dont la largeur est d'environ 12 centimètres.

CADOURS. — Pas d'usage.

GRENADE. — *Idem*.

§ 19. — Tour d'échelle.

152. — Le tour d'échelle est de deux sortes : celui qui constitue une servitude, et celui qui est une propriété.

Le tour d'échelle, considéré comme *propriété*, est un espace de terrain laissé par le propriétaire qui fait construire, afin d'avoir la facilité de travailler aux réparations de son mur ou de son bâtiment, et d'y appliquer une échelle, sans anticiper sur le terrain d'autrui. Le tour d'échelle, dans ce cas, est appelé *investison, ceinture*.

Le tour d'échelle, considéré comme *servitude*, donne au propriétaire du bâtiment auquel elle est due, le droit de placer ses échelles sur l'héritage du voisin pour réparer son édifice. Ce droit, qu'on appelait aussi *échellage*, était admis par certaines coutumes à titre de servitude légale (1) : d'autres coutumes ne l'admettaient qu'autant qu'il était

(1) Merlin, *Rép.*, v. *Tour d'échelle*, parag. 11

établi par titres (1), et le Code civil, en gardant le silence, semble s'être conformé aux principes de ces dernières (2). Ce droit constitue, d'ailleurs, une servitude discontinue, et, aux termes de l'article 691, Code civil, ces servitudes ne peuvent s'établir que par titres; la possession même immémoriale ne suffirait pas pour les établir, sans, cependant, ajoute l'article, qu'on puisse attaquer les servitudes de cette nature dejà (au moment de sa promulgation, le 10 février 1804) acquises par la possession dans les pays où elles pouvaient s'acquérir de cette manière.

153. — Avant la promulgation du Code civil, l'*investison*, c'est-à-dire le tour d'échelle considéré comme propriété, était assez généralement d'usage dans la plupart de nos cantons. Mais, nulle part, il n'était admis de plein droit. Pour le réclamer, il fallait justifier qu'on avait laissé un espace de terrain en dehors du mur, pour le crépir quand il en avait besoin. Depuis le Code, le tour d'échelle paraît être définitivement abandonné. En général, chacun bâtit, de nos jours, à la ligne extrême de sa propriété, tant dans les villes que dans les villages ou hameaux, lorsqu'il ne place point l'égoût de sa toiture du côté du voisin. Dans le cas où l'égoût verse les eaux vers la propriété voisine, il place son bâtiment à une distance égale à l'avancement du toit (3), et

(1) Pothier, 2. *App. au contrat de société*, n. 244

(2) Toullier, t. 3, n. 599; Pardessus, n. 229.

(3) « Je ne connais aucune loi ancienne ou moderne, ni arrêts, ni auteurs, qui, en traitant des servitudes d'égoût, aient fait une distinction entre les égoûts des toitures en tuile à canal et ceux des toitures en brique plate ou ardoise. Ces toitures offrent, cependant, une différence remarquable dans la manière dont les eaux s'écoulent, des unes et des autres ; et dans les pays où la neige tombe en grande quantité, la différence des effets relativement à cette servitude est immense : sur les toitures en ardoise ou brique plate, la neige, qui ne peut demeurer stationnaire à raison de la pente rapide de ce genre de toiture, est jetée à plusieurs mètres loin du mur sur l'héritage du voisin, et y cause souvent des dommages considérables, soit sur des toitures qui en sont brisées, quelquefois affaissées, soit sur des arbres fruitiers, des jardins ou vergers ; tandis que, fondant sur les toitures en tuile à canal, elle ne produit pas plus d'effet que l'eau de pluie. Si le principe qui veut que le propriétaire d'une maison doit établir le toit de manière que les eaux pluviales s'écoulent sur son terrain ou sur la voie publique a été observé, le propriétaire peut-il être passible des dommages causés par la neige, aux termes de l'art. 1382, C. civ. ; ou bien pourrait-il être tenu de laisser un plus grand espace pour le stillicide? *(Observations de* M. Danizan, ancien juge de paix du canton de Montréjeau).

de plus, il laisse en dehors du stillicide une portion de terrain qui varie de 17 à 33 centimètres. Si les maisons sont élevées, l'espace est fixé, en général, de 89 centimètres à 1 mètre (1).

154. — Si, d'après ce que je viens de dire, le tour d'échelle, dans nos cantons, n'a jamais existé comme servitude légale, il a pu et peut exister encore comme servitude conventionnelle. Dès lors, il est utile de connaître quelle doit être sa largeur d'après nos usages. « Lorsque, dans un titre, dit M. Pardessus, n° 237, il est question d'un droit dont l'exercice est déterminé, mais que l'espace de terrain sur lequel on l'exercera ne le soit pas, il faut se décider par la nature des choses et l'*usage*. »

Dans nos cantons, lorsque le titre établit le tour d'échelle sans en déterminer les dimensions, le Code civil ne parlant pas de cette servitude, on doit, d'après les usages anciens des localités que je vais indiquer, en fixer l'étendue, savoir : à Toulouse (2), Castanet, Fronton, Villefranche, Muret, Montesquieu-Volvestre, Bagnères-de-Luchon, Saint-Bertrand, Saint-Gaudens, L'Isle-en-Dodon, Rieumes, Léguevin, à trois pieds (1 mètre); à Verfeil, Revel, Saint-Lys, à quatre empans (0 m. 89 c.); à Lanta, à une canne (1 m. 78); à Auterive, de 80 à 90 centimètres; à Rieux, à 0 m. 97 c.; à Lévignac, à six empans (1 m. 33 c.); à Cadours, à cinq empans (1 m. 11 c.). A Montgiscard, il n'y a pas de lar-

---

(1) Il a été plusieurs fois jugé que le propriétaire d'un édifice est présumé propriétaire, jusqu'à titre contraire, du terrain sur lequel sa toiture, formant saillie, déverse les eaux pluviales. Bordeaux, 20 novembre et 14 décembre 1833 ; Limoges, 26 décembre 1839 (*Mémorial de Jurisprudence*, t. 28, p. 201 et 203 ; t. 41, p. 152) ; Pardessus, n. 213 et 214 ; Solon, n. 308. La question a été formellement résolue dans le même sens par le tribunal civil de Muret, le 16 février 1832, sur la plaidoirie de M. Henry fils, aff. Pagès-c.-Alliens, de Saint-Sulpice. La Cour de Bordeaux a jugé une question identique, le 22 février 1844 (J. du Pal., t. 2 de 1844, p. 404), en décidant que le propriétaire d'un mur dont le chaperon a deux versants, l'un sur son enclos, l'autre sur un terrain extérieur, est présumé, par cela même, n'avoir pas bâti sur l'extrême limite de son héritage, et avoir la propriété d'une portion de ce terrain extérieur. La même Cour a confirmé par un arrêt du 17 décembre 1874 la jurisprudence affirmée par les décisions précédentes. Voir dans le même sens un arrêt de la Chambre des requêtes du 28 février 1872 (D. P. 72. 1. 144.)

(2) Lebrun, *Us et coutumes de la ville de Toulouse*, p. 12.

geur déterminée ; le voisin use du tour d'échelle selon ses besoins, et sans dommages pour celui qui le souffre.

Partout ailleurs, pas d'usage.

155. — D'après un acte de notoriété du Châtelet de Paris, du 23 août 1701, l'étendue de la servitude du tour d'échelle, quand elle était due, était fixée à 3 pieds (1 mètre) de distance. MM. Toullier, n° 663, et Pardessus, n° 237, adoptent cette largeur, et M. Rolland de Villargues, en son *Rép.*, v° *tour d'échelle*, n° 11, dit qu'il est raisonnable, dans les stipulations qui seront faites, de suivre cette fixation, pour éviter l'arbitraire, dans les lieux où il n'y a pas d'usage contraire.

Tel n'est pas le sentiment de M. Solon, au n° 344 de son *Traité des servitudes*. « Le fait plus que le droit donnant naissance au passage dont il s'agit, il est évident, dit cet estimable auteur, qu'il n'est pas possible d'en déterminer exactement la largeur ; seulement, comme on sait que cette largeur doit être suffisante pour placer les échelles et pour en faire le tour, il faut que la hauteur de l'édifice détermine cette distance, c'est-à-dire que la base doit être en rapport avec la hauteur. Il peut arriver que trois pieds ne soient pas suffisants pour placer solidement les échelles qui doivent servir aux ouvriers. Il est évident que, puisque la nécessité fait le droit, elle le fait avec toutes les conditions sans lesquelles il ne serait exercé qu'imparfaitement. »

Ces raisons sont vraies ; mais ce qui ne l'est pas moins, c'est que les servitudes sont de droit étroit et que leur extension ne peut jamais être arbitraire ; et aussi je pense avec M. de Saint-Félix-Mauremont, p. 385, qu'à défaut de coutumes locales, il faut s'en référer à l'acte de notoriété du 23 août 1701, généralement adopté, qui fixe le tour d'échelle à trois pieds de largeur, à partir du parement extérieur du rez-de-chaussée et dans toute la largeur du mur. C'est la règle qui doit être suivie.

§ 20. — Baux à loyer.

ART. 1er — Arrhes.

156. — Quoique le contrat de louage se forme par le seul consentement des parties sur la chose louée et sur le prix, néanmoins, l'usage, dans certains pays et quand il s'agit de locations verbales de maisons, accorde la faculté de se dédire dans un court délai ; si des arrhes ont été données, le locateur qui les a reçues et qui se dédit se borne à les restituer ; et si c'est l'autre partie qui se dédit, ce qu'elle a donné lui est rendu.

157. — Dans notre département, à Toulouse seulement, en matière de petits loyers, on donne quelquefois des arrhes. Si, dans ce cas, le locateur vient à se dédire, il est assujetti à restituer ces arrhes en les doublant ; et si c'est le locataire, le locateur est autorisé à profiter, à titre d'indemnité, de celles qu'il a reçues.

ART. 2. — Meubles garnissant la maison louée.

158. — Le privilége attribué au bailleur par l'art. 2102, C. civ., sur tout ce qui garnit la maison louée, ne peut avoir de résultat utile qu'autant que le mobilier du locataire a une valeur assez grande pour assurer le paiement du loyer. Aussi, l'art. 1752 dispose que le locataire qui ne garnit pas la maison de meubles suffisants, peut être expulsé, à moins qu'il ne donne des sûretés capables de répondre du loyer.

159. — Mais de combien de termes le mobilier du locataire doit-il garantir ? C'est le point à constater.

Suivant MM. Delvincourt (1), Duranton (2) et Troplong (3), il n'est pas nécessaire que les meubles soient de

(1) T. 3, *notes*, p. 201.
(2) T. 17, p. 157.
(3) *Du Louage*, t. 2, n. 531.

la valeur du montant des loyers pour tout le temps pour lequel la location a été faite ; le propriétaire est convenablement garanti quand les meubles répondent du terme courant et du terme à échoir, et des frais de vente judiciaire. Telle était la disposition de l'art. 417 de la coutume d'Orléans, qui fixait chaque terme à six mois. A Paris, où les termes sont de trois mois, pour que les meubles soient censés suffisants, il faut, selon le *Répertoire de Jurisprudence*, v. *bail*, § 7, nº 3, qu'en les vendant par autorité de justice, on puisse en tirer au moins le montant de quatre termes, non compris les frais de vente. M. Duvergier, t. 2, nº 16, pense également que c'est une année de loyer que doivent représenter les meubles du locataire.

Dans cette position, il est évident que les juges doivent se décider, d'après les circonstances et la condition du locataire. Mais ils doivent aussi suivre le conseil que leur donne Pothier, *du Louage*, nº 318 : c'est de s'en rapporter à l'usage des lieux quand il est connu. Tel est également l'avis de M. Rolland de Villargues (1) et de M. Troplong (2). En pareil cas, la coutume vaut mieux, dit ce dernier auteur, que toutes les règles *à priori*.

160. — Les loyers, dans presque tous nos cantons, étant payables d'avance, nulle part il n'est d'usage d'exiger la garantie dont parle l'art. 1752, C civ. Le locataire porte son mobilier tel qu'il le possède.

ART. 3. Paiement du prix.

161. — Parmi les obligations imposées au preneur par l'art. 1728, C. civ., il en est une principale, c'est celle de payer le prix du loyer aux termes convenus. Tous les auteurs disent que si les termes du paiement n'ont pas été déterminés par la convention, il faut se conformer aux usages des lieux. Ces usages varient dans chaque localité. A

(1) *Rép. du notariat*, v. *Bail*, n. 296.
(2) *Du Louage*, t. 2.

défaut de convention et d'usages locaux, les loyers s'acquittent annuellement (Despeysses, partie 1re, tit. 2, *du Louage*, sect. 4, no 9 ; Duvergier, t. 1, no 463).

162. — Dans nos cantons, lorsque le contrat ou la convention n'a exprimé aucun terme pour le paiemeut du prix du loyer d'une maison ou d'un appartement, les loyers, d'après les usages à ce sujet, s'acquittent ainsi :

TOULOUSE. — Les loyers se paient de six en six mois et d'avance. Cependant, dans les faubourgs et dans quelques quartiers de l'intérieur de la ville, pour faciliter le paiement du loyer aux artisans peu aisés, on leur permet de s'acquitter par trimestre, mais toujours d'avance.

CASTANET. — Les locataires d'appartement ou de boutiques qui sont, du reste, en fort petit nombre, paient leur loyer de six en six mois et d'avance. Les estachants ne le paient qu'à la fin de l'année, terme échu.

FRONTON. — Comme à Toulouse, par six mois et d'avance.

VILLEMUR. — *Idem.*

MONTASTRUC. — Par semestre et d'avance ou par an, terme échu. A Buzet, par quart chaque trois mois, et d'avance.

VERFEIL. — Par moitié, de six en six mois, en général, terme échu.

LANTA. — Annuellement, terme échu.

CARAMAN. — Par moitié, de six en six mois, et d'avance.

REVEL. — *Idem.*

VILLEFRANCHE. — On est dans l'habitude de louer verbalement à l'année et presque toujours le 1er novembre ou le 1er mai. Il est d'usage qu'à défaut de convention, les loyers se paient de six en six mois et d'avance.

MONTGISCARD. — Chaque semestre, terme échu.

NAILLOUX. — Les loyers sont payables en entier,

terme échu, pour une année entière qui commence au 1er novembre et finit le 31 octobre de l'année suivante. Il y a pourtant des propriétaires qui exigent le paiement d'avance. A Calmont, il est d'usage que les loyers soient payés, terme échu, en deux portions, au 1er novembre et au 1er mai.

CINTEGABELLE. — Au chef-lieu du canton, et à Gailhac-Toulza, on paie de six en six mois et d'avance. Dans les autres communes du canton, si on ne s'explique pas, on paie terme échu.

AUTERIVE. — De six en six mois et d'avance.

MURET. — *Idem.*

CARBONNE. — Lorsque les loyers sont annuels, semestriels ou trimestriels, le paiement se fait par an, par semestre ou par trimestre, en général, terme échu.

RIEUX. — Généralement, les locations ont lieu pour un an, et le prix est payable par semestre, terme échu.

MONTESQUIEU-VOLVESTRE. — Comme dans le canton précédent, les locations se font pour un an. Seulement, le prix, de par l'usage le plus général, est payable fin d'année. Il y en a pourtant qui paient de six en six mois, mais toujours terme échu.

CAZÈRES. — La location est censée faite pour un an ; les loyers s'acquittent par moitié, de six en six mois, terme échu.

SAINT-MARTORY. — Pas d'usage.

SALIES. — Il est d'usage que les loyers s'acquittent de six en six mois et d'avance.

ASPET. — Annuellement, terme échu.

SAINT-BÉAT. — Pas d'usage.

BAGNÈRES-DE-LUCHON. — Par semestre et d'avance.

SAINT-BERTRAND. — Pas d'usage.

MONTRÉJEAU. — De six en six mois et d'avance.

SAINT-GAUDENS. — Pas d'usage fixe. Mais, assez généralement, on paie de six en six mois et d'avance.

BOULOGNE. — Lorsque les parties n'ont pas fixé le terme du paiement du prix du loyer, ce prix ne peut être exigé qu'à la fin de l'année, si le bail est pour un an, ou à l'expiration du semestre, si le loyer est pour six mois.

L'ISLE-EN-DODON. — Le loyer se paie de trois en trois mois et d'avance.

AURIGNAC. — Les uns paient de six en six mois, les autres par année, mais il y en a très-peu qui paient d'avance. En général, on ne paie que terme échu.

FOUSSERET. — Annuellement, terme échu.

RIEUMES. — Pas d'usage bien établi. On paie les loyers par quartier, par semestre ou par an, quelquefois d'avance, plus souvent terme échu.

SAINT-LYS. — Pas d'usage.

LÉGUEVIN. — De six en six mois et d'avance.

CADOURS. — *Idem.*

GRENADE. — Il n'y a point d'usage bien établi sur ce point. Le paiement s'effectue d'avance de trois en trois mois, par semestre ou par an. Les habitants de la campagne ou des communes rurales, mais principalement les brassiers, sont dans l'usage de payer par an.

163. — Dans les baux à loyer stipulés par écrit ou d'un prix assez important, on donne quittance par écrit. Pour les petits loyers, il n'y a pas d'usage. Les uns exigent une quittance, d'autres se contentent de la simple mention que le maître fait du paiement sur ses carnets ; d'autres paient devant témoins ; d'autres, enfin, paient de confiance, sans prendre aucune précaution. Dans ces divers cas, s'il y a ensuite contestation, le paiement s'établit d'après les principes du droit commun.

ART. 4. — Congés.

164. — D'après les arrêtés des 7 pluviôse an VII et 20 frimaire an XIV, art. 2, que j'ai analysés sous le § 1ᵉʳ, art. 1ᵉʳ, page 13 et suivantes, les locations des maisons, jardins et autres ne pouvaient commencer qu'au 1ᵉʳ d'un mois quelconque, en sorte que tous baux, polices ou autres actes à ce relatifs, ne pouvaient dater que de ces époques. En admettant que ces dispositions aient été exécutées pendant quelques jours dans notre département, il faut reconnaître aujourd'hui qu'elles ont perdu toute autorité depuis la publication du Code civil.

165. — Aux termes des art. 1736, 1737 et 1759 de ce Code, tout bail, dont la durée est déterminée, cesse de plein droit au terme fixé ; et si le bail est fait sans terme fixe, l'une des parties peut le faire cesser en donnant congé à l'autre. Mais cette volonté ne doit pas être tellement absolue et exigeante, qu'elle ne laisse à la partie adverse aucun délai pour se reconnaître et prendre ses mesures. Il serait, en effet, contraire à la justice, dit M. Troplong, t. 2, n° 401, que le preneur fût obligé de quitter sur-le-champ le domicile qu'il occupe, au risque de manquer d'un asile propre à le recevoir, lui, sa famille et son mobilier. Réciproquement, ce serait faire tort au propriétaire que d'abandonner les lieux à l'improviste, et de le mettre dans la nécessité de subir des non-valeurs par défaut de location immédiate.

166. — Les habitudes de chacune de nos provinces avaient fixé certains délais qui devaient précéder la résolution du bail, et auxquels la volonté des parties devait se manifester pour être utile. Malgré le désir des rédacteurs du Code civil, de tracer des règles uniformes pour toute la France, ils ont cru devoir, pour ne point blesser ces habitudes, s'en référer, pour le délai des congés, aux usages particuliers de chaque localité. En matière de bail, les usages ont toujours eu beaucoup d'empire.

Voici les usages des divers cantons de notre département:

TOULOUSE. — Les congés doivent être donnés la veille, au plus tard, du jour où commence le nouveau terme, qui dure toujours six mois, à moins de convention contraire. Ils sont donnés soit par acte signifié, soit par déclaration entre parties. On se contente généralement de donner congé dans la quittance du loyer du précédent terme (Soulatges, *Cout. de Toulouse*, p. 383).

CASTANET. — Les estachants peuvent donner ou recevoir congé de leurs locations qui finissent à la Toussaint, jusqu'à la veille de la Saint-Jean. Passé cette époque, la tacite reconduction est de droit.

Pour les loyers d'appartements ou de boutiques, le congé doit être donné ou reçu, au plus tard, la veille du jour où commence le nouveau semestre.

FRONTON. — Au chef-lieu, on se conforme à la *Coutume de Toulouse*. A Bouloc et à Castelnau-d'Estretefonds, le congé est donné trois ou six mois d'avance, selon la manière dont les loyers sont acquittés, d'après la convention des parties. Lorsqu'on n'a pas fixé le terme du paiement, on paie de six en six mois, et alors il faut donner ou demander le congé six mois d'avance.

VILLEMUR. — Six mois d'avance.

MONTASTRUC. — *Idem.*

VERFEIL. — *Idem.*

LANTA. — Tous les congés sont donnés dans ce canton avant la Saint-Jean. Le loyer commence toujours à moins de cas exceptionnel, le 1er novembre.

CARAMAN. — Six mois d'avance, le jour de l'expiration du semestre précédent, lorsque le bail est fait ou présumé fait pour un an ou à tant par an. Dans les autres cas, le délai est de la moitié du terme convenu ou assigné par présomption à la durée du bail.

REVEL. — Au chef-lieu et dans les bourgs du canton,

si les paiements du loyer sont faits de six en six mois, les congés doivent être donnés six mois d'avance, qui commencent à courir du jour du congé. Si, d'après les conventions, les paiements ont lieu par trimestre, le congé doit être donné trois mois d'avance ; dans ce cas, le délai ne commence à courir que du jour de l'expiration du terme.

Les locations des bâtiments ruraux ont lieu à l'année et commencent le 1er novembre. A l'égard de ces locations, les congés doivent être donnés au moins trois mois avant le 1er novembre, sinon la tacite reconduction a lieu pour une autre année entière.

VILLEFRANCHE. — L'usage constant et reconnu est de donner ou de prendre le congé toujours six mois d'avance.

MONTGISCARD. — A défaut de conventions, les baux faits pour un an commencent et finissent le 1er novembre. Alors le congé doit être donné avant le 1er mai précédent, toujours pour sortir le 1er novembre.

Si, par convention, le bail commence et finit un autre jour, il faut, toujours, six mois avant l'expiration fixée pour la sortie. Ainsi, si elle est au 1er mai, le congé doit être donné avant le 1er novembre précédent.

NAILLOUX. — Les congés des maisons dont les locations, ainsi que je l'ai dit plus haut, sont, en général, consenties pour une année entière qui commence au 1er novembre et finit à pareille époque de l'année suivante, sont le plus ordinairement donnés avant le jour de la Saint-Jean.

CINTEGABELLE. — Six mois avant l'expiration du bail, si le bail est à l'année ; quinze jours, s'il est au mois. Les six mois ou les quinze jours doivent être francs. Le congé, par conséquent, doit être donné la veille.

AUTERIVE. — Six mois d'avance.

MURET. — *Idem.*

CARBONNE. — Si le bail est fait pour un an, le congé doit être donné six mois avant l'expiration du bail ; s'il est fait pour six mois, le congé doit être donné trois mois avant l'expiration des six mois.

RIEUX. — *Idem.*

MONTESQUIEU-VOLVESTRE. — Six mois d'avance.

CAZÈRES. — Trois mois d'avance.

SAINT-MARTORY. — Trois mois avant l'expiration de l'année, si la location est faite par année ; la veille du jour qui commence le semestre, ou le trimestre, ou le mois, dans le cas où la location est faite par semestre, par trimestre ou par mois.

SALIES. — Trois mois avant la sortie.

ASPET. — *Idem.*

SAINT-BÉAT. — Pas d'usage constant.

BAGNÈRES-DE-LUCHON. — Six mois d'avance.

SAINT-BERTRAND. — Trois mois.

MONTREJEAU. — *Idem.*

SAINT-GAUDENS. — Trois mois : non pas parce qu'il existe un usage certain à cet égard, mais parce qu'à défaut d'usage, les tribunaux du lieu ont fait cette règle et on s'y conforme. Le délai court à partir de la signification du congé.

BOULOGNE. — De par l'usage, les congés doivent être donnés ou reçus trois mois avant l'expiration du bail.

L'ISLE-EN-DODON. — Trois mois d'avance.

AURIGNAC. — *Idem.*

FOUSSERET. — Six mois avant l'expiration de l'année.

RIEUMES. — Trois mois d'avance, si le loyer se paie par trimestre, et six mois si c'est par semestre.

SAINT-LYS. — D'ordinaire, le congé est donné six mois d'avance.

LÉGUEVIN. — Six mois d'avance.

CADOURS. — *Idem.*

GRENADE. — Trois mois d'avance.

167. — Partout, les délais fixés par l'usage doivent être francs. En conséquence, il faut que le congé soit donné, au plus tard, la veille du jour commençant ces délais.

168. — Le congé, surtout pour les petits loyers, est donné, d'ordinaire, verbalement et à l'amiable (1). On le donne aussi, dans quelques cantons, sur la quittance du loyer du précédent terme (2); dans d'autres, en présence de témoins. Souvent, lorsque le propriétaire ne sait pas écrire, les parties se présentent devant le juge de paix, dans son prétoire, lui demandant acte de la dation et de l'acceptation du congé, et il en est pris note sur le registre de la justice de paix. On ne donne, en général, congé par acte d'huissier, que lorsqu'il y a résistance ou crainte de résistance.

169. — Soit que le bail cesse par l'effet d'un congé, soit qu'il expire de plein droit, aux termes fixés par l'usage des lieux, un délai plus ou moins long, suivant l'importance du bail, est accordé dans plusieurs localités pour faire le déménagement et finir les réparations locatives. Ici, on donne huit jours ; là on en accorde quinze (3).

Mais il ne faut pas se méprendre sur le caractère de ce supplément de quelques jours accordés aux locataires pour le déménagement ; c'est là un délai de grâce, une concession de faveur ; et aussi, lorsque le déménagement peut, sans inconvénient, être opéré dès le lendemain de l'expiration

(1) Ce mode est sujet à des inconvénients ; l'une des parties pouvant nier le bail, et la preuve testimoniale n'étant pas admissible en cette matière, même lorsque le loyer annuel n'excède pas 150 fr. V. *supra*, p. 20, *note*.

(2) Ce mode présente des dangers pour le propriétaire qui ne se fait pas remettre un double de la quittance ; elle peut, en effet, être supprimée par le locataire qui, pour justifier, lui, le paiement du dernier terme, exigerait le serment du bailleur, lequel ne désavouerait point l'avoir reçu.

(3) V. Loysel et de Laurière, *Inst. cout.*, liv. 3, ch. 6 ; Duvergier, t. 2, n. 85 ; Troplong, t. 2, n. 420 ; Rolland de Villargues, v. *congé*, n. 18 ; Curasson, *Comp. des juges de paix*, t. 1, p. 288.

du bail ; lorsque le locataire trouve, ce jour-là, vide la maison dans laquelle il doit entrer, le délai ne doit pas être concédé (1).

170. — Voici, sur ce point, l'usage de nos divers cantons :

A Toulouse, Castanet, Montastruc, Lanta, Caraman, Revel, Villefranche, Montgiscard, Muret, Aspet, Bagnères-de-Luchon, Montréjeau, Aurignac, Léguevin et Cadours, l'usage n'accorde aucun délai. A Fousseret, d'ordinaire, on accorde quinze jours ; à Saint-Lys, huit ou dix jours.

A Rieux et à Saint-Martory, l'usage d'accorder un délai existe, mais il n'y a rien de précis quant à sa durée. Seulement, à Saint-Martory, ce délai peut aller jusqu'à trois mois. Il devrait paraître long dans une localité où les maisons en location sont communes ; mais dans un canton rural où il y en a très-peu, le délai est souvent nécessaire au locataire pour trouver un autre logement.

A Saint-Béat, pas d'usage ; mais si les parties viennent en justice, le juge accorde presque toujours un délai moral pour donner au locataire le temps de vider les locaux et de s'en procurer d'autres.

Partout ailleurs, pas d'usage.

171. — Le locataire, avant l'expiration de sa location, est-il obligé de *laisser voir* son appartement par les personnes qui voudraient le louer ? — Il n'y a pas précisément obligation, rigoureusement parlant, pour le locataire : ceci est une affaire de convenance ; mais il y aurait mauvaise grâce à refuser, lorsque cet usage se pratique dans les grandes villes. Dans nos cantons, il n'y a point de difficulté à cet égard. En général, à partir du jour où le congé est donné, le locataire laisse voir son appartement.

ART. 5. — Tacite-Reconduction.

172. — Si le locataire d'une maison ou d'un appartement

(1) Duvergier, t. 2, n. 68.

continue sa jouissance après l'expiration du temps déterminé par le bail (écrit ou non), sans opposition de la part
du bailleur, il est censé les occuper aux mêmes conditions
pour le temps fixé par l'usage des lieux, et ne peut plus en
sortir ni en être expulsé qu'après un congé donné suivant
le délai fixé par l'usage des lieux. C. civil, art. 1738 et
1759. — C'est la tacite-reconduction.

173. — Mais quel est le temps de possession nécessaire
pour la faire prononcer ? Cette question recevait, autrefois,
des solutions différentes dans les diverses coutumes. On
peut voir l'analyse de leurs dispositions dans MM. Duvergier, t. 2, nᵒ 74 et suiv., et Troplong, t. 2, nᵒ 608 et suiv.
Ces auteurs reconnaissent qu'on ne doit plus attribuer la
puissance et l'autorité des lois aux coutumes qui détermi-
naient avec précision le temps pendant lequel devait durer
la jouissance du locataire pour opérer la tacite-reconduction.
Aujourd'hui c'est aux juges à apprécier les caractères et la
durée de la jouissance du preneur. Mais les mêmes auteurs
conviennent que les usages locaux peuvent avoir de l'in-
fluence pour expliquer l'intention réciproque des parties.
C'est, au surplus, la règle d'interprétation des conventions
donnée par l'art. 1159, Code civil.

174. — D'après les renseignements que j'ai recueillis, il
paraîtrait qu'à Lévignac et dans les cantons de Nailloux,
Cazères, Salies, L'Isle-en-Dodon, Fousseret, Rieumes et
Saint-Lys, aux yeux de beaucoup de personnes, la tacite-
reconduction s'opère, si le lendemain de l'expiration du
bail le locataire ne quitte pas les lieux ou n'est pas
expulsé par le bailleur; à Bagnères-de-Luchon et à Montréjeau, lorsque la jouissance s'est prolongée de 7 à 8 jours;
à Rieux, après le délai de quinzaine. Mais, il faut le dire,
je crois qu'il n'existe nulle part, dans notre département,
des usages assez constants et assez bien établis pour fixer
une règle positive à ce sujet.

175. — Pour prévenir toute difficulté, lorsque l'une ou
l'autre des parties ne veut pas qu'il s'opère de tacite-
reconduction, voici quelles sont les mesures que l'on est

dans l'usage de prendre à cet égard : si c'est le propriétaire qui veut prendre possession de la maison, il se présente le jour fixé pour la sortie du locataire; si c'est ce dernier qui veut se retirer, il vide la maison et remet la clef au propriétaire.

ART. 6. — Mode d'expulsion.

176. — Lorsque le bail est expiré, soit de plein droit, soit après un congé signifié, il peut arriver que le locataire reste en jouissance malgré le propriétaire, et nonobstant une sentence du juge qui lui ordonne de vider les lieux. Quel est le mode d'expulsion suivi en pareil cas?

Ordinairement, le juge, en ordonnant l'expulsion, permet, en cas de refus d'ouverture des portes, de les faire ouvrir par un serrurier, en présence du commissaire de police ou du maire, en la manière accoutumée. Lorsque les portes sont ouvertes, l'huissier fait commandement d'exécuter l'ordonnance, et en cas de refus, il l'exécute, en expulsant et mettant les meubles sur le carreau. C'est l'usage attesté et approuvé par MM. Rolland de Villargues (1), Pigeau (2) et Curasson (3). C'est aussi le mode d'expulsion généralement usité dans notre pays.

177. — Il existe un autre procédé plus expéditif, proposé et chaleureusement défendu comme plus économique et non moins légal par M. Troplong (4), procédé qu'il fortifie de l'autorité même d'un arrêt inédit de la Cour royale de Nancy, du 7 août 1834 : c'est d'enlever les portes et les fenêtres de l'appartement en présence d'un huissier requis. Cet usage, dit M. Troplong, pratiqué dans plusieurs de nos provinces, remonte à l'antiquité la plus reculée; les anciennes coutumes l'autorisaient. On le retrouve en Ecosse, dans

(1) *Rép. du notariat*, v. *Congé*, n. 40 et 41.
(2) T. 2, p. 415.
(3) *Comp. des juges de Paix*, t. 1, p. 303.
(4) *Du Louage*, t. 2, n. 435 et suiv.

ce pays où règne au plus haut degré un esprit pratique et moral. « On commence, dit Walter-Scott (1), à enlever le toit des chaumières et à jeter par terre les portes et fenêtres, mode d'expulsion très-sommaire, très-efficace, qui est encore en usage dans quelques parties de l'Ecosse, quand un fermier se montre réfractaire. »

Mais M. Troplong convient lui-même que plusieurs jurisconsultes respectables condamnent cette pratique. « C'est un mode violent que je n'ai jamais conseillé de suivre, m'écrivait M. Bart, juge de paix du canton nord de Toulouse ; je l'ai toujours trouvé peu digne, parce qu'il est contraire à cet excellent principe qui dit qu'il n'est pas permis de se faire justice soi-même ; je l'ai trouvé dangereux, parce qu'il pourrait donner lieu à des collisions quelquefois sanglantes. » J'ajouterai avec M. Curassoh que c'est là un usage abusif et intolérable dans un pays policé.

178. — Quoi qu'il en soit, je dois constater que ce mode d'expulsion, si rigoureux, a été pratiqué quelquefois dans notre département ; car, dans les cantons de Nailloux, Caraman, Montgiscard, Muret, Carbonne, Rieux, Montesquieu-Volvestre, Cazères, Rieumes et Léguevin, on a même vu des propriétaires enlever les portes et les fenêtres et une partie de la toiture pour forcer le locataire à sortir lorsqu'il n'offrait point de garantie. En général, pourtant, un huissier, assisté de recors, ou le garde-champêtre, se borne, ainsi que je l'ai dit plus haut, à mettre les meubles du locataire à la rue.

ART. 7. — Location de meubles.

179. — Lorsqu'on a loué sans terme préfix des meubles destinés à garnir une maison entière, un corps de logis, une boutique, un appartement, la loi trouve dans la destination des meubles une suffisante indication du terme que les parties sont censées avoir voulu apposer à leur conven-

---

(1) *Guy Mannering*, chap. 8, trad. de M. Defauconpret.

vention. L'article 1757, Code civil, veut que le bail soit censé fait pour la durée ordinaire des baux des maisons, corps de logis, boutiques et autres appartements, d'après l'usage des lieux. Je ne puis donc que renvoyer à ce que j'ai dit plus haut, article 4, pour la durée de la location des maisons.

ART. 8. — Location d'appartements garnis.

180. — L'article 1758, Code civil, s'occupe des baux d'appartements garnis. Dans ces sortes de baux, la manière dont le prix est fixé peut fournir l'indication du temps pour lequel le bail est consenti. Il est censé fait à l'année, dit l'article précité, quand il a été fait à tant par an; au mois, quand il a été fait à tant par mois; au jour, s'il a été fait à tant par jour. L'usage des lieux ne reprend son empire que lorsque rien ne constate que le bail est fait à tant par an, par mois ou par jour.

181. — Les locations d'appartements meublés sont si peu fréquentes dans nos cantons, qu'il n'y a point d'usage à cet égard; mais on loue dans quelques-unes de nos villes des chambres garnies.

A Toulouse, à Villemur et à Villefranche, les chambres garnies, à défaut de convention, sont censées, de par l'usage, louées au mois, et les termes du loyer sont payables d'avance. A Revel, Muret, les chambres garnies sont également présumées louées au mois, mais le loyer ne se paie que terme échu. A Montréjeau, lorsque rien ne constate que la location d'une chambre garnie est faite à l'année, au mois, au jour, elle est censée faite à l'année, et alors le loyer est payable par semestre et d'avance. Si la location est faite au jour, au mois, ou à la semaine, l'usage est de payer terme échu.

En général, lorsque la location est faite à la semaine ou au jour, on ne paie que lorsqu'on quitte.

ART. 9. — Réparations locatives aux maisons et bâtiments.

182. — Le locataire est tenu des réparations locatives ou de menu entretien, sauf clause contraire. On suppose que ces réparations sont devenues nécessaires par le fait ou la faute du locataire ou des personnes de sa maison.

Longtemps, la législation de ces menues réparations n'a été établie que par la jurisprudence, et leur désignation variait selon les diverses coutumes. Mais le Code civil a converti en loi générale cet usage ancien et raisonnable. Son art. 1754 porte que les réparations locatives ou de menu entretien dont le locataire est tenu, s'il n'y a clause contraire, sont celles désignées comme telles par l'usage des lieux. Cependant, le même article indique certaines réparations qui, partout, et quel que puisse être cet usage, doivent être nécessairement à la charge des locataires. Ces réparations sont celles à faire :

Aux âtres, contre-cœurs, chambranles et tablettes des cheminées ;

Au récrépiment du bas des murailles des appartements et aux lieu d'habitation, à la hauteur d'un mètre ;

Aux pavés et carreaux des chambres, lorsqu'il y en a seulement quelques-uns de cassés ;

Aux vitres, à moins qu'elles ne soient cassées par la grêle ou autres accidents extraordinaires et de force majeure, dont le locataire ne peut être tenu ;

Aux portes, croisées, planches de cloison ou de ferme-ture de boutiques, gonds, targettes et serrures.

Là s'arrête l'énumération donnée par l'art. 1754. Il ren-voie pour le surplus à l'usage des lieux. Mais, dans la plu-part de nos cantons, il y a si peu de locations qu'il n'existe presque pas d'usage en cette matière. Voici tout ce qui résulte des renseignements que j'ai recueillis :

183. — A Salies et à Rieumes, le locataire n'est obligé à

aucune réparation, il est seulement tenu des dégâts qu'il a occasionnés par son fait.

A Cadours, aucune réparation, sauf celle des vitres cassées, n'est à la charge du locataire.

A Revel, les réparations énumérées dans l'art. 1754 ne sont considérées que comme démonstratives et non obligatoires. Le remplacement des vitres cassées et l'entretien des serrures sont les seules dont le locataire soit tenu.

A Toulouse, l'usage a admis l'énumération des réparations de menu entretien faite, d'après Desgodets, par Lepage, en ses *Lois des Bâtiments*, t. 2, p. 144 et suivantes.

Dans les autres cantons, l'usage n'en a spécialement constaté aucune. On s'en réfère à celles énumérées en l'art. 1754, et encore la plupart des locataires abandonnent le logement sans avoir fait aucune de ces réparations. Dans ce cas, pourtant, s'il y avait contestation, c'est le droit commun qui devrait être la règle en cette matière. Or, à cet égard, je renvoie aux commentaires de MM. Ruelle, *Manuel du propriétaire*; Lepage, *Lois des bâtiments*; Pothier, Duvergier, et Troplong, *Contrat de louage;* Rolland de Villargues, *Répertoire du notariat,* v°. *Réparations,* parag. 7, 2ᵐᵉ édit. On y trouve l'énumération de toutes les réparations que l'on considère généralement comme locatives, d'après l'usage.

§ 21. — Louage des domestiques et ouvriers.

184. — La section 1ʳᵉ du chap. 3, tit. 8, du liv. 3 du Code civil s'occupe du *louage* des domestiques et des ouvriers.

On appelle domestiques, dit M. Henrion de Pansey (1),

(1) *Compétence des juges de paix,* ch. 30, n. 2.

tous ceux qui font partie d'une maison, et qui, subordonnés à la volonté du maître, en reçoivent des gages.

Les domestiques sont de deux sortes : ceux dont les fonctions n'ont rien d'avilissant et sont même honorables, et ceux dont les services supposent une dépendance plus absolue. A la première classe appartiennent les bibliothécaires, les précepteurs, les secrétaires, les intendants de maisons. Dans la seconde classe sont compris tous ceux que l'on nomme valets, serviteurs, servantes, et désignés dans les lois sous la dénomination de *serviteurs-domestiques*.

Il ne doit être question ici que des domestiques de cette seconde classe.

185. — Ces domestiques sont encore de deux sortes : ceux qui donnent leurs soins à la personne ou au ménage du maître, tels que les cuisiniers, les valets de chambre et laquais, et ceux qui l'aident principalement dans les travaux agricoles et qui, d'ailleurs, logent et vivent dans sa maison.

186. — Il ne faut pas confondre les *gens de travail* avec les domestiques. Les gens de travail sont ceux qui louent leurs services au jour, au mois, ou pour un temps déterminé, mais qui ne sont point logés et nourris dans la maison de celui pour qui ils travaillent. Tels sont, non-seulement les terrassiers, les moissonneurs, les faucheurs, les vendangeurs, les vignerons et, en général, tous les *journaliers*, c'est-à-dire ceux dont l'engagement peut commencer et finir dans la même journée, mais encore les charrons, charpentiers, menuisiers, couvreurs, maçons, plâtriers, qui vont travailler au jour, au mois ou à l'année dans la maison de la personne qui les emploie (1).

Les gens de travail sont aussi appelés vulgairement *ouvriers*, quoique ce nom paraisse plus particulièrement réservé à ceux qui exercent sous autrui une profession mécanique ou manuelle, et dont les droits et les obligations sont déterminées, soit par la loi du 22 germinal an XI, soit par l'art. 1787 et suiv. du Code civil.

(1) Curasson, *Comp. des juges de paix*, t. 1, p. 439.

187. — Le principe sacré de la liberté des personnes ne permettant pas que l'on puisse engager ses services indéfiniment, la loi veut qu'on ne puisse les engager qu'à temps ou pour une entreprise déterminée. Code civil, art. 1780.

188. — Cela posé, constatons les usages qui se rattachent au louage des domestiques proprement dits, c'est-à-dire des *serviteurs-domestiques;* mais, avant tout, voyons comment se forme ce contrat.

Le contrat de louage des serviteurs-domestiques se conclut presque toujours verbalement et sur parole. Mais dans certains pays, il faut, pour que la convention soit regardée comme parfaite, que le domestique ait reçu des arrhes; autrement, il est autorisé à dire, et le maître a la même faculté, que l'engagement simplement projeté n'était pas obligatoire. Ordinairement, la tradition des arrhes ne consomme l'engagement qu'après le délai de vingt-quatre heures (1). Du reste, il faut en ce point comme en tant d'autres de la matière du contrat de louage, observer les usages des lieux lorsqu'ils sont constants.

189. — A Lévignac, dans le canton de Léguevin, le maître reçoit assez souvent des arrhes des domestiques, lorsque ceux-ci se louent dans des foires exprès pour les travaux de la moisson. Le domestique donne alors des arrhes qu'il perd s'il ne se rend point au jour fixe convenu.

Dans le canton de Villemur, on donne quelquefois, mais très-rarement pourtant, des arrhes en matière de location de domestiques. Si c'est le domestique qui les donne, il les perd s'il ne vient pas au temps convenu chez le maître qui l'a loué; si le maître refuse de le recevoir, il doit lui rendre au double les arrhes qu'il a reçues. Si c'est le maître qui donnne des arrhes, il les perd s'il ne veut pas recevoir le domestique; et si le domestique ne veut pas entrer au service du maître, il lui restitue les arrhes au *double.*

(1) Henrion de Pansey, ch. 30, n. 2; Duranton, t. 17, n. 233.

Partout ailleurs, ni les domestiques ni les maîtres ne donnent jamais des arrhes. On ne se plaint pas si la convention n'est pas exécutée, et on reste dans les mêmes termes qu'auparavant. C'est du moins ce qui se pratique le plus communément.

190. — L'art. 1780, C. civ., ne fixe pas la durée du temps pendant lequel un individu peut engager ses services. Or, il nous paraît que lorsque la durée du louage n'a point été fixée par la convention, on doit encore se diriger par les usages des lieux.

Partout, dans le département, les domestiques attachés à la personne, tels que cuisiniers, valets de chambre, laquais, bonnes, se louent *à tant par an*. Mais il faut remarquer que, quoique loués à tant par an, ils ne sont pas censés loués pour cette période de temps. L'année n'est prise en considération que pour la fixation des gages. L'engagement en lui-même n'est indéfini, sauf les cas de résiliation, en sorte que les domestiques peuvent sortir comme on peut les renvoyer dans le courant de l'année (v. *infrà*). — Seulement, il faut distinguer avec M. Duranton (t. 17, n° 229), entre le louage *à tant par an* et le louage de service pour *une année*. Dans ce dernier cas, le contrat ne peut, sauf des circonstances extraordinaires, être rompu arbitrairement avant l'expiration du terme fixé.

191. — Lorsque le maître ou le domestique loué *à tant par an*, veut mettre fin au louage, la rupture doit être précédée d'un congé ou avertissement qui est toujours verbal. Ainsi, le domestique doit prévenir le maître un certain nombre de jours d'avance, pour qu'il puisse se procurer un autre serviteur ; et, réciproquement, le maître doit prévenir le domestique pour qu'il cherche une autre place. Dans plusieurs villes, l'avertissement est donné par le maître au domestique ou par le domestique au maître huit jours d'avance.

Le maître a même le droit de renvoyer sur-le-champ son domestique en lui payant ses gages et sa nourriture pour les huit jours, lorsque les motifs du renvoi ne sont point graves, et sans ce supplément si le maître a des causes justes et raisonnables de mécontentement (1).

192. — Voici quels sont, sur ce point, les usages de nos cantons :

TOULOUSE. — Le délai entre le congé et la sortie est ordinairement de huitaine, soit en faveur du maître, soit en faveur du domestique, à moins de quelque fait grave qui doive lui faire perdre le bénéfice de ce délai.

D'après l'usage, le maître peut renvoyer *immédiatement* son domestique qui demande congé, en lui payant le montant de la huitaine, c'est-à-dire les 8|365ᵐᵉˢ des gages; si le domestique veut, de son côté, sans motif plausible, quitter *immédiatement* son maître, celui-ci peut retenir sur les gages le montant de ladite huitaine.

CASTANET. — *Idem.* Toutefois, dans ce canton, lorsque le maître veut que son domestique sorte immédiatement de chez lui, il doit, en réglant ses gages, lui compter, non-seulement les huit jours de gages, mais encore une indemnité pour la nourriture et le logement pendant ces huit jours.

FRONTON. — Comme à Toulouse.

VILLEMUR. — Les maîtres et les domestiques sont tenus de se donner respectivement huit jours, afin de trouver, dans ce délai, le domestique une nouvelle place, et le maître un nouveau domestique.

MONTASTRUC. — *Idem.*

VERFEIL. — Comme à Castanet.

LANTA. — Comme à Toulouse.

CARAMAN. — Le délai de grâce stipulé par l'usage, tant en faveur du maître qu'en faveur du domestique, est de huitaine; mais aussitôt le congé dénoncé par le domes-

(1) V. MM. Duranton, t. 17, n. 229 ; Duvergier, t. 2, n. 289, 296 et 297 ; Troplong, n. 861, 868; Zachariæ, t. 3, p. 36; Pothier, n. 173 ; Rolland de Villargues, v. *Domestique*, n. 7 ; Coin-Delisle, *Encyclopédie des juges de paix.* de M. Victor Augier, t. 2, p. 372 et 373.

tique, le maître peut le renvoyer en lui payant les gages échus.

REVEL. — Sans avertissement préalable, le domestique est libre de quitter son maître, et le maître libre de renvoyer son domestique, sans indemnité de part ni d'autre. Les gages sont payés eu égard au temps couru.

VILLEFRANCHE. — Comme à Toulouse. — Lorsque le domestique donne congé, il est rare que, le maître le renvoie sur le champ, sous le prétexte que puisqu'il veut s'en aller, il doit avoir déjà trouvé. Il le peut à la rigueur ; et si cela avait lieu, le maître ne serait tenu à aucune indemnité : il suffirait qu'il payât au domestique tous les gages échus au moment de sa sortie.

MONTGISCARD. — Comme à Villemur.

NAILLOUX. — A moins de cause grave, il y a toujours, entre le congé et la sortie, un délai de grâce tant en faveur du maître qu'en faveur du domestique. Ce délai est de huitaine ; c'est le délai le plus ordinaire. Quelquefois, à Calmont, lorsque le maître donne congé à ses domestiques, il accorde un délai de huit ou quinze jours, souvent un mois pour la sortie. Il paie les gages jusqu'alors. Si, au moment où le maître donne congé, le domestique veut s'en aller de suite, le maître paie les gages échus, et le domestique se retire.

CINTEGABELLE. — Au chef-lieu, point de délai ni d'indemnité à accorder : *temps servi, temps payé*. Partout ailleurs, notamment à Gailhac-Touïza, on accorde d'ordinaire un délai de huitaine. Il faut des circonstances graves pour agir contre cet usage.

AUTERIVE. — Il est d'usage que le maître et le domestique se donnent réciproquement huit jours, qu'il dépend de chacun d'eux d'accepter ou de refuser. Il n'y a d'indemnité dans aucun cas.

MURET. — Le domestique qui veut quitter son maître est tenu de le prévenir huit jours avant sa sortie. Le maître peut le renvoyer aussitôt après lui avoir payé ses gages, et cela sans indemnité. Ce délai de huit jours accordé au maître, est tout en sa faveur, et il lui est loisible de ne pas en profiter. Lorsque c'est le maître qui donne le congé, il est tenu de donner huit jours au domestique pour que celui-ci ait le temps de se procurer une place. Il doit lui payer aussi les gages de ces huit jours, soit que le domestique reste, soit que le maître exige qu'il sorte immédiatement ; mais si le domestique veut se retirer aussitôt, il ne peut exiger que les gages échus.

CARBONNE. — En général, on se donne mutuellement quelque délai, huit ou quinze jours, pour se pourvoir.

RIEUX. — Il est d'usage d'accorder un délai de huit jours. Les obligations sont réciproques entre le maître et le domestique.

MONTESQUIEU-VOLVESTRE. — Comme à Muret.

CAZÈRES. — Il n'existe point d'usage bien établi. Quelques personnes disent qu'on accorde huit jours ; mais on croit plus généralement qu'on n'est pas tenu d'accorder un délai. Il est cependant assez rare que le domestique n'avertisse pas son maître quelques jours avant sa sortie, et réciproquement. Dans tous les cas, le maître est tenu de payer les gages jusqu'au jour de la sortie.

SAINT-MARTORY. — Point de temps déterminé entre la demande du congé et la sortie. Le maître, aussitôt le congé dénoncé, peut payer les gages échus au domestique et le renvoyer, sans qu'il y ait lieu à indemnité de part ni d'autre. Il en est de même dans le cas où c'est le maître qui donne le congé au lieu de le recevoir.

SALIES. — Il est assez d'usage que le domestique qui veut quitter son maître le prévienne quelques jours d'avance, sans que cependant il y soit obligé. Le maître peut, aussitôt le congé dénoncé, le renvoyer sans être tenu à aucune indemnité. Il ne doit payer que les gages échus.

Le maître peut aussi, de par l'usage, donner congé à son domestique sans accorder aucun délai entre la sortie et le congé. Il doit seulement payer les gages échus ; et dans ce cas, le domestique doit se retirer tout de suite.

ASPET. — Le maître peut renvoyer son domestique quand bon lui semble, en le prévenant quelques jours d'avance, et réciproquement.

SAINT-BÉAT. — Pas d'usage. Le maître et le domestique sont libres de se quitter quand bon leur semble.

BAGNÈRES-DE-LUCHON. — Il n'existe, de par l'usage, entre la sortie et le congé, aucun délai de grâce, ni en faveur du maître, ni en faveur du domestique. Celui-ci est toujours libre de quitter son maître, et le maître libre de le renvoyer, sans être obligés de se prévenir quelques jours d'avance. Mais, ordinairement, le domestique reste quelques jours chez le maître pour lui donner le temps de s'en procurer un autre. Le maître et le domestique ne sont tenus à aucune indemnité. Il existe, cependant, au chef-lieu du canton un usage particulier pour les domestiques attachés aux hôtels garnis, qui sont nombreux dans cette ville, et qu'on loue pendant la saison des eaux. Si ces sortes de domestiques, ordinairement loués à l'année, et dont les gages se composent des étrennes que les étrangers leur donnent, quittent le maître après la saison des eaux, celui-ci prélève sur ces étrennes une certaine somme pour le temps de l'année restant à courir. Si c'est le maître qui renvoie le domestique avant la saison, c'est-à-dire avant qu'il ait reçu les étrennes, il est obligé pour lors de payer une indemnité au domestique. Le prélèvement sur les étrennes et l'indemnité sont réglés amiablement entre le maître et le domestique, ou bien par le juge de paix, qui en fixe le montant d'après les circonstances.

SAINT-BERTRAND. — De par l'usage, ni délai de grâce quelconque entre le congé et la sortie, ni indemnité.

MONTRÉJEAU. — Les domestiques sont toujours

libres de quitter le maître, et le maître libre de renvoyer le domestique. Il n'existe pas de délai de grâce. Le maître peut payer les gages au moment même où le congé est donné ou reçu, et le domestique doit sortir sans indemnité. On tient pour principe le vieil adage : *Temps servi, temps payé.*

SAINT-GAUDENS. — Point de délai de grâce qui soit de rigueur. Le domestique peut sortir et le maître peut le renvoyer immédiatement. Mais on est dans l'habitude de se prévenir quelques jours d'avance.

BOULOGNE. — Les domestiques attachés à la personne sont loués pour l'année et à tant par an. Comme ceux attachés à la culture des terres, ils ne prennent ou ne reçoivent leur congé que deux mois avant l'expiration de leur engagement ; d'après les usages du canton, il n'existe à cet égard entre eux aucune différence. Les congés ne sont donnés, dans le courant de l'année, que dans le cas de faute grave de la part du domestique, ou de torts ou mauvais traitements du maître envers celui-ci. Dans ces deux cas, il y a résiliation de l'engagement sans indemnité. Il en serait autrement si le congé était pris ou donné sans motif sérieux.

L'ISLE-EN-DODON. — Point de délai de grâce en faveur du maître ou du domestique. Celui-ci n'est pas tenu de prévenir son maître quelque temps avant le jour où il veut cesser d'être à son service. Le maître peut le renvoyer et payer les gages échus, aussitôt le congé dénoncé, sans être tenu, dans ce cas, à une indemnité. Le maître donnant le congé n'est pas non plus obligé de prévenir le domestique quelque temps avant sa sortie. Le domestique, de son côté, est libre de se retirer tout de suite, en recevant seulement les gages échus.

AURIGNAC. — *Idem.*

FOUSSERET. — Il y a un délai de grâce pour les deux parties ; ce délai est de huit jours, qui doivent être payés au domestique au *prorata* de ses gages. Lorsque c'est le maître qui donne le congé, le domestique est libre de se retirer tout de suite, en recevant les gages échus.

RIEUMES. — Comme à Muret.

SAINT-LYS. — Les maîtres et les domestiques sont obligés de se donner avis huit jours d'avance ; les gages du délai sont dus.

LÉGUEVIN. — *Idem.* — A Lévignac, les domestiques doivent prévenir les maîtres de leur sortie quinze jours d'avance. Il en est de même des maîtres à l'égard des domestiques. Si le maître renvoyait de suite le domestique, il lui devrait indemnité de ces mêmes quinze jours ; et si le domestique se retirait de suite, le maître serait en droit de lui retenir un pareil nombre de jours sur les gages déjà gagnés. Tel est l'usage de cette localité.

CADOURS. — Le domestique et le maître sont obligés, d'après l'usage, de se donner huit jours.

GRENADE. — Le congé doit toujours être donné ou demandé huit jours d'avance. Dans le cas contraire, le maître ou le domestique doivent une indemnité qui est calculée suivant l'importance du service.

193. — Dans plusieurs cantons, les domestiques, lorsqu'ils se sont bien conduits, et qu'ils le demandent, reçoivent des maîtres qui les congédient un certificat ; mais le maître n'est pas obligé de le leur délivrer.

194. — Les domestiques qui sont destinés à la culture des terres et aux travaux agricoles, en général, sont censés loués pour l'année, lorsqu'ils entrent à l'époque ordinaire des *entrées*, qui est déterminée par les usages des lieux ; et pour le restant de l'année, s'ils sont entrés dans le courant de l'année. La nécessité d'exécuter les travaux agricoles dans un temps et dans un ordre déterminés, et sans interruption, a fait admettre cet usage. Dans beaucoup d'endroits, ces locations commencent à des jours fixes. Les domestiques de cette catégorie, dans laquelle il faut placer principalement les maîtres-valets, ne peuvent sortir, et

on ne peut les renvoyer avant l'expiration du temps convenu, à moins qu'il n'y ait quelque motif grave. Nous l'avons vu sous le § 1er, art. 2.

195. — Il y a une autre classe de domestiques attachés à la chose. Ce sont ceux vulgairement appelés dans nos campagnes *valets de labour.*

Dans certains de nos cantons, lorsque le valet de labour est loué à l'année, si le maître veut le renvoyer, l'usage exige qu'il le prévienne quelques jours d'avance, et réciproquement ; dans d'autres, où les valets de labour, aux gages des bordiers ou des maîtres-valets, se louent pour un temps fixe plus ou moins long, ils n'ont la faculté de se retirer que lorsque le temps de leur engagement est expiré.

Il est à regretter que le même usage n'existe point dans tous nos cantons. Car on voit souvent des domestiques qui, bien que loués pour l'année, abandonnent sans motif leurs maîtres au moment où ils en ont le plus besoin, alors que les travaux ne peuvent que beaucoup souffrir de la moindre solution de continuité. Si, dans cette circonstance, il s'élève entre eux des contestations pour le paiement, les juges de paix réduisent, à bon droit, les gages de ces domestiques.

Voici, sur ce point, les usages de nos cantons :

A Castanet, Lanta, Caraman, Revel, Villefranche, Montgiscard, Naïlloux, Rieux, Bagnères-de-Luchon, les valets de labour sont, en général gagés, pour un an. D'ordinaire, ils commencent l'année le 1er novembre, et la terminent à la même époque de l'année suivante. Il y en a qui se louent pour une période moins longue. Leurs conventions avec le maître règlent ce qu'ils doivent gagner, ainsi que le jour de leur entrée et de leur sortie. — A Villemur et à Montastruc, le jour de leur entrée et celui de leur sortie sont ou le 11 novembre, ou le 24 juin ; à Léguevin, le 11 novembre. — A L'Isle-en-Dodon, les domestiques attachés à la culture des terres se louent de la Saint-Jean à la Saint-Jean, de la Toussaint à la Toussaint ; à Boulogne, Rieumes et Cadours, de la Saint-Jean à la Saint-Jean. — A Verfeil, les valets de labour se louent de deux manières : à l'année, ou bien après l'hiver, *à la montée du temps,* jusqu'à la Toussaint ou à la Saint-Martin ; ceux qui sont loués jusqu'à la Toussaint, quittent la veille; ceux loués jusqu'à la Saint-Martin, se retirent à midi de ce jour. — A Revel, ils n'entrent aussi, quelquefois, qu'après l'hiver et sortent le 1er novembre. Les gages, dans ce cas, sont toujours les mêmes que pour la location d'une année entière, parce que le travail de l'hiver est suffisamment rétribué par la nourriture. Dans le canton de Fronton, d'après l'usage, les valets de labour se louent à l'année, qui commence le 11 novembre pour finir le 10 novembre de l'année suivante. Ils ne peuvent sans motifs légitimes quitter leur maître pendant l'année, sans être passible de dommages-intérêts. Lorsqu'ils sont entrés au service dans le courant de l'année, ils ne peuvent également, sans raison légitime, se retirer avant le 10 novembre au soir.

Dans presque tous les autres cantons, les valets de labour, comme les domestiques attachés à la personne, sont généralement loués à l'année qui commence le jour où ils entrent. On les renvoie quand on n'en est pas content, et ils se retirent de même.

A Lévignac, où les domestiques de labour se louent aussi à l'année, sans qu'il y ait pour leur entrée et leur sortie jour fixe, ils peuvent se retirer en prévenant quinze jours d'avance. De son côté, sauf pendant l'hiver, le maître peut les renvoyer en les prévenant aussi quinze jours d'avance. Mais, pour causes graves de désobéissance, de brutalité, d'immoralité, d'infidélité, etc., les maîtres et les domestiques se séparent dans toutes les saisons.

A Boulogne, où les domestiques attachés à la culture des terres se louent, comme nous l'avons vu, de la Saint-Jean à la Saint-Jean, il est d'usage d'avertir les domestiques deux ou trois mois avant la Saint-Jean, qu'on n'a pas l'intention de les garder. Mais ce délai est inutile, puisque, dans ce canton, les domestiques ont la faculté de prendre une nouvelle location, et les maîtres celle de prendre un nouveau domestique, dans le cas même où, avant Pâques, ils auraient négligé de se donner réciproquement avis de leur intention de se séparer.

A L'Isle-en-Dodon, où les valets de labour se louent de la Saint-Jean à la Saint-Jean, de la Toussaint à la Toussaint, le congé est donné ordinairement trois mois avant le jour de la sortie ; mais, de par l'usage, on peut les renvoyer immédiatement pour cause grave. Pour cause grave aussi, les domestiques peuvent demander leur congé et se retirer de suite.

A Bagnères-de-Luchon, si la cause grave dérive du domestique, il perd une partie des gages promis ; si elle provient du maître, celui-ci est tenu de lui payer une partie des gages pour le temps qui reste à courir ; les gages perdus par le domestique ou payés par le maître sont arbitrés suivant les circonstances et les motifs qui y ont donné lieu.

196. — Les valets de labour, au lieu d'être payés, ainsi que nous allons le voir tout à l'heure, par portions ou par mois, comme le sont d'ordinaire les domestiques attachés à la personne ne reçoivent généralement leur salaire qu'à la fin de l'année. La crainte où sont les maîtres de les voir abandonner leur service pour une faible augmentation de gages, est une des principales causes de cet usage. Il sera facile de le comprendre, si on considère l'époque où le domestique rural entre, d'ordinaire, en condition :

Ainsi que je l'ai dit, dans plusieurs cantons, le jour où son service commence, est le 1er ou le 11 novembre. Il arrive souvent que de suite après les semences la saison des pluies interdit tout travail dans les champs. Alors le valet de labour ne peut être utilisé qu'à la reprise des travaux aux beaux jours. Il a été nourri pendant près de trois mois sans gagner à son maître la dépense ; s'il avait été payé par mois jusqu'à cette époque, si surtout il était inconstant, il ne manquerait pas de trouver un prétexte pour quitter son maître ; et quel recours en dommages contre un valet ! Il est bon de faire observer que le même valet gagnerait autant de gages en se plaçant après l'hiver, jusqu'à la Toussaint prochaine, que s'il eût commencé à servir depuis le 1er novembre. Car il arrive souvent que pour épargner la dépense toujours onéreuse pour celui qui est obligé de tenir un valet, le bordier ou le maître-valet ne s'en procure un qu'à l'époque où les travaux des champs peuvent s'exécuter, et il lui offre les mêmes gages que pour l'année entière.

Du reste, lorsqu'il arrive que, par inconduite ou mauvaise volonté, le valet de labour quitte à l'époque des grands travaux, quelques juges de paix ont décidé, ainsi que je l'ai déjà remarqué, que le maître était alors dispensé de le payer, le domestique étant suffisamment indemnisé par la nourriture qu'il a reçue

197. — Il y a des domestiques qui se louent seulement, les uns pour la moisson, les autres pour faire les semences. Ceux-ci, que l'on nomme vulgairement *martrounés*, se louent ordinairement depuis la Saint-Jean jusqu'à la Toussaint ou à la Saint-Martin. Dans quelques cantons, ils entrent le 15 août; dans d'autres, du 1er au 8 septembre, ou le 1er octobre seulement.

Ceux qui se louent pour faire la moisson entrent à la Saint-Jean et sortent pour Notre-Dame de septembre.

198. — Tous ces domestiques sont nourris, blanchis, et, en général, rapiécés; et il leur est donné des gages qui varient suivant leur force et leur aptitude au travail. Ces gages consistent toujours en argent et hardes pour ceux qui se louent pour un an ; tantôt en argent, tantôt en grains, suivant les conventions arrêtées, pour ceux qui sont loués pour la moisson ou les semailles.

199. — Les domestiques attachés à la culture des terres, qui sont loués pour une période de temps déterminée, ne peuvent quitter le service qu'à la fin de leur engagement. Le maître, de son côté, ne peut les renvoyer avant le terme convenu. Toutefois, si pendant la période de sa location un domestique se rend coupable d'infidélité, d'injure grave ou de refus d'obéissance envers son maître, celui-ci peut le renvoyer avant le temps convenu ; de son côté, le domestique peut quitter son maître avant la même époque, mais

seulement pour une cause gravé. S'il y a contestation à cet égard et, sur une demande en indemnité de la part de l'un ou de l'autre, le juge de paix apprécie les faits et accorde l'indemnité, s'il y a lieu.

200. — Bien que pour les domestiques dont je me suis occupé il y a un moment, pour ceux loués pour une année déterminée, d'une époque à une autre, il n'y ait pas entre le congé et la sortie le délai de grâce qui existe généralement à l'égard des domestiques attachés à la personne, dans plusieurs cantons il est cependant d'usage qu'aux approches de l'époque de la sortie le maître prévienne le domestique qu'il ne veut pas le garder, ou que le domestique annonce au maître qu'il veut se retirer.

Lorsque le maître et le domestique ne se sont point prévenus, et que la nouvelle année est commencée, il y a tacite-reconduction avec les mêmes conditions que pour l'année écoulée. Cette tacite reconduction existe jusqu'à la fin de l'année, et ainsi de suite d'année en année (1).

201. — Les cantons de montagne offrent un terrain en culture très-circonscrit par des forêts, des rochers nus et escarpés, et par des vacants arides et improductifs. Le terrain cultivé est en grande disproportion avec les besoins et les bras de sa nombreuse population. C'est pour ce motif qu'une partie très-sensible de cette population émigre annuellement dans des contrées étrangères et notamment en Espagne, pour y exercer une industrie. Un grand nombre de jeunes gens et de filles parcourent aussi toute la France pour y exercer la vente et le colportage des livres, gravures, toiles, tricots et une infinité d'autres objets de commerce; et c'est pour l'exercice de cette profession de colporteur qu'un grand nombre de maîtres louent plusieurs domestiques de l'un ou de l'autre sexe. Ces domestiques sont le plus souvent de jeunes enfants de l'âge de huit à dix ans. Quoique les gages de ces domestiques doivent être toujours

(1) V. Pothier, n. 372 ; Troplong, n. 881 ; Duvergier, n. 300 ; Vaudoré, *Droit rural*, t. 1, n. 773.

l'objet de la convention, il est cependant en usage généralement adopté, au moins dans le canton de Saint-Béat : 1° que
la campagne se compose d'un service de neuf mois ; 2° que
les gages se comptent par mois. Outre le paiement des gages
en argent, le maître fournit au domestique les frais du pas-
seport, une paire de brodequins avec entretien de la chaus-
sure pendant toute la campagne et une blouse aussi par
campagne. A défaut de conventions particulières, cet usage
est admis.

202. — Il n'est pas d'usage, dans notre département, de
payer d'avance les gages des domestiques attachés à la personne. La règle est, au contraire, de payer terme échu.
Mais, ordinairement, il est donné des à-compte sur les
gages, suivant les besoins des domestiques. Dans plusieurs
cantons, on les paie souvent par douzième, terme échu,
c'est-à-dire à l'expiration de chaque mois, si les domestiques le demandent, et l'on se règle ensuite avec eux à la
fin de chaque année.

203. — On peut se demander si la maladie survenue à
des domestiques ou à des ouvriers loués à l'année ou pour
un temps déterminé, autorise le maître à retenir une partie
de leurs gages eu égard à la durée de la maladie?

M. Duranton, t. 17, n° 234, répond ainsi : « Les légères
interruptions de travail ou des services d'un domestique
loué au mois ou à l'année, ne donnent pas lieu au maître
de faire une réduction sur le prix des gages, quand elles
n'ont été causées que par maladie ou indisposition du domes-
que; le maître devait s'y attendre, parce que c'est là
un cas ordinaire. Mais si l'interruption de service a été
de quelque durée, le maître est en droit de faire une réduction proportionnelle sur le prix des gages, car il n'a entendu
s'obliger à les payer que pour les services qui lui seraient
réellement rendus : c'était une jouissance continue de ces
mêmes services qui lui était promise par la nature même
du contrat. » Telle est également la décision de Pothier
(n° 168), qui a soin, toutefois, de faire observer que les
personnes riches se gardent, ordinairement, par bienséance

et par humanité, d'user de ce droit. C'est également l'avis de M. Duvergier, n° 292 (1).

Dans nos cantons, si la maladie du domestique n'a été que de quelques jours, et si elle n'a occasionné que de menues dépenses, il n'est pas d'usage que le maître lui retienne une partie de ses gages; si, au contraire, la maladie s'est prolongée pendant un certain temps, et a donné lieu à des dépenses un peu considérables (remèdes et visites du médecin), le domestique est obligé de les supporter au moyen d'une retenue sur ses gages ou sur ses propres ressources. Au reste, tout cela dépend du caractère et du plus ou moins d'affection, de générosité et d'humanité du maître, quelquefois aussi des qualités du domestique. Le droit, on le reconnaît généralement, est en faveur du maître. Il est libre d'en user ou de ne pas en user ; il n'est lié par aucun usage.

204. — Les garçons serruriers, forgerons, menuisiers, selliers, bourreliers, sont gagés, d'ordinaire, ici, *à tant par jour;* là, *à tant par mois.* Les garçons cordonniers le sont presque toujours à leurs pièces. Il y a cependant des cordonniers qui sont pris à la semaine. On les appelle *semainiers.* Ce sont ceux qui ont fini leur apprentissage et qui ne sont pas aussi capables que les autres garçons.

205. — Lorsque les ouvriers dont je viens de parler sont pris au mois, dans plusieurs cantons, le mois recommencé, la tacite-reconduction a lieu de plein droit; dans d'autres, elle n'a pas lieu : le maître peut renvoyer l'ouvrier à volonté. D'ordinaire, pourtant, il donne huit ou quinze jours pour se chercher. L'ouvrier peut également s'en aller quand il veut, en accordant au maître le même délai pour se procu-

(1) Les anciens Parlements se sont montrés presque toujours favorables aux réclamations des domestiques. Il a été jugé, dit Despeysses *(du Louage,* sect. 4, n. 11), au Parlement de Toulouse, par arrêt donné au rapport de Maynard, en faveur d'un pauvre serviteur qui avait demeuré six semaines malade chez son maître. La même solution résulte de deux arrêts du Parlement de Paris, des 15 juin 1419 et 22 septembre 1483. Charondas (liv. 9, ch. 24) rapporte un semblable arrêt du du même Parlement, en date du 26 mars 1556, et M. Troplong, n. 874, approuve fortement ces décisions.

rer d'autres garçons. Mais ce délai qu'on se donne n'est pas absolument de rigueur. Dans certains cas, et surtout pour cause grave, on n'accorde pas une minute.

206. — Quand les garçons maçons, plâtriers, charpentiers, couvreurs, travaillent à la journée avec leur maître chez la pratique, souvent ils ne gagnent que suivant leur capacité ; mais, en général, ils sont payés comme le maître lui-même. La pratique ne règle qu'avec ce dernier, lequel s'arrange avec ses garçons.

Le maître ne paie jamais au garçon l'entier prix de la journée tel qu'il le reçoit lui-même de la pratique ; car les maîtres spéculent toujours sur les garçons. Ainsi, quoique, le plus souvent, le prix de la journée du garçon soit aussi élevé que celui de la journée du maître, le garçon ne touche jamais ce prix tout entier. Il subit une retenue tantôt de 15 ou 25 centimes, tantôt de 50 centimes. C'est le *maximum*. Dans quelques localités, cette retenue est toujours de 50 centimes, surtout si le maître a perdu du temps pour lui tracer le travail.

207. — Si l'ouvrier pris au mois ou à la semaine vient à s'absenter, ou si par sa faute il ne travaille pas, le maître lui retranche les jours manquants ou les fractions de journées au *prorata* de son salaire. S'il est malade pendant quelques jours, le maître lui retient aussi une partie du salaire, ou bien l'ouvrier lui rend un nombre de journées égal au temps qu'a duré sa maladie. Si c'est un apprenti qui tombe malade, il est d'usage, lorsque la maladie a duré quelques jours, qu'il répare le temps perdu quand il a fini son apprentissage.

208. — Il peut s'élever des difficultés sur le temps qu'on doit payer aux *journaliers*. Généralement, on leur paie le temps qu'ils emploient, et s'ils perdent un jour, une demi-journée, un quart de journée, on le déduit de leur salaire.

Mais si une force majeure, par exemple le mauvais temps, qui empêche les travaux, empêche le maître de tirer parti des gens de travail qu'il a loués, leur doit-il leur salaire ?

La plupart des auteurs enseignent que les ouvriers ou autres personnes qui se louent à la journée ne peuvent, dans ce cas, réclamer le prix qui leur a été promis. « Ainsi, dit M. Troplong (n° 871 et 872), le premier dimanche qui suit le 30 septembre, vous avez fait marché avec des vendangeurs pour venir vendanger votre vigne le lendemain à tant par jour. Si le temps s'est mis à la pluie, et que la vendange n'ait pu se faire par suite de cette intempérie, vous ne devez pas le prix de la journée ; et réciproquement, vos hommes sont déchargés envers vous de l'obligation de faire l'ouvrage. Mais si le mauvais temps n'est survenu que depuis que la journée est commencée, vous ne leur devrez le prix que jusqu'à concurrence du temps qu'ils auront travaillé, et qui court jusqu'à ce qu'ils aient cessé ou que vous les ayez renvoyés (1). »

Au surplus, il est hors de doute que si c'est la faute du maître qui empêche les ouvriers de travailler, il doit payer la journée entière. Tous les auteurs sont unanimes sur ce point.

§ 22. — Journée de travail.

209. — Les lois de simple police antérieures au Code pénal de 1810, et qui prononcent des amendes, les évaluaient pour la plupart en journées de travail. L'article 4, tit. 2, de la loi du 28 septembre 1791, *sur la police rurale,* porte : « Les moindres amendes (dont seront punis les délits ruraux), seront la valeur d'une journée de travail, au taux du pays, déterminé par le directoire du département (aujourd'hui par le Préfet). »

---

(1) Pothier, n. 165, et M. Troplong, *loc. cit.*, attestent que l'usage est de leur donner à dîner et de leur payer la moitié de la journée. Zachariæ, t. 3, p. 36, approuve cet usage comme conforme aux vrais principes. M. Vaudoré prétend, au contraire, dans son *Droit rural*, t. 1, n. 774, que cette coutume n'est pas générale, et qu'il y a des localités où l'on paie à l'ouvrier sa journée entière.

Mais cette disposition n'est pas applicable par elle-même aux délits étrangers à la loi dont elle fait partie. Que faut-il donc décider par rapport aux amendes que les lois infligent à ces délits, et qu'elles règlent en journée de travail? La même chose, répond Merlin (1), que pour les amendes de police rurale, et la raison en est simple : c'est que l'article 2, du titre 4, de la loi du 28 septembre 1791, n'est que la conséquence de l'article 11 de la loi du 18 février, et de l'article 2, du titre 2, de la loi du 28 mai de la même année, qui attribuaient au directoire du département le pouvoir exclusif de fixer pour chaque district la valeur de la journée de travail. A la vérité, ajoute Merlin, il ne s'agissait, dans ces lois, que de la journée de travail, considérée comme mesure de l'imposition à payer par chaque citoyen pour être admis à voter dans les assemblées primaires. Mais la loi du 28 septembre 1791 ayant déclaré que leurs dispositions frappaient également sur la journée de travail, considérée comme mesure des amendes de police rurale, il ne peut y avoir aucune difficulté à étendre cette interprétation à toutes les autres amendes qui sont calculées en journées de travail.

210. — Un arrêté préfectoral, du 31 décembre 1844, inséré au *Recueil des actes administratifs*, n. 1121, a fixé le prix de la journée agricole pour servir de base à l'appréciation des amendes prononcées pour contravention aux lois sur la police rurale : .

A 1 fr. 25 c., pour la commune de Toulouse ;

A 80 c., pour celles de Villefranche, Muret, Saint-Gaudens, Villemur et Revel ;

A 75 c., pour celles de Fronton, Grenade, Verfeil, Caraman, Saint-Félix, Avignonet, Cintegabelle, Auterive, Carbonne, Rieux, Montesquieu-Volvestre, Cazères, Fousseret, Aspet, Sauveterre, Montréjeau et Bagnères-de-Luchon ;

A 60 c., pour toutes les autres communes du département.

(1) *Rép. de jurisprudence, v. Journée de travail.*

Cette fixation est celle qui a été déterminée par le Conseil général de la Haute-Garonne dans ses dernières sessions, conformément à l'art. 10, du titre 2, de la loi du 21 avril 1832, pour le prix moyen de la journée de travail dans chaque commune, pour servir à la composition de la base personnelle, savoir :

1 fr. 25 c., pour les communes de 50,000 âmes et au-dessus ;

80 c., pour les communes de 5,000 à 10,000 âmes, et celles qui sont le chef-lieu d'un arrondissement ;

75 c., pour les communes de 2,000 à 5,000 âmes ;

60 c., pour les communes au-dessous de 2,000 âmes ;

211. — Je devais présenter ici le tableau par canton des usages suivis sur le prix de la journée des *journaliers* hommes et femmes, des vignerons, des faucheurs, des moissonneurs autres que les solatiers, des vendangeurs, des ouvriers employés aux cuviers, aux pressoirs, des maçons, des plâtriers, des charpentiers, etc. Mais les renseignements que j'ai recueillis m'ont appris que ces usages n'avaient rien de constant. Presque dans chaque commune, chez les divers propriétaires d'une même commune, il y a un prix différent. Ce prix n'a pas de taux fixe, régulier ; il varie suivant les localités, la nature et l'urgence des travaux, suivant la capacité, l'intelligence et la force de l'ouvrier, et même suivant la personne qui l'emploie. Nulle part on ne saurait désigner un usage sur le prix des journées. Pour éviter de commettre des erreurs, j'ai dû renoncer à mon projet.

§ 23. — Affiches.

212. — Les affiches sont des placards apposés en différents lieux pour rendre publics une ordonnance, un jugement, ou d'autres actes de l'autorité administrative ou judiciaire. Ces lieux sont désignés par le maire de chaque

commune. Ils doivent être principalement les abords des mairies, les palais de justice, les marchés, etc. Mais, dans aucune commune de notre département, il n'existe à cet égard, ni règlement administratif, ni arrêté municipal. En vertu d'un usage généralement répandu, on affiche ordinairement tous les actes soumis à la publicité, savoir : dans les villages, à la porte extérieure ou à côté de la porte des églises, sur les murs ou les piliers des halles, lorsqu'il y en a ; à la porté extérieure des maisons communes, s'il y en a dans la localité, et, à défaut, très-souvent à la porte extérieure de la maison du maire ou de l'adjoint. Dans certaines communes, c'est contre les mur des maisons avoisinant la partie de la commune la plus fréquentée ; dans d'autres, c'est contre les arbres, les ormeaux radiqués sur la place commune ; aux chefs-lieux de canton, sur les murs ou sur les portes des mairies, sur la porte des églises, sur celle de l'auditoire des justices de paix, aux piliers des halles, et à la porte extérieure du tribunal de première instance, quand il y en a.

§ 24. — Marchés.

243. — Les marchés sont des lieux publics où se vendent les denrées et les objets nécessaires ou utiles à l'existence.

Certains placards doivent être affichés sur les places des marchés. Dans certains cas, les ventes publiques de meubles doivent être faites sur le marché du lieu, et s'il n'y en a pas, sur le marché le plus voisin ; dans d'autres cas, les placards pour la vente des immeubles doivent être affichés sur le principal marché de chacune des deux communes les plus voisines dans l'arrondissement, aux jours et heures ordinaires des marchés. C. civ., art. 459 ; C. p. civ. art. 647, 633, 699.

D'un autre côté, lorsque le prix principal d'un bail consiste en denrées ou prestations, l'appréciation doit se faire d'après les mercuriales. L. 25 mai 1823, *sur les justices de Paix*, art. 3. S'il n'en est point tenu dans la localité, le juge doit incontestablement recourir à celles du marché le plus voisin (1).

214. — Il y a dans notre département quarante-trois marchés hebdomadaires légalement établis ou existant de temps immémorial. Ils sont fixés, savoir, à :

TOULOUSE. — *Marché aux grains*, les lundi, mercredi et vendredi de chaque semaine, *à la Halle aux grains*.

Marché de la volaille, des oies, des pigeons en vie, du gibier et des œufs, établi sur la place de *la Daurade*, les lundi, mercredi et vendredi.

Marché au poisson de mer et d'eau douce, tous les jours, à la *Halle au poisson*.

Herbes, jardinage, fruits, œufs, poterie, poisson, tous les jours, place du *Capitole* et des *Carmes*.

Boucherie, charcuterie, chevrotiers, tripiers, volailles mortes, oies fraîches, fromage, beurre, gibier et truffes, tous les jours au *Marché couvert*.

Marché au bois à brûler, tous les jours, places *Matabiau* et du *Palais*.

Marché aux cochons et bêtes à corne, lundi, à *Saint-Cyprien*, et vendredi, aux *Minimes*.

Habits, friperie et chaussures, tous les jours, place du *Marché-au-Bois*.

Vins, lundi à la *Halle aux grains*.

Toiles, fil, lin et chanvre, le lundi, place des *Carmes*.

CASTANET. — Marché tenu le mardi, en vertu de lettres-patentes du Roi, du 10 novembre 1641. Volailles, bestiaux, porcs.

FRONTON. — Il n'existe point de titre d'établissement des marchés de cette commune, qui se tiennent le jeudi de chaque semaine. Grains, volailles, produits agricoles.

(1) M. Curasson, *Comp. de juges de paix*, t. 1, p. 263.

VILLEMUR. — Marché sans titre d'établissement. Grains, bois à brûler, étoffes, lingerie.

MONTASTRUC. — Le samedi. Grains, jardinage, volailles et produits agricoles.

BESSIÈRES. — Le marché se tient le lundi, en vertu d'un arrêté du ministre de l'intérieur, du 10 février 1829. Grains, bestiaux, volailles.

VERFEIL. — Le mardi, en vertu d'un titre émané du gouvernement en 1682. Grains et produits agricoles.

LOUBENS. — Ce marché, établi par arrêté du ministre de l'intérieur, du 10 février 1829, se tient le lundi. Céréales, volailles, lingerie.

CARAMAN. — Les marchés de cette ville sont établis de temps immémorial. Suspendus momentanément le 6 février 1777, par ordre de l'intendant de la province d'Auch, dans la crainte de voir reparaître l'épizootie qui avait fait tant de ravages en 1775 parmi l'espèce bovine, ils furent rétablis par arrêt du Parlement de Toulouse, du 5 juin 1780. Ils se tiennent le jeudi. Céréales, mercerie, poterie, volailles, œufs, bois de construction.

REVEL. — Par ses lettres-patentes, datées de Maubuisson le 26 février 1341, le roi Philippe-de-Valois ordonna au sénéchal de Toulouse de produire à la fondation de la ville de Revel (*Bastide de Vaur*), et d'octroyer en son nom aux habitants, les libertés et franchises qu'on avait coutume d'accorder aux bastides nouvellement créées. Le sénéchal de Toulouse s'acquitta de sa commission et concéda, le 8 juin 1342, aux bourgeois de la nouvelle ville, qu'au nom du roi il appela Revel, une charte en 89 articles où étaient énumérés leurs immunités et leurs priviléges. Ils étaient tels qu'ils portèrent les habitants des communautés voisines à venir en foule s'y établir. Aussi la population s'en éleva bientôt à 3,000 âmes. Philippe-de-Valois crut devoir donner par ses lettres de Conflans (mai 1345), le sénéchal de Toulouse et le juge du Lauraguais pour conservateurs et gardiens des priviléges de ses habitants, voulant qu'ils fussent mis, sous tous les rapports, sur la même ligne que les bourgeois de Toulouse. Louis XI, Charles VIII, Louis XII, François Ier, François II, Henri IV, Gaston Léon, sénéchal de Toulouse, Guillaume de Roquefort, maître des eaux et forêts, confirmèrent cette charte, dont l'art. 51 porte que le marché se tiendra le jeudi de chaque semaine.

Pendant les guerres civiles religieuses, Revel, fortifié et occupé par les calvinistes, ouvrit ses marchés avec empressement aux communautés voisines qui ne trouvèrent pas ailleurs la sécurité nécessaire à leurs relations commerciales et approvisionnements de bouche. Sorèze vit diminuer l'importance de ses marchés, et le long siége que cette ville soutint en 1580 contre Henri de Latour, vicomte de Turenne, commandant au nom du roi de Navarre, les lui fit entièrement perdre. Les marchés, dit-on, se tenaient les mardi et samedi de chaque semaine. De là, vraisemblablement, l'usage des trois marchés des mardi, jeudi et samedi de Revel.

Le marché antique du jeudi fut tenu insensiblement le samedi. Ne serait-ce pas pour paralyser, anéantir le marché de Sorèze du samedi? Ne serait-ce pas aussi pour éviter la concurrence du marché du jeudi qui se tient à Caraman? Ces suppositions sont très-vraisemblables (1).

Quoi qu'il en soit, depuis 1789, les marchés des mardi et jeudi étaient très-peu fréquentés; ils sont aujourd'hui nuls depuis environ 50 ans. Reste celui du samedi, qui est très-considérable. Bestiaux de toute espèce et produits agricoles.

VILLEFRANCHE. — Il existait autrefois, de temps immémorial, trois marchés qui se tenaient les lundi, mercredi et vendredi. Les deux premiers ont cessé d'être fréquentés depuis longtemps; ils sont, aujourd'hui, complétement tombés en désuétude. Céréales, volailles, mercerie, salé, poterie, jardinage, plâtre et bois de construction.

(1) Je dois tous ces détails à la bienveillance de M. le maire de Revel. *(Note de la première édition)*

BAZIÉGE. — Ce marché, qui est trés-beau et qui n'a jamais cessé d'être fréquenté, existe de temps immémorial. Il se tient le samedi. Céréales, lingerie, poterie, œufs, volailles et bois de construction.

NAILLOUX. — Ce marché, rétabli par un arrêté ministériel du 6 août 1834, se tient le jeudi. Il est aujourd'hui très-suivi.

SAINT-FÉLIX. — Titre d'établissement inconnu. Ce marché, abandonné très-longtemps, attire aujourd'hui une nombreuse population. Il se tient le jeudi. Céréales, œufs et volailles.

LANTA. — Ce marché, établi par arrêté du 25 janvier 1850, se tient le mercredi. Grains, volailles et produits agricoles.

CINTEGABELLE. — Les marchés de cette localité, qui se tiennent le mardi, furent créés par Charles VII, roi de France, le 22 octobre 1423, et rétablis le 15 prairial an XIII, par décision du ministre de l'intérieur. Lingerie, mercerie, jardinage, volaille et grains de toute espèce.

AUTERIVE. — Les lundi, mercredi et vendredi. Les marchés du vendredi sont les seuls importants.
Les marchés d'Auterive existent de temps immémorial. Grains, lingerie, draperie, quincaillerie.

VENERQUE. — Les marchés de cette localité, qui se tiennent le jeudi, existent de temps immémorial. Grains de de toute espèce, jardinage.

MURET. — Marché sans titre d'établissement, le samedi. On présume que ce sont les anciens comtes de Comminges qui, souverains de ce pays avant sa réunion à la Couronne (1454), établirent les marchés dans cette ville, alors le lieu de leur résidence. Céréales, denrées et marchandises de toute espèce.

CARBONNE. — Marché établi sans titre d'établissement, le jeudi. Grains, draperie, lingerie.

RIEUX. — Les marchés de cette ville ont été rétablis par un arrêté du 27 avril 1809 (1). Ils ont lieu le lundi. Jardinage, céréales, lingerie et draperie.

MONTESQUIEU-VOLVESTRE. — Les marchés de cette ville existent de temps immémorial et se tiennent le samedi. Céréales, draperie.

CAZÈRES. — La tradition rapporte la création des marchés de Cazères qui se tiennent le samedi, à un arrêt fort ancien du Parlement de Toulouse.

Durant la *saison des pêches*, outre le marché du samedi, il s'en tient régulièrement deux autres par semaine, le mardi et le jeudi.

SAINT-MARTORY. — Les marchés de cette ville existent de temps immémorial. Des lettres-patentes du 3 septembre 1757 renouvelèrent le privilége de ces marchés qui, par suite de la rupture du pont sur la Garonne, étaient, pendant quelque temps, tombés en désuétude. Ils se tiennent le vendredi. Draperie, rouennerie, bétail et produits agricoles.

SALIES. — On ne connaît point le titre d'établissement des marchés [de cette commune, qui se tiennent le lundi. Grains, bestiaux, volailles, œufs, beurre, gibier.

ASPET. — Marché établi, en 1441, par le seigneur Arnault de Coaraze, baron d'Aspet. Il se tient le mercredi. Grains et bestiaux.

SAINT-BÉAT. — On ignore la date de l'établissement de ce marché, qui se tient le mardi. Grains, beurre, fromages, volaille, gibier, fruits et autres comestibles.

BAGNÈRES-DE-LUCHON. — La date de l'établissement des marchés de cette ville n'est pas connue. Les marchés se tiennent le mercredi. Chevaux, mulets, bêtes à corne et à laine, veaux, suifs, grains, œufs, beurre, volailles et légumes.

(1) Suivant l'*Almanach historique de la province du Languedoc,* il y avait, à Rieux, avant 1789, trois marchés dans la semaine.

MONTRÉJEAU. — Marché dont l'établissement remonte à 1285. Il se tient le lundi.

SAINT-GAUDENS. — Marchés existant de temps immémorial. Ils se tiennent le jeudi. Grains, denrées et bestiaux de toute espèce, étoffes et toiles du pays, volailles et porcs.

Outre ces marchés du jeudi, un dénombrement des droits censifs et féodaux ez-comtée autrefois Bigorre, vicomté de Nébouzan et autres terres dépendant de l'ancien domaine de Navarre, fait, sous le règne de Henri IV, à la diligence du syndic des consuls, manants et habitants de Saint-Gaudens, reconnaît déjà le privilége de deux autres marchés, qui se continuent encore le mardi et le samedi de chaque semaine, mais pour le bois seulement.

BOULOGNE. — Marché ouvert, sans titre d'établissement, le mercredi. Marchandises et denrées de toute espèce.

L'ISLE-EN-DODON. — Marché existant depuis le 8 janvier 1757. Il se tient le samedi.

AURIGNAC. — Les marchés de cette ville existent de temps immémorial. Ils se tiennent le mardi. Grains, porcs, lingerie, outils aratoires et quincaillerie.

CASSAGNABÈRE. — Marché existant de temps immémorial. Il se tient le lundi.

FOUSSERET. — On ignore l'époque de l'établissement des marchés de cette localité. Ils se tiennent le mercredi. Lingerie, draperie, œufs, volailles, grains, légumes.

RIEUMES. — Les marchés de Rieumes existent de temps immémorial. Ils se tiennent le jeudi. Céréales, bestiaux, étoffes, draperie.

MIREMONT. — Un arrêté du 22 octobre 1858 a établi à Miremont un marché qui se tient le mercredi.

SAINT-LYS. — Les marchés de cette localité se tiennent le mardi. On ignore l'époque de leur établissement. Bœufs, moutons, grains, draperie, lingerie et mercerie.

LÉGUEVIN. — Ce marché, établi par arrêté ministériel du 21 octobre 1843, se tient le jeudi.

LÉVIGNAC. — Un marché se tient tous les mardis dans cette commune de temps immémorial. Grains, étoffes, fruits.

CADOURS. — Marché établi en vertu d'une ordonnance royale, du 6 juillet 1827. Il se tient le mercredi.

GRENADE. — Ce marché existe de temps immémorial. Il se tient le samedi.

LAUNAC. — Marché établi par arrêté du 14 mars 1868. Il se tient le lundi.

215. — Il existait, autrefois, des marchés dans d'autres lieux du département. Je vais dire leur nom avec l'indication du jour où ces marchés se tenaient : à Auriac, le mardi; à Montgiscard, le jeudi; à Villenouvelle, le jeudi d'abord, et ensuite, le lundi; à Saint-Sulpice, le mercredi; à Noé, le lundi; à Longages, le mardi; à Martres, le jeudi; à Saint-Plancard, le vendredi; à Alan, *idem*. Depuis longtemps ces marchés, qui avaient été légalement établis, ont cessé d'être fréquentés, et aujourd'hui, depuis une époque plus ou moins reculée, ils sont complètement tombés en désuétude, sauf à Saint-Sulpice où un marché se tient encore le 2me mercredi après chaque foire, qui a lieu le 1er mercredi de chaque mois.

§ 25. — Vin.

216. — Avant que la nouvelle législation eût remplacé, par un système uniforme, les anciennes mesures, le vin, dans nos contrées, se vendait en gros, au *char*, au *barral*, au *pot*, à la *pinte*, au *pipot*, à la *juste*, à la *pipe*, au *péga*. Mais le *char* était la mesure la plus généralement usitée, au moins dans la partie du département placée au midi de Toulouse.

Le char n'était pas une mesure proprement dite ; c'était une sorte de charrette à quatre roues qui portait deux barriques, et c'étaient ces deux barriques réunies et remplies qu'on nommait char, relativement à la mesure. Le demi-char était la valeur d'une barrique. Les marchands qui voulaient acheter du vin venaient ordinairement chez le vendeur et portaient sur leurs voitures deux barriques vides. Le marché conclu, on remplissait ces barriques en se servant de grandes mesures, connues dans le pays sous le nom de *barrals*.

217. — Comme le peuple n'observe pas rigoureusement, dans tous nos cantons, notre système métrique ; comme il n'est pas encore habitué aux nouvelles dénominations, puisque la plupart des marchés y sont encore conclus d'après les anciennes mesures, j'ai cru qu'il était utile de les indiquer et de faire connaître, pour chaque canton, autant que les renseignements recueillis me l'ont permis, les usages suivis à cet égard :

TOULOUSE. — L'usage est de vendre le vin en gros à la pièce, qui vaut 100 pégas, égalant 316 litres 827 millièmes. Le péga vaut 3 litres 168 millièmes.

CASTANET. — Comme à Toulouse.

FRONTON. — A la velte, qui vaut 7 litres 60 centilitres. Une barrique ordinaire est de 40 veltes.

VILLEMUR. — A la velte, qui vaut 7 litres 60 centilitres.

MONTASTRUC. — Par barrique-gaillague et par pipe.

VERFEIL. — Avant l'année 1819, le vin se vendait dans ce canton par 60 pégas, mesure de Toulouse, faisant à peu près 186 litres. Depuis cette époque, on a adopté l'usage de vendre par 26 verges, qui font 2 hectolitres.

LANTA. — Par barrique-gaillague, d'environ 25 veltes ou 200 litres. Le prix est fait pour les 200 litres. On paie en sus ou en moins, selon la contenance des barriques.

CARAMAN. — Par barrique composée de 25 à 30 veltes. Les 30 veltes équivalent à 230 litres.

REVEL. — Par barrique ou tiercerolle, qui contient 30 veltes valant 230 litres.

VILLEFRANCHE. — A tant la charge. Une charge contient 15 veltes ou 115 litres ; la barrique, d'ordinaire, 30 veltes ou 230 litres.

MONTGISCARD. — Par barrique de 50 pégas (200 litres), ou de 100 pégas (400 litres). Le péga *comte Ramond* est égal à 4 litres 1|8 et une fraction, ou 3 litres 83 centilitres.

On vend aussi par charge de 15 veltes, qui égalent 28 pégas 75 centièmes de 4 litres. La velte, étant égale à 7 litres 66 centilitres, la charge de 15 veltes vaut 115 litres.

NAILLOUX. — A tant la charge, qui contient 115 litres ; à tant la pipe, contenant environ 400 litres.

CINTEGABELLE. — Généralement par justes. On dit : Je vous vend tant de justes de vin. Dans l'opinion générale des gens du pays, la juste vaut environ 2 litres (1 litre 972 millièmes).

AUTERIVE. — D'ordinaire, à la barrique, contenant 160 justes, ce qui fait environ 316 litres.

MURET. — Au char, qui contient 12 barrals ; le barral se compose de 27 pintes. Selon l'auteur des *Tables de comparaison,* publiées à Toulouse en l'an X, p. 303, le char vaudrait 6 hectolitres et 35 litres ; le barral, 53 litres 12 centièmes ; et selon M. Domergue, en sa *Métrologie du département de la Haute-Garonne,* p. 64, le char contiendrait 637 litres 465 millièmes, et le barral 53 litres 122 millièmes. S'il faut tenir pour exacts les renseignements que m'ont fournis quelques personnes du pays, le barral contiendrait 54 litres. Dans ce cas, le char devrait valoir 648 litres ; différence en plus avec les calculs des deux auteurs que je viens de citer, de 11 litres environ avec l'un, de 9 avec l'autre. Cette différence provient de ce que ces

— 203 —

personnes donnent à la pinte une contenance précise de 2 litres, ni plus ni moins. Elles disent : Le barral contient 27 pintes ; la pinte, 2 litres ; donc, le barral vaut 54 litres. — Néanmoins, d'après l'opinion de beaucoup d'autres personnes, le barral serait égal seulement à 52 litres, sans doute parce que, suivant elles, l'ancienne pinte ne valait que 1 litre 926 millilitres d'aujourd'hui. Dans ce cas, le char ne vaudrait que 624 litres. C'est l'opinion la plus généralement répandue.

CARBONNE. — Au char, qui vaut deux barriques ; la barrique, 300 litres. Le char contient 12 barrals ; le barral, 27 pots ou pintes ; le pot vaut 1 litre 852 millièmes ; le barral, 50 litres ; le char, 600 litres.

RIEUX. — Généralement, au char, contenant 6 hectolitres. On ne parle plus, comme autrefois, de barriques ni de pipes.

MONTESQUIEU-VOLVESTRE. — A la charge, qui est composée de 2 barils, et au baril qui correspond à 50 litres.

CAZÈRES. — Au char qui est composé de 324 pots. Il se divise en 18 barrals, composés, chacun, de 18 pots. Le pot vaut 1 litre 917 millièmes ; le barral, 34 litres 504 millièmes, et le char, 621 litres.

On vend aussi, dans le canton, notamment sur la rive droite de la Garonne, par charge, qui se compose de 2 barils, de 27 pots chacun. Dans beaucoup de caves, on vend d'après les nouvelles mesures, et alors le baril est égal à un demi-hectolitre.

SAINT-MARTORY. — Par barral et par char. Deux barrals font l'hectolitre, et six hectolitres font le char.

SALIES. — Au char et à la barrique. Le char est composé de 6 hectolitres, et la barrique de 2 hectolitres.

ASPET. — Pas d'usage.

SAINT-BÉAT. — *Idem.*

BAGNÈRES-DE-LUCHON. — Pas d'usage.

SAINT-BERTRAND. — *Idem.*

MONTRÉJEAU. — A tant la mesure, qui contient 42 litres 2136 dix-millièmes de litre.

SAINT-GAUDENS. — A l'hectolitre. Le vin se vend quelquefois, notamment dans les communes rurales du canton, à la mesure. Cette mesure contient 32 litres, et les 20 mesures forment le char du vin.

BOULOGNE. — Le vin se vend au char. Le char est de 18 mesures de 36 litres chacune, soit 648 litres.

L'ISLE-EN-DODON. — Au char ou à la mesure dite *Comte Ramond.* Le char est composé de 18 mesures qui correspondent à 643 litres 980 millièmes. La mesure est de 34 litres 110 millièmes.

AURIGNAC. — Au char, qui est composé de 6 hectolitres.

FOUSSERET. — Suivant les *Tables de comparaison,* p. 283, le char contient 18 barrals, le barral 18 pots ou pintes. Le pot vaut 1 litre 891 millièmes; le barral, 34 litres 38 millièmes; et le char, 612 litres 684 millièmes.

D'après les renseignements que j'ai recueillis dans l'usage du pays, le char contient 12 barrals; le barral 27 pots valant 54 litres. Par conséquent, le char se compose de 648 litres. Cette différence vient uniquement de ce que, d'après les gens du pays, le pot vaut juste 2 litres, tandis que, d'après l'auteur de l'ouvrage que j'ai cité, il ne contient que 1 litre 891 millièmes.

RIEUMES. — Au char, qui se compose de 12 barrals; le barral de 27 pintes. La pinte vaut 1 litre 852 millièmes; le barral 50 litres, et le char 600 litres.

SAINT-LYS. — Au char, au barral et à la pinte. Le char contient 12 barrals et vaut 612 litres 684 millièmes; le barral, 27 pintes, équivalant, selon la *Métrologie* de M. Domergue, p. 95, à 54 litres 57 millièmes, tandis que, d'après les renseignements que j'ai fait recueillir sur les lieux, le barral ne contiendrait que 50 litres, et la pinte que 1 litre 851 millièmes environ.

LÉGUEVIN. — A la barrique de 100 pégas, mesure de Toulouse, qui contient 346 litres 827 millièmes ou 100 pégas *Comte Ramond*, qui représentent 380 litres. — A Lévignac, par barrique contenant 1 hectolitre 90 litres.

CADOURS. — A la barrique, qui se compose de 24 veltes, valant 186 litres.

GRENADE. — *Idem.*

218. — Le vin vendu n'est jamais censé l'être avec la futaille qui l'enclôt. La futaille, dans tous nos cantons, reste toujours au propriétaire. Si l'acheteur n'apporte pas ses barriques, il prend le vin dans celles du vendeur auquel il s'oblige à les rendre dans un délai convenu.

219. — Excepté à Muret, où il est assez d'usage de permettre à l'acheteur étranger de prendre deux litres de vin pour son déjeuner et son dîner, nulle part il n'y a obligation de donner du vin en sus de la vente ou de la mesure.

220. — Quel est le droit dû au courtier qui procure la vente du vin? Qui, de l'acheteur ou du vendeur, est chargé du paiement de ce droit?

TOULOUSE. — Le courtier a droit à 1 franc par barrique, de la part du vendeur, et à 50 centimes de la part de l'acheteur.

VILLEMUR. — Celui qui a donné mission au courtier, soit le vendeur, soit l'acheteur, paye ce courtier et lui donne, pour honoraires, 50 centimes par chaque trois hectolitres de vin.

MURET. — Au chef-lieu du canton, le courtier perçoit du vendeur 2 fr. par char et 1 fr. de l'acheteur, ce qui est exhorbitant. Dans quelques communes du canton, ce droit est de 1 fr. 50 c. donnés par le vendeur, et de 50 c. donnés par l'acheteur.

CARBONNE. — Le courtier perçoit 2 fr., qui sont payés : 1 fr. par l'acheteur et 1 fr. par le vendeur.

RIEUX. — *Idem.*

FOUSSERET. — *Idem.*

CAZÈRES. —Le courtier perçoit, par char, 1 f. payable par le vendeur qui lui donne, en outre, une bouteille de vin qu'il va boire avec l'acheteur, quand celui-ci est étranger.

RIEUMES. — De 1 fr. 50 à 2 fr., payables, en général, par le vendeur.

Il n'y a pas de courtiers dans les autres cantons.

§ 26. — Usages divers.

Il est d'usage, dans le canton de Lanta, que le vendeur qui a garanti pleines des vaches, par lui vendues, paye à l'acheteur, si le fait n'est pas réel, une indemnité de 15 francs pour chaque vache non pleine. Cette somme est invariable, quel que soit le prix des vaches.

Dans le canton de Saint-Béat, il existe deux usages qu'il n'est pas sans intérêt de mentionner :

1° Il est d'usage, généralement suivi dans les familles pauvres, de posséder, avec des amis ou des voisins, des outils aratoires communs, dont ils se servent alternativement;

2° Il est également d'usage aussi, dans les familles pauvres, de former une paire de labourage par la réunion de deux vaches appartenant à des maîtres différents.

TABLEAU

DES MARCHÉS VOISINS (1)

NOMS DES COMMUNES par canton.	DÉSIGNATION DES DEUX MARCHÉS LES PLUS RAPPROCHÉS de chaque commune dans l'arrondissement.			
	MARCHÉ le plus rapproché.	DISTANCE (2)	MARCHÉ le moins rapproché.	DISTANCE
		kil.		kil.

ARRONDISSEMENT DE TOULOUSE

CADOURS

Bellegarde.	Lévignac.	7	Cadours.	8
Belleserre.	Cadours.	9	Grenade.	16
Brignemont.	Cadours.	9	Launac.	18
Caubiac.	Cadours.	4	Lévignac.	11
Cox.	Cadours.	6	Lévignac.	19
Drudas.	Cadours.	6	Lévignac.	14
Garac.	Cadours.	5	Lévignac.	9
Lagraulet.	Cadours.	11	Grenade.	17.5
Lamothe-Cabanac-Sé.	Cadours.	9	Launac.	17
Laréole.	Cadours.	3	Lévignac.	17
Le Castéra.	Lévignac.	5	Cadours.	10
Le Grès.	Cadours.	4.5	Launac.	8
Pelleport.	Launac.	4	Cadours.	6
Puisségur.	Cadours.	3	Launac.	10
Vignaux.	Cadours.	6	Lévignac.	10

(1 et 2) Ce tableau des marchés voisins, souvent indispensable, n'existait nulle part. Je dois à l'extrême obligeance de M. Bayard, géomètre, agent-voyer de première classe de l'arrondissement de Muret, la confection de la table des distances qui l'accompagne. Ce tableau a subi une révision à l'occasion des nouveaux marchés. (Note de la 2e édition).

NOMS DES COMMUNES par canton.	DÉSIGNATION DES DEUX MARCHÉS LES PLUS RAPPROCHÉS de chaque commune dans l'arrondissement.			
	MARCHÉ le plus rapproché.	DISTANCE	MARCHÉ le moins rapproché.	DISTANCE
		kil.		kil.
CASTANET				
Aureville.	Castanet.	6	Toulouse.	16
Auzeville.	Castanet.	2	Toulouse.	10
Auzielle.	Castanet.	7	Toulouse.	13
Clermont.	Castanet.	8.5	Toulouse.	19.5
Goyrans.	Castanet.	7	Toulouse.	17
Labége.	Castanet.	3	Toulouse.	13
Lacroix-Falg.	Castanet.	7	Toulouse.	14
Mervilla.	Castanet.	2.5	Toulouse.	13
Péchabou.	Castanet.	2.5	Toulouse.	14.5
Pechbusque.	Castanet.	4	Toulouse.	9
Rebigue.	Castanet.	3.5	Toulouse.	14.5
St-Orens-de-G.	Castanet.	6	Toulouse.	10
Vieille-Toulse.	Castanet.	5	Toulouse.	10
Vigoulet-Auzil	Castanet.	3.5	Toulouse.	12
FRONTON				
Bouloc.	Fronton.	8	Grenade	11.5
Bruguières.	Grenade.	12.5	Fronton.	14
Castelnau.	Grenade.	7	Fronton.	8
Cépet.	Fronton.	13	Villemur.	15
Gargas.	Montastruc.	12	Bessières.	13.5
Gratentour.	Toulouse.	14	Grenade.	14
Labastide St-S.	Montastruc.	13.5	Bessières.	15.5
Lespinasse.	Grenade.	11	Toulouse.	13
Montjoire.	Bessières.	8	Montastruc.	8.5
Ondes.	Grenade.	2	Fronton.	9
Saint-Jory.	Grenade.	9	Fronton.	14
Saint-Rustice.	Grenade.	4.5	Fronton.	7
Saint-Sauveur.	Grenade.	12	Fronton.	12

NOMS DES COMMUNES par canton.	DÉSIGNATION DES DEUX MARCHÉS LES PLUS RAPPROCHÉS de chaque commune dans l'arrondissement.			
	MARCHÉ le plus rapproché.	DISTANCE	MARCHÉ le moins rapproché.	DISTANCE
		kil.		kil.
Vacquiers.	Montastruc.	12.5	Bessières.	13
Villariès.	Montastruc.	10	Bessières.	12
Villaudric.	Fronton.	4.5	Villemur.	7
Villeneuve-les-B.	Fronton.	9.5	Grenade.	10.5

GRENADE

Aussonne.	Grenade.	10	Lévignac.	12
Bretx.	Launac.	6	Lévignac.	11
Daux.	Lévignac.	7.5	Grenade.	10
Le Burgaud.	Grenade.	12	Cadours.	13
Menville.	Lévignac.	1.5	Léguevin.	10.5
Merville.	Grenade.	7	Launac.	10
Montégut.	Lévignac.	4	Grenade.	11.5
Saint-Cézert.	Grenade.	9	Cadours.	13.5
Saint-Paul.	Lévignac.	5	Grenade.	11
Seilh.	Grenade.	10	Toulouse.	15
Thil.	Lévignac.	7	Cadours.	10.5

LÉGUEVIN

Bratx.	Léguevin.	2	Lévignac.	7.5
La Salvetat.	Léguevin.	4.5	Lévignac.	14
Lasserre.	Lévignac.	3.8	Léguevin.	7
Mérenvielle.	Lévignac.	5	Léguevin.	7.5
Pibrac.	Léguevin.	5	Lévignac.	10
Plaisance.	Léguevin.	7	Toulouse.	13
Pradère-les-B.	Lévignac.	4	Léguevin.	8.8
Sainte-Livrade	Lévignac.	8	Léguevin.	13

NOMS DES COMMUNES par canton.	DÉSIGNATION DES DEUX MARCHÉS LES PLUS RAPPROCHÉS de chaque commune dans l'arrondissement.			
	MARCHÉ le plus rapproché.	DISTANCE	MARCHÉ le moins rapproché.	DISTANCE
		kil.		kil.

MONTASTRUC

Azas.	Montastruc.	8	Verfeil.	10
Bazus.	Montastruc.	7	Bessières.	12
Buzet.	Bessières.	3	Montastruc.	9
Garidech.	Montastruc.	3.5	Verfeil.	14.5
Gémil.	Montastruc.	2.5	Bessières.	9.5
Lapeyrouse-F.	Montastruc.	10	Toulouse.	13
Montpitol-la-S	Montastruc.	6	Verfeil.	7
Paulhac.	Montastruc.	6	Bessières.	8
Roqueserrière	Montastruc.	5	Bessières.	9
St-Jean-Lherm	Montastruc.	3	Verfeil.	8

TOULOUSE (Centre)

Castelmaurou.	Montastruc.	8.5	Toulouse.	13
L'Union.	Toulouse.	10	Montastruc.	12
Montberon.	Montastruc.	12.5	Toulouse.	15
Pechbonnieu.	Montastruc.	12	Toulouse.	13
Rouffiac.	Montastruc.	10.5	Toulouse.	11
Saint-Géniés.	Toulouse.	11	Montastruc.	12
Saint-Loup.	Montastruc.	12	Toulouse.	13

TOULOUSE (Nord)

Castelginest.	Toulouse.	11	Grenade.	16
Fenouillet.	Toulouse.	10	Grenade.	14
Fonbeauzard.	Toulouse.	9	Montastruc.	14.5
Gagnac.	Grenade.	11	Toulouse.	13
Launaguet.	Toulouse.	9	Montastruc.	14.5
Aucamville.	Toulouse.	7	Grenade.	17
Saint-Alban.	Toulouse.	11	Grenade.	15

NOMS DES COMMUNES par canton.	DÉSIGNATION DES DEUX MARCHÉS LES PLUS RAPPROCHÉS de chaque commune dans l'arrondissement.			
	MARCHÉ le plus rapproché.	DISTANCE	MARCHÉ le moins rapproché.	DISTANCE
		kil.		kil.

TOULOUSE (Ouest)

Beauzelle.	Toulouse.	12	Grenade.	14
Blagnac.	Toulouse.	7	Léguévin.	16
Colomiers.	Léguevin.	9	Toulouse.	10
Cornebarrieu.	Léguevin.	10	Toulouse.	13
Cugnaux.	Toulouse.	12	Léguevin.	12
Mondonville.	Lévignac.	10	Léguevin.	12
Portet.	Castanet.	8	Toulouse.	10
Tournefeuille.	Toulouse.	9	Léguevin.	10.5

TOULOUSE (Sud)

Balma.	Toulouse.	7	Castanet.	15
Belpech.	Verfeil.	10.5	Toulouse.	12
Dremil-Lafage	Verfeil.	11	Toulouse.	14
Flourens.	Castanet.	11	Toulouse.	12
Le Pin Balma.	Toulouse.	9	Verfeil.	13
Mondouzil.	Verfeil.	11	Toulouse.	12
Montrabé.	Toulouse.	9	Verfeil.	12
Mons.	Verfeil.	10	Toulouse.	13
Montauriol.	Verfeil.	12	Toulouse.	14
Quint.	Castanet.	9	Toulouse.	11
Ramonville Ste-Agne.	Castanet.	3	Toulouse.	9

VERFEIL

Bonrepos.	Verfeil.	5	Montastruc.	7
Gauré.	Verfeil.	7	Montastruc.	16.5
Gragnague.	Verfeil.	9	Montastruc.	9
Lavalette.	Verfeil.	7	Montastruc.	16

NOMS DES COMMUNES par canton.	DÉSIGNATION DES DEUX MARCHÉS LES PLUS RAPPROCHÉS de chaque commune dans l'arrondissement.			
	MARCHÉ le plus rapproché.	DISTANCE	MARCHÉ le moins rapproché.	DISTANCE
		kil.		kil.
St-Jean-des-P.	Verfeil.	4.5	Montastruc.	15
St-Marcel-Paul	Verfeil.	5	Montastruc.	12
St-Martin-des-Pierres	Verfeil.	4	Montastruc.	13

VILLEMUR

Layrac.	Villemur.	5.5	Bessières.	6.5
Le Born.	Villemur.	6	Bessières.	18
Mirepoix.	Bessières.	4	Villemur.	8

ARRONDISSEMENT DE VILLEFRANCHE

CARAMAN

Albiac.	Loubens.	2.9	Caraman.	3.1
Auriac.	Caraman.	5.5	Loubens.	7.5
Beauville.	Caraman.	7.7	Saint-Félix.	10
Cabanial.	Caraman.	9.5	Loubens.	10
Cambiac.	Caraman.	6.3	Loubens.	12.2
Caragoudes.	Caraman.	5.7	Baziége.	11
Francarville.	Loubens.	3.5	Caraman.	8
La Salvetat.	Caraman.	3.5	Loubens.	4.4
Le Faget.	Loubens.	3	Caraman.	7
Mascarville.	Caraman.	3	Loubens.	3.5
Maureville.	Caraman.	4.5	Loubens.	10.5
Mourvilles-B.	Caraman.	7	Baziége.	9
Prunet.	Loubens.	4.5	Caraman.	5
Saussens.	Loubens.	5.5	Caraman.	7
Segreville.	Caraman.	4	Loubens.	10
Toutens.	Caraman.	5.5	Villefranche.	9.5
Vendine.	Loubens.	2.2	Caraman.	7.5

NOMS DES COMMUNES par canton.	DÉSIGNATION DES DEUX MARCHÉS LES PLUS RAPPROCHÉS de chaque commune dans l'arrondissement.			
	MARCHÉ le plus rapproché.	DISTANCE kil.	MARCHÉ le moins rapproché.	DISTANCE kil.

LANTA

Aigrefeuille.	Lanta.	9	Caraman.	15
Aurin.	Caraman.	6	Lanta.	6
Lauzerville.	Lanta.	10	Baziège.	13.5
Le Bourg-St-B.	Loubens.	3.5	Lanta.	10
Préserville.	Lanta.	5	Baziège.	9
Ste-Foy-le-Puj.	Baziège.	11	Caraman.	13
St-Pierre-de-L	Lanta.	3	Caraman.	13.5
Tarabel.	Caraman.	8	Lanta.	8
Valesvilles.	Lanta.	6	Loubens.	12

MONTGISCARD

Ayguesvives.	Baziège.	2.7	Nailloux.	9.5
Belberaud.	Baziège.	7.5	Caraman.	17
Belbèze.	Baziège.	6	Nailloux.	11.5
Corronsac.	Baziège.	10.2	Nailloux.	19.8
Deyme.	Baziège.	8.5	Nailloux.	17.5
Donneville.	Baziège.	6.5	Nailloux.	15.5
Escalquens.	Baziège.	9	Caraman.	17.5
Espanès.	Baziège.	10.5	Nailloux.	17
Fourquevaux.	Baziège.	6.5	Caraman.	13.5
Issus.	Baziège.	10	Nailloux.	14
Labastide-Beauvoir.	Baziège.	6	Caraman.	11
Lasvarennes.	Baziège.	7	Caraman.	9.5
Montbrun.	Baziège.	7.5	Nailloux.	15
Montgiscard.	Baziège.	4	Nailloux.	13

NOMS DES COMMUNES par canton.	DÉSIGNATION DES DEUX MARCHÉS LES PLUS RAPPROCHÉS de chaque commune dans l'arrondissement.			
	MARCHÉ le plus rapproché.	DISTANCE	MARCHÉ le moins rapproché.	DISTANCE
		kil.		kil.
Montlaur.	Baziège.	4.5	Villefranche	15
Noueilles.	Baziège.	10	Nailloux.	11
Odars.	Baziège.	8.5	Caraman.	16.5
Pompertuzat.	Baziège.	10	Nailloux.	19
Pouzes.	Baziège.	8	Nailloux.	12

NAILLOUX

Auragne.	Nailloux.	11.5	Baziège.	13
Caignac.	Nailloux.	9	Villefranche	12
Calmont.	Nailloux.	10.3	Villefranche	20.3
Gibel.	Nailloux.	10	Villefranche	15
Mauvezin.	Nailloux.	7.5	Baziège.	13
Monestrol.	Nailloux.	5	Villefranche	10
Montgeard.	Nailloux.	2	Villefranche	12
Saint-Léon.	Baziège.	8	Nailloux.	8.5
Seyre.	Nailloux.	4	Villefranche	6.3

REVEL

Bélesta.	Saint-Félix.	9	Villefranche	12
Juzes.	Villefranche	8	Caraman.	10.5
Le Falga.	Caraman.	9.7	Revel.	14
Le Vaux.	Saint-Félix.	4	Villefranche	12.7
Maurens.	Caraman.	9.5	Villefranche	10
Montégut.	Revel.	7	Caraman.	15.6
Mourvilles-H.	Saint-Félix.	7	Villefranche	11
Nogaret.	Saint-Félix.	7	Revel.	10
Roumens.	Revel.	6.5	Saint-Félix.	7
Saint-Julia.	Revel.	9	Caraman.	13.6
Vaudreuille.	Revel.	5	Saint-Félix.	10

NOMS DES COMMUNES par canton.	DÉSIGNATION DES DEUX MARCHÉS LES PLUS RAPPROCHÉS de chaque commune dans l'arrondissement.			
	MARCHÉ le plus rapproché.	DISTANCE kil.	MARCHÉ le moins rapproché.	DISTANCE kil.

VILLEFRANCHE

Avignonet.	Villefranche	6.5	Baziége.	17
Beauteville.	Villefranche	8.6	Nailloux.	11
Cessales.	Villefranche	7.5	Caraman.	8
Folcarde.	Villefranche	6.8	Saint-Félix.	11
Gardouch.	Villefranche	3.5	Nailloux.	6.5
Lagarde.	Nailloux.	8.5	Villefranche	9
Lux.	Villefranche	6.5	Saint-Félix.	11
Mauremont.	Baziége.	7	Villefranche	8.5
Montclar.	Villefranche	7	Nailloux.	7.5
Montesquieu-sur-Ca.	Baziége.	6.5	Villefranche	9.3
Montgaillard.	Villefranche	4.7	Baziége.	9.5
Renneville.	Villefranche	3	Nailloux.	11
Rieumajou.	Villefranche	6.5	Saint-Félix.	10
Saint-Germier	Caraman.	8	Villefranche	9.1
Saint-Rome.	Villefranche	4.2	Baziége.	8
Saint-Vincent.	Villefranche	5.8	Caraman.	10.6
Trébons.	Villefranche	6.5	Caraman.	9.8
Vallègue.	Villefranche	4	Caraman.	12.4
Vieillevigne.	Villefranche	6	Nailloux.	7
Villenouvelle.	Baziége.	4	Villefranche	5.7

ARRONDISSEMENT DE MURET

CINTEGABELLE

Caujac.	Cintegabelle	5.5	Auterive.	6.5
Esperce.	Auterive.	9.5	Cintegabelle	11.5
Gailhac-Toulza	Cintegabelle	8.5	Auterive.	13
Grazac.	Auterive.	5.5	Cintegabelle	7
Marliac.	Cintegabelle	11.5	Auterive.	16

NOMS DES COMMUNES par canton.	DÉSIGNATION DES DEUX MARCHÉS LES PLUS RAPPROCHÉS de chaque commune dans l'arrondissement.			
	MARCHÉ le plus rapproché.	DISTANCE	MARCHÉ le moins rapproché.	DISTANCE
		kil.		kil.

AUTERIVE

Auribail.	Miremont.	3	Auterive.	8
Beaumont.	Miremont.	5	Muret.	10.5
Grépiac.	Venerque.	3.5	Auterive.	6.7
Labruyère.	Venerque.	5.2	Auterive.	7
Lagrâce-Dieu.	Miremont.	4	Auterive.	6
Mauressac.	Auterive.	4.5	Miremont.	6
Puydaniel.	Miremont.	4.5	Auterive.	5
Vernet (Le).	Venerque.	1.6	Muret.	9.7

MURET

Eaunes.	Muret.	5.5	Miremont.	8
Frouzins.	Muret.	7	Saint-Lys.	13
Fauga (Le).	Muret.	7.7	Carbonne.	13.5
Labarthe.	Venerque.	5	Muret.	6
Labastidette.	Muret.	7	Saint-Lys.	10
Lacasse.	Muret.	8.5	Rieumes. / Carbonne.	13 / 13
Lagardelle.	Miremont.	6	Venerque.	6.5
Lavernoze.	Muret.	9.5	Rieumes. / Carbonne.	12 / 12
Lherm (Le).	Muret.	9	Rieumes.	9.5
Pins-Justaret.	Muret.	6	Venerque.	8.5
Pinsaguel.	Muret.	9.5	Venerque.	10.5
Roques.	Muret.	8	Venerque.	11.5
Roquettes.	Muret.	6	Venerque.	11

NOMS DES COMMUNES par canton.	DÉSIGNATION DES DEUX MARCHÉS LES PLUS RAPPROCHÉS de chaque commune dans l'arrondissement.			
	MARCHÉ le plus rapproché.	DISTANCE	MARCHÉ le moins rapproché.	DISTANCE
		kil.		kil.
Saint-Clar.	Saint-Lys.	6.5	Muret.	9
Saint-Hilaire.	Muret.	6.5	Rieumes.	14
Saubens.	Muret.	3.7	Venerque.	10.5
Seysses.	Muret.	4.5	Saint-Lys.	11
Villate.	Muret.	5.2	Venerque.	7.5
Villeneuve.	Muret.	8.2	Saint-Lys.	14.5

CARBONNE

Bois-de-la-Pierre.	Carbonne.	9	Fousseret.	9.5
Capens.	Carbonne.	6.5	Rieux.	12.5
Longages.	Carbonne.	7	Rieumes.	12
Marquefave.	Carbonne.	4	Rieux.	10
Mauzac.	Muret.	10.7	Carbonne.	12
Montgazin.	Carbonne.	8	Rieux.	14
Montaut.	Carbonne.	·11	Muret.	14
Noé.	Carbonne.	10	Muret.	12
Peyssies.	Carbonne.	5.2	Fousseret.	11
Saint-Sulpice.	Carbonne.	10.5	Auterive.	13

RIEUX

Bax.	Montesquieu	6	Rieux.	8.7
Gensac.	Cazères.	5	Montesquieu	7.5
Goutevernisse	Montesquieu	4	Rieux.	6
Lacaugne.	Carbonne.	5	Rieux.	8
Latrape.	Rieux.	7.5	Montesquieu	8.5
Lavelanet.	Fousseret.	5.5	Cazères.	6
Mailholas.	Rieux.	4.5	Montesquieu	5.5
Salles.	Rieux.	3	Carbonne.	4.5
Saint-Julien.	Rieux.	5	Cazères.	7

NOMS DES COMMUNES par canton.	DÉSIGNATION DES DEUX MARCHÉS LES PLUS RAPPROCHÉS de chaque commune dans l'arrondissement.			
	MARCHÉ le plus rapproché.	DISTANCE kil.	MARCHÉ le moins rapproché.	DISTANCE kil.
MONTESQUIEU-VOLVESTRE				
Canens.	Montesquieu	9.5	Rieux.	14
Castagnac.	Montesquieu	12	Rieux.	15
Gouzens.	Montesquieu	4.5	Cazères.	9.5
Lahitère.	Montesquieu	8.5	Cazères.	13.5
Lapeyrère.	Montesquieu	9	Rieux.	12.5
Latour.	Montesquieu	6	Rieux.	12
Massabrac.	Montesquieu	13	Rieux.	16
Montbrun.	Montesquieu	11	Rieux.	17
St-Christaud.	Cazères.	5	Montesquieu	9
CAZÈRES				
Boussens.	Cazères.	10.5	Fousseret.	15.5
Couladère.	Cazères.	0.5	Fousseret.	10
Francon.	Fousseret.	9	Cazères.	12
Lescuns.	Fousseret.	7.2	Cazères.	7.5
Marignac-las-Peyres.	Cazères.	10	Fousseret.	12.5
Martres.	Cazères.	6.5	Fousseret.	11
Mauran.	Cazères.	5	Fousseret.	12
Montberaud.	Cazères.	7.5	Montesquieu	10
Montclar.	Cazères.	7	Fousseret.	14
Mondavezan.	Cazères.	5.5	Fousseret.	5.7
Palaminy.	Cazères.	1	Fousseret.	10.5
Plagne.	Cazères.	6	Fousseret.	15.5
Plan (Le).	Cazères.	5.5	Montesquieu	10.5
Saint-Michel.	Cazères.	4.5	Montesquieu / Fousseret.	14 / 14
Sana.	Cazères.	7	Fousseret.	8.7

NOMS DES COMMUNES par canton.	DÉSIGNATION DES DEUX MARCHÉS LES PLUS RAPPROCHÉS de chaque commune dans l'arrondissement.			
	MARCHÉ le plus rapproché.	DISTANCE	MARCHÉ le moins rapproché.	DISTANCE
		kil.		kil.

FOUSSERET

NOMS	MARCHÉ le plus rapproché	DISTANCE	MARCHÉ le moins rapproché	DISTANCE
Castelnau-Picampeau.	Fousseret.	5.5	Cazères.	15
Casties-Labrande.	Fousseret.	8.5	Rieumes.	16
Fustignac.	Fousseret.	7.5	Cazères.	17
Gratens.	Fousseret.	6.5	Carbonne.	10
Laffitte.	Carbonne.	5.5	Fousseret.	8
Lussan-Adeilhac.	Fousseret.	11	Cazères.	17
Marignac-las-Clares.	Fousseret.	4	Carbonne.	10.5
Montégut.	Fousseret.	7.5	Cazères.	12
Montoussin.	Fousseret.	5.5	Cazères.	10.5
Polastron.	Fousseret.	11.5	Cazères.	21
Pouy-de-Touge	Fousseret.	7	Rieumes.	14
Saint-Araille.	Fousseret.	12	Rieumes.	13.5
Saint-Elix.	Fousseret.	7	Carbonne.	7.5
Sénarens.	Fousseret.	11.2	Rieumes.	15

RIEUMES

NOMS	MARCHÉ le plus rapproché	DISTANCE	MARCHÉ le moins rapproché	DISTANCE
Bérat.	Rieumes.	6	Carbonne.	13
Beaufort.	Rieumes.	5.5	Saint-Lys.	9
Forgues.	Rieumes.	7	Saint-Lys.	16.5
Labastide.	Rieumes.	8	Fousseret.	9.2
Lahage.	Rieumes.	6	Saint-Lys.	14.4
Lautignac.	Rieumes.	7	Fousseret.	12
Monès.	Rieumes.	7.5	Fousseret.	16.5
Montgras.	Rieumes.	7.5	Saint-Lys.	13.2
Montastruc-Savères.	Rieumes.	10.7	Fousseret.	11
Pin (Le).	Rieumes.	9.7	Fousseret.	15.2
Plagnolle.	Rieumes.	6	Fousseret.	15.5
Poucharramet	Rieumes.	5	Saint-Lys.	11
Sabonnères.	Rieumes.	9	Saint-Lys.	12
Sajas.	Rieumes.	10	Fousseret.	11
Savères.	Rieumes.	6.5	Fousseret.	12

NOMS DES COMMUNES par canton.	DÉSIGNATION DES DEUX MARCHÉS LES PLUS RAPPROCHÉS de chaque commune dans l'arrondissement.			
	MARCHÉ le plus rapproché.	DISTANCE	MARCHÉ le moins rapproché.	DISTANCE
		kil.		kil.

SAINT-LYS

Bonrepos.	Saint-Lys.	4.5	Rieumes.	16
Bragayrac.	Saint-Lys.	9.5	Rieumes.	10.5
Cambernard.	Saint-Lys.	4.5	Rieumes.	9
Empeaux.	Saint-Lys.	8	Rieumes.	15.5
Fonsorbes.	Saint-Lys.	5.5	Muret.	12.5
Fontenilles.	Saint-Lys.	5	Muret.	16.5
Lamasquère.	Muret.	6.5	Saint-Lys.	7
Ste-Foy-de-Peyroli.	Saint-Lys.	4	Rieumes.	9.5
Saint-Thomas.	Saint-Lys.	7.7	Rieumes.	14.5
Seyguède.	Saint-Lys.	3	Rieumes.	13.5

ARRONDISSEMENT DE SAINT-GAUDENS

ASPET

Arbas.	Aspet.	11	Salies.	14
Arbon.	Aspet.	5	St-Gaudens.	15
Arguenos.	Aspet.	10	Saint-Béat.	15
Cabarac.	Aspet.	6	St-Gaudens.	11
Cazaunous.	Aspet.	10	Saint-Béat.	15
Chein-Dessus.	Aspet.	7	Salies.	12.5
Couledoux.	Aspet.	11	Saint-Béat.	11
Couret.	Aspet.	5	St-Gaudens.	11.5
Encausse.	Aspet.	7.5	St-Gaudens.	9
Estadens.	Aspet.	5	Salies.	13
Fougaron.	Aspet.	13	Salies.	16
Ganties.	Aspet.	8.3	St-Gaudens.	11
Izaut-de-l'Hôt.	Aspet.	4	St-Gaudens.	13
Juzet-d'Izaut.	Aspet.	7	Saint-Béat.	17
Milhas et Raze	Aspet.	4	St-Gaudens.	19
Moncaup.	Aspet.	12.5	Saint-Béat.	12.5
Portet d'Aspet	Aspet.	14	Saint-Béat.	19
Sengouagnet.	Aspet.	4	St-Gaudens.	19
Soueich.	Aspet.	5	St-Gaudens.	9.5

NOMS DES COMMUNES par canton.	DÉSIGNATION DES DEUX MARCHÉS LES PLUS RAPPROCHÉS de chaque commune dans l'arrondissement.			
	MARCHÉ le plus rapproché.	DISTANCE	MARCHÉ le moins rapproché.	DISTANCE
		kil.		kil.
AURIGNAC				
Alan.	Aurignac.	5	St-Martory.	11
Aulon.	Cassagnabère	5	Aurignac.	6.5
Bachas.	Aurignac.	5.5	Cassagnabère	13
Benque d'Aurignac.	Aurignac.	7	L'Isle-en-Dodon.	17
Boussan.	Aurignac.	3	Cassagnabère	6
Bouzin.	Aurignac.	3	St-Martory.	7
Cazeneuve.	Aurignac.	5	St-Martory.	8
Eoux.	Aurignac.	7	Cassagnabère	12
Esparron.	Cassagnabère	5	Aurignac.	11
Latoue.	St-Gaudens.	10	Aurignac.	11
Montoulieu.	Aurignac.	3	Cassagnabère	12
Peyrissas.	Aurignac.	9	L'Isle-en-Dodon.	15
Peyrouzet.	Cassagnabère	4	Aurignac.	5
Saint-André.	Aurignac.	7	Cassagnabère	10
St-Elix et Séglan.	Aurignac.	4	St-Martory.	9
Samouillan.	Aurignac.	8	St-Martory.	15.5
Terrebasse.	Aurignac.	7	St-Martory.	13
Tournas et Ramefort.	Aurignac.	8	St-Martory.	14
BAGNÈRES-DE-LUCHON				
Antignac.	Bagnères-L.	4	Saint-Béat.	16
Artigue.	Bagnères-L.	7	Saint-Béat.	20
Benque Dessus et Dess.	Bagnères-L.	5	Saint-Béat.	24.5
Billières.	Bagnères-L.	6	Saint-Béat.	25.5
Bourg-d'Oueil.	Bagnères-L.	12	Saint-Béat.	31.5
Castillon-de-Larboust.	Bagnères-L.	5.5	Saint-Béat.	25
Cathervieille.	Bagnères-L.	8	Saint-Béat.	27.5
Caubous.	Bagnères-L.	10	Saint-Béat.	29.5
Cazarilh-Laspènes.	Bagnères-L.	2	Saint-Béat.	21.5

NOMS DES COMMUNES par canton.	DÉSIGNATION DES DEUX MARCHÉS LES PLUS RAPPROCHÉS de chaque commune dans l'arrondissement.			
	MARCHÉ le plus rapproché.	DISTANCE	MARCHÉ le moins rapproché.	DISTANCE
		kil.		kil.
Cazeaux-de-Larboust.	Bagnères-L.	6	Saint-Béat.	25.5
Cier-de-Luch.	Bagnères-L.	8	Saint-Béat.	12.5
Cirès.	Bagnères-L.	11	Saint-Béat.	30.5
Garin.	Bagnères-L.	7	Saint-Béat.	26.5
Gouaoux-de-Larboust.	Bagnères-L.	10	Saint-Béat.	29.5
Gouaoux-de-Lu hon.	Bagnères-L.	9	Saint-Béat.	28.5
Jurvielle.	Bagnères-L.	9	Saint-Béat.	29
Juzet-de-Luch.	Bagnères-L.	3	Saint-Béat.	17.5
Meyrègne.	Bagnères-L.	8	Saint-Béat.	27.5
Montauban.	Bagnères-L.	2	Saint-Béat.	19.5
Moustajou.	Bagnères-L.	3	Saint-Béat.	17
Oô.	Bagnères-L.	8	Saint-Béat.	27.5
Portet-de-Luch	Bagnères-L.	9	Saint-Béat.	29
Poubeau.	Bagnères-L.	8.5	Saint-Béat.	28
Sacourvieille.	Bagnères-L.	5	Saint-Béat.	24
Saint-Aventin	Bagnères-L.	5	Saint-Béat.	24
Saint-Mamet.	Bagnères-L.	2	Saint-Béat.	21
St-Paul-d'Oueil	Bagnères-L.	7	Saint-Béat.	26.5
Salles et Pratviel.	Bagnères-L.	5	Saint-Béat.	15
Sode.	Bagnères-L.	5	Saint-Béat.	17.5
Trébons.	Bagnères-L.	3	Saint-Béat.	22.5

BOULOGNE

Blajan.	Boulogne.	4	Cassagnabère	13
Cardeilhac.	Boulogne.	12	St-Gaudens.	12
Castéra-Vignolles.	Aurignac.	12	Boulogne.	13
Charlas.	Cassagnabère	4	Boulogne.	10
Ciadoux.	Cassagnabère	6	Boulogne.	9
Escanecrabe.	Cassagnabère	8	Boulogne.	11
Gensac.	Boulogne.	7	St-Gaudens.	22

NOMS DES COMMUNES par canton.	DÉSIGNATION DES DEUX MARCHÉS LES PLUS RAPPROCHÉS de chaque commune dans l'arrondissement.			
	MARCHÉ le plus rapproché.	DISTANCE	MARCHÉ le moins rapproché.	DISTANCE
		kil.		kil.
Larroque.	Boulogne.	13	St-Gaudens.	16
Lespugne.	Cassagnabère	7	Boulogne.	9
Lunax.	Boulogne.	7	L'Isle-en D.	14
Mondilhan.	Boulogne.	6	L'Isle-en-D.	15
Montgaillard-de-B.	Cassagnabère	8	Boulogne.	9
Montmaurin.	Boulogne.	8.5	St-Gaudens.	17
Nénigan.	Boulogne.	9	L'Isle-en-D.	12
Nizan.	Boulogne.	8.5	St-Gaudens.	21
Péguilhan.	Boulogne.	6	L'Isle-en-D.	15
Saint-Féréol.	Boulogne.	10	L'Isle-en-D.	11
Saint-Lary.	Cassagnabère	2	Aurignac.	13
Saint-Loup.	Boulogne.	8	St-Gaudens.	22
St-Pé-del-Bosc	Boulogne.	5	Cassagnabère	11
Saman.	Cassagnabère	6	Boulogne.	13
Sarrecave.	Boulogne.	11	St-Gaudens.	18
Sarremezan.	Boulogne	10	St-Gaudens.	14

L'ISLE-EN-DODON

Agassac.	L'Isle-en-D.	5	Aurignac.	22
Ambax.	L'Isle-en-D.	8	Aurignac.	17
Anan.	L'Isle-en-D.	3	Aurignac.	18
Boissède	L'Isle-en D.	3	Boulogne.	21
Castelgaillard.	L'Isle-en-D.	6	Aurignac.	17.5
Coueilles.	L'Isle-en-D.	6	Aurignac.	16.5
Fabas.	L'Isle-en-D.	10	Aurignac.	12.5
Frontignan.	L'Isle-en-D.	7	Aurignac.	23
Goudex.	L'Isle-en-D.	10	Aurignac.	11
Labastide-Paumès.	L'Isle-en-D.	10	Aurignac.	6

NOMS DES COMMUNES par canton.	DÉSIGNATION DES DEUX MARCHÉS LES PLUS RAPPROCHÉS de chaque commune dans l'arrondissement.			
	MARCHÉ le plus rapproché.	DISTANCE	MARCHÉ le moins rapproché.	DISTANCE
		kil.		kil.
Lilhac.	L'Isle-en-D.	13	Aurignac.	13
Martisserre.	L'Isle-en-D.	4	Aurignac.	22
Mauvezin-de-l'Isle.	L'Isle-en-D.	8	Aurignac.	19
Mirambeau.	L'Isle-en-D.	4	Aurignac.	23.5
Molas.	L'Isle-en-D.	5	Boulogne.	17
Montbernard.	L'Isle-en-D.	11	Boulogne.	14
Montesquieu-Guitt.	L'Isle-en-D.	8	Boulogne.	13
Puymaurin.	L'Isle-en-D.	6	Boulogne.	14.5
Riolas.	L'Isle-en-D.	8	Aurignac.	16.5
Saint-Frajou.	L'Isle-en-D.	6	Aurignac.	16
Saint-Laurent.	L'Isle-en-D.	8	Aurignac.	14
Salerm.	L'Isle-en-D.	10	Aurignac.	12

MONTRÉJEAU

Ausson.	Montréjeau.	2	St Gaudens.	13
Balesta.	Boulogne.	14	Montréjeau.	15
Bordes.	Montréjeau.	6	St-Gaudens.	8
Boudrac.	Montréjeau.	13	Boulogne.	17
Cazarilh de M.	Montréjeau.	14	Boulogne.	16
Clarac.	Montréjeau.	5	St-Gaudens.	9.5
Cuguron	Montréjeau.	3	St-Gaudens.	17
Cuing.	Montréjeau.	8.5	St-Gaudens.	12
Franquevieille	Montréjeau.	7	St-Gaudens.	18
Lécussan.	Montréjeau.	11	Boulogne.	22
Loudet.	Montréjeau.	10	St-Gaudens.	15
Ponlat et Taillebonrg.	Montréjeau.	5	St-Gaudens.	11
St-Plancard.	Montréjeau.	13	St-Gaudens.	17
Sédeilhac.	Montréjeau.	10	St-Gaudens.	16
Les Toureilles.	Montréjeau.	3	St-Gaudens.	14
Villeneuve-de-Léeuss.	Montréjeau.	10	St-Gaudens.	21

NOMS DES COMMUNES par canton.	DÉSIGNATION DES DEUX MARCHÉS LES PLUS RAPPROCHÉS de chaque commune dans l'arrondissement.			
	MARCHÉ le plus rapproché.	DISTANCE kil.	MARCHÉ le moins rapproché.	DISTANCE kil.

SAINT-BÉAT

Argut-Dessous	Saint-Béat.	5	Bagnères-L.	24.5
Argut-Dessus.	Saint-Béat.	6	Bagnères-L.	25.5
Arlos.	Saint-Béat.	4	Bagnères-L.	23.5
Bachos-Binos.	Saint-Béat.	8	Bagnères-L.	12.5
Baren.	Bagnères-L.	10	Saint-Béat.	11
Bézins-Garraux.	Saint-Béat.	3	Bagnères-L.	22.5
Boutx.	Saint-Béat.	4	Aspet.	19
Burgalais.	Saint-Béat.	7	Bagnères L,	12
Cazaux-Layrisse.	Bagnères-L.	10	Saint-Béat.	14
Chaum.	Saint-Béat.	4	Bagnères-L.	18
Cierp.	Saint-Béat.	5	Bagnères-L.	15
Estenos.	Saint-Béat.	6	Bagnères-L.	19
Eup.	Saint-Béat.	2	Bagnères-L.	21.5
Fos.	Saint-Béat.	7	Bagnères-L.	26.5
Fronsac.	Saint-Béat.	6	Aspet.	18
Gaud.	Saint-Béat.	4	Bagnères-L.	15.5
Guran.	Saint-Béat.	8	Bagnères-L.	11
Lège.	Saint-Béat.	9	Bagnères-L.	11
Lez.	Saint-Béat.	2	Bagnères-L.	21.5
Marignac.	Saint-Béat.	3	Bagnères L.	16.5
Melles.	Saint-Béat.	9	Bagnères-L.	28.5
Signac.	Saint-Béat.	6	Bagnères-L.	14

SAINT-BERTRAND

Antichan.	Saint-Béat.	8	Aspet.	16
Ardiège.	St-Gaudens.	9	Montréjeau.	9
Bagiry.	Saint-Béat.	9	Montréjeau.	13
Barbazan.	Montréjeau.	9,5	St-Gaudens.	13
Cier-de-Rivière.	Montréjeau.	9	St-Gaudens.	11
Frontignan.	Saint-Béat.	8	Aspet.	16.5
Galié.	Saint-Béat.	10	Montréjeau.	13.5

NOMS DES COMMUNES par canton.	DÉSIGNATION DES DEUX MARCHÉS LES PLUS RAPPROCHÉS de chaque commune dans l'arrondissement.			
	MARCHÉ le plus rapproché.	DISTANCE	MARCHÉ le moins rapproché.	DISTANCE
		kil.		kil.
Génos.	Saint-Béat.	11.5	St-Gaudens.	15
Gourdan.	Montréjeau.	2.5	St-Gaudens.	15
Huos.	Montréjeau.	3.5	St-Gaudens.	12
Labroquère.	Montréjeau.	7	St-Gaudens.	15
Lourde.	Saint-Béat.	10	Montréjeau.	17
Luscan.	Montréjeau.	11	Saint-Béat.	12.5
Malvezie.	Aspet.	12	Saint-Béat.	12.5
Martres-de-Rivière.	St-Gaudens.	8	Montréjeau.	9
Mont-de-Galié	Saint-Béat.	11.5	Montréjeau.	15
Ore.	Saint-Béat.	9	Montréjeau.	15.5
Payssous.	Aspet.	11	St-Gaudens.	12
Pointis-de-Rivière.	Montréjeau.	5.5	St-Gaudens.	10
Saint-Bertrand	Montréjeau.	9.5	St-Gaudens.	18
St-Pé-d'Ardet.	Saint-Béat.	9	St-Gaudens.	15
Sauveterre.	St-Gaudens.	10	Montréjeau.	13.5
Valcabrère.	Montréjeau.	8	St-Gaudens.	16

SAINT-GAUDENS

Aspret.	St-Gaudens.	6	Aspet.	11
Estancarbon.	St-Gaudens.	5	St-Martory.	14
Labarthe-de-Rivière.	St-Gaudens.	6	Montréjeau.	12
Labarthe-Inard.	St-Gaudens.	9	St-Martory.	10
Lafiteau-Petite	St-Gaudens.	1.1	Boulogne.	14.5
Lalouret.	St-Gaudens.	9	Boulogne.	16
Landorthe.	St-Gaudens.	6	St-Martory.	15
Larcan.	St-Gaudens.	10	Aurignac.	16
Lespiteau.	St-Gaudens.	7	Aspet.	8
Lieoux.	St-Gaudens.	8	St-Martory.	16
Lodes.	St-Gaudens.	9	Boulogne.	15.5
Miramont.	St-Gaudens.	2.5	Aspet.	12.5

NOMS DES COMMUNES par canton.	DÉSIGNATION DES DEUX MARCHÉS LES PLUS RAPPROCHÉS de chaque commune dans l'arrondissement.			
	MARCHÉ le plus rapproché.	DISTANCE	MARCHÉ le moins rapproché.	DISTANCE
		kil.		kil.
Pointis-Inard.	St-Gaudens.	8.5	Aspet.	10
Régades.	St-Gaudens.	8	Aspet.	10
Rieucazé.	St-Gaudens.	6	Aspet.	9
Saint-Ignan.	St-Gaudens.	7	Boulogne.	17
Saint-Marcet.	St-Gaudens.	11	Aurignac.	13.5
Saux et Pomarède.	St-Gaudens.	6	Montréjeau.	15
Savarthez.	St-Gaudens.	7	St-Martory.	13
Valentine.	St-Gaudens.	2	Montréjeau.	14
Villeneuve-de-Rivière.	St-Gaudens.	6	Montréjeau.	9.5

SAINT-MARTORY

Arnaud–Guillem.	St-Martory.	3	Salies.	9.5
Auzas.	St-Martory.	5.5	Aurignac.	6
Beauchalot.	St-Martory.	7	Salies.	9
Castillon.	St-Martory.	6	Aurignac.	1.1
Lafitte-Toupiè	St-Martory.	4	Aurignac.	6
Le Fréchet.	Aurignac.	6	St-Martory.	7
Lestelle.	St-Martory.	3	Salies.	6
Mancioux.	St-Martory.	3	Salies.	9.5
Proupiary.	St-Martory.	6	Aurignac.	8
St-Médard.	St-Martory.	8	St-Gaudens.	11
Sepx.	St-Martory.	8	Aurignac.	10

SALIES

Ausseing.	Salies.	8	St-Martory.	10
Belbèze.	Salies.	7	St-Martory.	7
Cassagne.	Salies.	3	St-Martory.	6
Castagnède.	Salies.	7	St-Martory.	11

NOMS DES COMMUNES par canton.	DÉSIGNATION DES DEUX MARCHÉS LES PLUS RAPPROCHÉS de chaque commune dans l'arrondissement.			
	MARCHÉ le plus rapproché.	DISTANCE (2)	MARCHÉ le moins rapproché.	DISTANCE
		kil.		kil.
Castelbiague.	Salies.	9	St-Martory.	13
Figarol.	Salies.	7.5	St-Martory.	9
Francazal.	Salies.	11	St-Martory.	16
His.	Salies.	5	St-Martory.	9
Mane.	Salies.	3	St-Martory.	7
Marsoulas.	Salies.	4	St-Martory.	8
Mazères.	Salies.	4	St-Martory.	4
Montastruc.	Salies.	11	Aspet.	11
Montespan.	Salies.	10	St-Martory.	11
Montgaillard.	Salies.	2.5	St-Martory.	10.5
Monsaunès.	Salies.	6	St-Martory.	4
Roquefort.	St-Martory.	5	Salies.	7
Rouède.	Aspet.	9	Salies.	10
Saleich.	Salies.	12	St-Martory.	16
Touille.	Salies.	3	St-Martory.	9.5
Urau.	Salies.	13	St-Gaudens.	31

Toulouse. — Impr. J. CLERMONT, r. des Balances, 43.

TABLE DES MATIÈRES

ERRATA.

Page 40, ligne 12, au lieu de *Saint-Lis*, lire *Saint-Lys*.
 — 94, — 1,   —   *cap. 25, v. 29*, lire *cap. 24, v. 19*.
 — 100, — 20,   —   *qui les*, lire *qu'elles*.

www.ingramcontent.com/pod-product-compliance
Lightning Source LLC
Chambersburg PA
CBHW071630200326
41519CB00012BA/2227